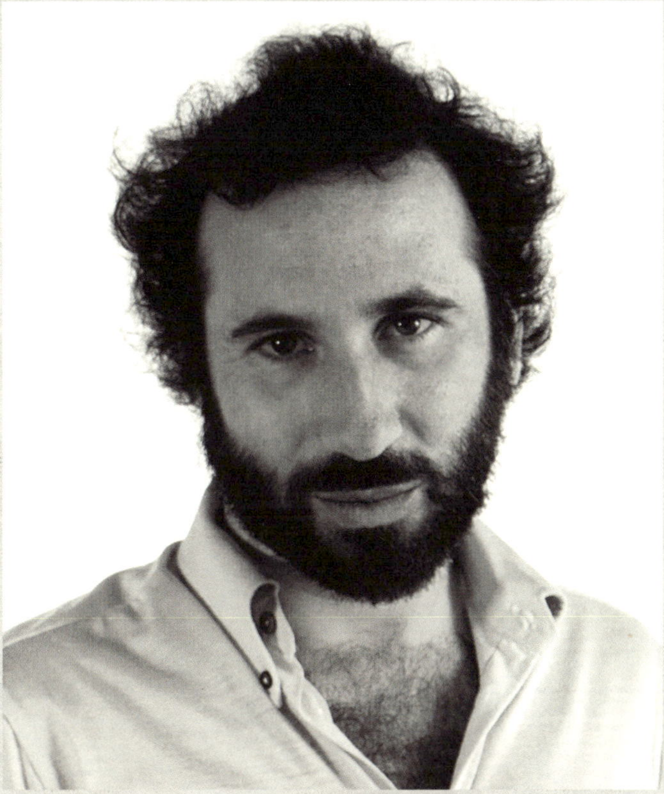

© Julia Grüßing

STEFFEN GREINER,

geboren 1985 in Saarbrücken, ist Kulturwissenschaftler, Journalist und Dozent. Er lebt in Berlin. Steffen Greiner leitet die Redaktion der Zeitschrift zur Gegenwartskultur *Die Epilog* und war Mitautor von *Liebe, Körper, Wut & Nazis – Wie wir beschlossen, uns alles zu sagen*, 2020 bei Tropen erschienen.

DIE DIKTATUR DER WAHRHEIT

Eine Zeitreise zu den ersten Quer-denkern

STEFFEN GREINER

Tropen

www.tropen.de

© 2022 by J. G. Cotta'sche Buchhandlung Nachfolger GmbH,

gegr. 1659, Stuttgart

Alle Rechte vorbehalten

Cover: Zero-Media.net, München

Gesetzt von C.H.Beck.Media.Solutions, Nördlingen

Gedruckt und gebunden von CPI – Clausen & Bosse, Leck

ISBN 978-3-608-50017-2

E-Book ISBN 978-3-608-11859-9

Bibliografische Information der Deutschen Nationalbibliothek

Die Deutsche Nationalbibliothek verzeichnet diese Publikation in der

Deutschen Nationalbibliografie; detaillierte bibliografische Daten

sind im Internet über http://dnb.d-nb.de abrufbar.

INHALT

4 HILDBURGHAUSEN

EINLEITUNG

Als das Jahr 2020 noch nicht »Das Jahr Zwanzigzwanzig«
war, als es sich noch jung und unschuldig durch einen etwas zu milden Winter schob, schlüpfte bereits, noch auf
den hinteren Seiten der Tageszeitungen und jenseits der
Scrolldistanz, ein Virus von Mensch zu Mensch, sprang über
Kontinente, schwang sich in Flugzeuge und von Flughäfen
in Après-Ski-Hütten, in Gemeindesäle und Supermärkte,
Klassenzimmer und Büros. Ende Januar tauchten erste Infektionen mit dem damals – ganz ähnlich der »ehemaligen
DDR«-Berichterstattung in den frühen Neunzigern – immer
»neuartigen Coronavirus« genannten Krankheitserreger in
Deutschland auf. Im Februar meldete der Norden Italiens
Notstand, Anfang März wurden in Europa alle Großereig-
nisse abgesagt, Buchmessen und Starkbierproben, Beetho-
venfest und German Open. Bald war alles dicht.

Es half, das wissen wir heute, herzlich wenig. Irgendwann
war das Virus überall. Zwischen dem Zeitpunkt im Januar,
an dem das Robert Koch-Institut vermeldete, dass eine starke weltweite Verbreitung unwahrscheinlich sei, und Angela
Merkels längst ins kollektive Gedächtnis gerückter Anspra-
che, die Pandemie sei die größte Herausforderung seit dem
Zweiten Weltkrieg, lagen nicht einmal zwei Monate. Und

eine große Zahl von Menschen starb. Eine größere Zahl von Menschen starb nicht. Einigen erschien das mysteriös.

Mein erstes persönliches Gespräch mit einem Coronaleugner führte ich weit abseits der Hotspots, mitten im Thüringer Wald, bei einer Recherchereise im September 2020. Wenige Wochen, bevor die zweite Welle der Pandemie über Europa hereinbrach und die vergleichsweise milde erste nostalgisch verklärte. Es kam unerwartet. Wir saßen zu dritt auf der Rückbank, unterwegs mit einer Akteurin des grünen Tourismus aus der Region, mit dem ich mich damals beschäftigte. Intim im T-Shirt aufgereiht, unsere Oberarme rieben schwitzig aneinander. Ach, aus Berlin, na, ob ich denn dann auch bei der Demo gewesen sei, fragte der Mittvierziger im Camp-David-Outfit mich mit großen Augen. »Na, der von den Spinnern«, lachte er, »1,3 Millionen waren wir!«

Ich erinnerte mich an die Demo, 29. August 2020. Etwa 20 000 Menschen zogen damals mit Fantasieflaggen, Regenbogenflaggen, Reichsflaggen und Dorfflaggen durch die Stadt, um gegen die Coronaschutzmaßnahmen zu protestieren. Ich sah sie hinter einer Polizeiabsperrung vorbeiziehen, als Gegendemonstrant. Sie sollte damit enden, dass Menschen aus Zusammenhängen des rechtsextremen *QAnon*-Verschwörungskults versuchten, den Reichstag zu besetzen.

Ein witziges Erlebnis, eine Klassenfahrt in die große Stadt, so klingt das auf der Rückbank. Dann geht alles sehr schnell. Das Gedankengebäude meines Gesprächspartners richtet sich rascher auf, als es ein Shitstorm je niederreißen könnte: Der Euro sei gecrasht, die Wirtschaft darum im Dezember verschwunden, es gebe also eigentlich gar keine Wirtschaft mehr, kein Geld, seitdem hätten sich 200 Regierungen der Welt darauf verständigt, diese Wahrheit für 7,8 Milliarden Menschen möglichst plausibel zu verschleiern, um den plötzlichen Absturz, der ja schon längst geschehen sei, noch in etwas zu verwandeln, das wir nachvollziehen können, ein gemächliches, aber unabwendbares Aufsetzen, eine sanfte Landung in der »Neuen Weltordnung«. »Man merkt doch, wenn man belogen wird, man merkt doch, dass die uns belügen«, sagt er empört. Ich erwidere, dass ich viele Journalist:innen kenne, die ihren Job ernst nehmen, die rund um die Uhr berichten und hinterfragen, eine so groß angelegte Verschwörung, das würde nicht funktionieren. Und er antwortet: »Das ist wirklich eine mutige Meinung, das finde ich gut!«, und schüttelt mir enthusiastisch die Hand.

Netter Typ, seit vier Wochen sei alles Liebe, sagt er beim Waldspaziergang. Er hilft einer Bekannten bei ihren Angeboten zum Waldbaden, bereitet eine rituelle Sammelstelle für Fundstücke, Zweige, Zapfen und Müll vor. Er atmet jetzt tiefer, trägt keine Schuhe mehr, hat eine Verbindung – zu so etwa allem, sagt er und breitet die Arme aus. Im Hintergrund schlängelt sich eine vielbefahrene Landstraße durchs Grün und überrauscht die Kiefern. Er lächelt offen und freundlich. Ein Adler sei er heute. Alles, was er sagt, sagt er in Großbuchstaben, immerzu. Sehr oft sagt er »Liebe«. Irgendwo habe ich das doch schon einmal gehört, denke ich. Bei Louis Haeusser: »Mein Ich! Das ist die geistige, die unbedingte, die wahre, die freie Liebe! Ich bin die Allgewalt und mir ist gegeben alle Gewalt im Geist und im Leib und im Himmel und auf Erden. Ich bin der Vollendete und ihr seid Affen, Esel, Säue!«

DIE LIEBE ZUM ICH

Ludwig Christian Haeusser, genannt Louis, geboren 1881 als Weinbauernsohn, gestorben 1927 als von Gefängnisjahren gebrochener Prophet und heute weithin vergessen, war in der Weimarer Republik eine prominente Erscheinung. Im Wortsinne: Mit seinem Rauschebart, dem wuchtigen Körperbau, zuerst im Hemd des Predigers, später mit Zylinder im Bewusstsein seines vermeintlichen politischen Gewichts, wirkte der frühere Pariser Sektfabrikant aus der württembergischen Provinz wie die Leib gewordene Macht einer neuen Epoche. Haeusser ruft sich selbst zum »Blitz am hellen Mittag« aus, zum »Diktator der Vereinigten Staaten von Europa«, schließlich zum »Volkskaiser«, ehe er den harten Weg durchs Labyrinth der Weimarer Parteienlandschaft geht und als Reichspräsident gegen Paul von Hindenburg kandidiert – erfolglos.

Dennoch überzeugt er innerhalb weniger Jahre mit seiner Botschaft von Liebe und Gemetzel und der Befreiung des Ichs den deutschen Militär-Uradel ebenso wie die wachsende Schicht deutscher Mittelloser. Seine Allianzen reichen vom *Deutschvölkischen Schutz- und Trutzbund* bis in den Kommunismus. Seine Selbstbezeichnung: »Hakenkreuzlerkommunist«. Und über allem das Banner eines großen, befreiten ICHs: »Ich bin der Geeinte! Ich bin Ur-Einheit und Ur-Reinheit. Ich bin die Ruhe und die Liebe und der Friede«, proklamiert er 1919. Haeussers ICH, es ist wiederzuerkennen, in den esoterischen Aufschreien derer, die sich auf dem Rosa-Luxemburg-Platz, Unter den Linden oder in einer gescheiterten Menschenkette am Bodensee als ungehört und übergangen verstehen. Es ist wiederzuerkennen in den Aufzügen der Stuttgarter Bewegung *Querdenken* und der Berliner Gruppe *Demokratischer Widerstand*. Das dritte Kapitel ist ihm gewidmet.

Krisenzeiten, das ist ein Allgemeinplatz, gehen oft mit religiösen Bewegungen und messianischen Figuren einher. Die biblische Erlösung folgt einer sprichwörtlichen Apokalypse. Das war nicht nur nach dem Ersten Weltkrieg so, nicht einmal der Zweite hat der deutschen Bevölkerung die Lust auf spirituelle Führer genommen – in den späten Vierzigern wurde der Wunderheiler Bruno Gröning zum Star der jungen BRD, während es gleichzeitig zu einer Welle von Beschuldigungen wegen Hexerei kam. Auch wenn sich das leicht mit Projektionen erklären lässt, unausgesprochenen Vorwürfen für das Verhalten in der NS-Zeit und zweifellos mit einem Fortbestehen des Antisemitismus über das Reich hinaus – dagegen wirkt selbst die berüchtigte Dolchstoßlegende beinahe plausibel, mit der die Oberste Heeresleitung und allerlei rechte und konservative Protagonist:innen der frühen Weimarer Republik nach 1918 die Verantwortung für die Niederlage im Ersten Weltkrieg abwälzten, den politischen Gegner beschädigten und so letztendlich das Experiment Demokratie besiegen konnten.

Kurz nachdem in Kiel und Wilhelmshafen die Matrosen den Krieg beendeten, in Bremen und München um Räterepubliken gerungen wurde und in Berlin der Schießbefehl der Regierung zu einem Bürgerkrieg zwischen SPD, konservativer Reichswehr und Kommunist:innen führte, während sich Walther von Lüttwitz und Wolfgang Kapp für einen völkischen Putsch warmliefen und Hitler im Soldatenrat saß, brodelte es nicht nur in den politischen Gemütern, in den Parlamenten und in den Seelen der Künstler:innen, sondern auch auf den Straßen. Die Weimarer Republik war eine mobile Gesellschaft, allein die Millionen der im Feld stehenden Soldaten, die sich auf den Weg nach Hause machten, lassen die ersten Monate der Republik als ein Land auf der Straße erscheinen. Zusätzlich sorgten die wirtschaftlichen Verhältnisse für Wanderbewegungen. Menschen zogen von Ort zu Ort, und Gerüchte und Theorien mit ihnen. Während die Berliner Straßen voll von Bettler:innen waren, kündigten die Berliner Litfaßsäulen Vorträge von Propheten mit biblischem Bartwuchs an. Und so entwickelte sich Anfang der 1920er Jahre ein Typus von Wanderpredigern heraus. Eine Gruppe, die später nach der Zeit der Krise benannt werden wird, die sie besonders sichtbar und politisch erfolgreich macht: die Inflationsheiligen. Louis Haeusser ist einer von ihnen.

Die Krisen sind dabei mannigfaltig: Eine politische, gar eine Weltordnung stürzt ein, die bisherige Lebensführung erscheint im Rückblick sinnlos, die Werte entwertet – der Besitz sogar buchstäblich. Kein Wunder, dass die Verzweifelten Halt suchen. Aber schon während des Ersten Weltkriegs und in der folgenden Revolution klingen in Deutschland religiöse Töne an, die mit dem neuen Kapitel nicht abgeschlossen sind, nicht abgeschlossen werden können. Es ist vom »Augusterlebnis« beziehungsweise dem »Geist von 1914« die Rede, als zu Beginn des Krieges kollektiv dessen Ausbruch als Wiedergeburt und Erneuerung des Deutschen erlebt wurde. Und auch die Revolution trägt chiliastische Züge von innerer Umkehr und der Schaffung eines irdischen Paradieses.

Unser Bild der 1920er Jahre ist vielfach von einem unbestimmten Gefühl der Freiheit in Berlin überstrahlt, Stichwort: Goldene, Stichwort: Roaring. Die TV-Serie *Babylon Berlin* mag einige neue Schattierungen gezeigt haben, die in der allgemeinen Erzählung lange übersehen wurden. Es bleibt aber eine Erzählung der Städte, es bleibt eine Erzählung einer zu großen Teilen privilegierten sozialen Schicht. Sie handelt kaum von den antimodernen Tendenzen, die nicht ins extreme Rechte kippten, sie handelt kaum vom Widerstand der Dörfer gegen die Säkularisierungen, von den esoterischen Erneuerungsbewegungen und den anarchischen Rebellionen im Kleinbürgertum. Vielleicht nur passend, dass Volker Bruch, der Darsteller der Hauptfigur Gereon Rath in *Babylon Berlin*, mit der Initiative #allesdichtmachen und seinem Antrag auf Mitgliedschaft in einer *Querdenken*-Partei selbst zu den prominentesten Gesichtern der heutigen Bewegung gehört – ein Gesicht, das die Zeiten verbindet.

Aus diesem Umfeld rekrutieren sich die politischen Prophet:innen, die ich in diesem Buch in den Blick nehme. Weil sie mich an etwas erinnern, das gerade abläuft. Weil es Parallelitäten gibt. Weil mich das Erstaunen erstaunt, mit dem Menschen auf die großen Demonstrationen gegen die »Corona-Diktatur« blicken: Da laufen Kiffer mit Dreadlocks, die Ton Steine Scherben hören, neben Glatzköpfen, Yogis neben Reichsbürgerkindern mit blonden Flechtzöpfen. Wie kann es sein, dass die das nicht sehen wollen? Dieses Erstaunen teile ich. Doch nicht das Erstaunen darüber, wie es sein kann, dass Linke mit Rechten laufen, als würden sie selbstverständlich zusammengehören. Denn der Blick zurück zeigt: Hippies und Nazis, ja, das geht, das ist nicht einmal selten. Es gibt eine Geistesgeschichte sozialanarchischer Strömungen von rechts. Sie manifestieren sich in den frühen Grünen und sie manifestieren sich in zahlreichen antimodernistischen Tendenzen der historischen Hippies. Die verschiedenen Bewegungen der sogenannten Lebensreform des späten 19. Jahrhunderts sind hier offenbar ein Nullpunkt, ein Konglomerat von Strömungen, die bis heute wirken, die sich um die Utopie des guten Lebens drehen, bei Vegetarismus und neue Mode beginnen, aber die Reinheit gleichzeitig dorthin drehen, wo sie bedrohlich wird, wo es darum geht, das Andere draußen zu halten.

DIE SPIRITUELLE QUERFRONT

Handelt es sich also um eine Querfront, wie die Berichterstattung schnell notierte? Ja und nein. Querfront meint, historisch betrachtet, eine Strategie von rechts, die darauf zielt, das emanzipative Element des Sozialismus in eine homogene, klassenlos gedachte Volksgemeinschaft zu überführen. Der Name der Nationalsozialist:innen verweist auf exakt diesen Querfront-Gedanken, wenn auch die »linken« Nazis bald die Partei verließen. Die frühe SA verstand sich dezidiert als antikapitalistisch – und fand im Antisemitismus ein Element, auf das sich linke wie rechte Kapitalismuskritik immer verlässlich stützen konnte.

Als Querfront versteht sich ebenso der Versuch von Neonazis ab den 1970er Jahren, über das gemeinsame Ziel – den Sturz der bürgerlichen Ordnung – Verbündete auf Seiten der Punks und Linksautonomen zu finden. Parallel versuchten rechte Bewegungen wie die Nationalrevolutionär:innen, sich vom Nationalsozialismus abzugrenzen und ein Netz zwischen regionaler Unabhängigkeit, Antiimperialismus und Antikapitalismus zu knüpfen, einen »dritten Weg« zwischen Kommunismus und Kapitalismus, der im zerklüfteten Feld der Linken in den Siebzigern kaum unangenehm auffiel.

Doch die Querdenker:innen dieser Tage unterscheiden sich deutlich von einer klassischen Querfront. Ihnen geht es schließlich explizit nicht um Bündnisse mit linken Gruppierungen. Im Gegenteil, die Antifa wird nicht als ein wenig verdreht geistesverwandt betrachtet, wie sich das die Querfrontler:innen der Siebziger noch einreden mochten, sondern klar als Gegnerin. Und umgekehrt solidarisiert sich keine Vertretung der organisierten Linken mit den *Querdenken*-Großdemos. Die Bewegung versteht sich nicht nur als dezidiert jenseits von rechts und links – was sie mit vielen anderen rechten Bewegungen und Gruppierungen gemein hat –, sondern in ihrem Kern als der Realpolitik enthoben. Sie stellt keine politischen Forderungen, sondern trägt ein sakrales Politikverständnis in sich, das die Realität in die Transzendenz erheben will.

Das heißt nicht, dass rechte Protagonist:innen die Bewegung nicht für realpolitische Zwecke nutzen, es heißt nicht, dass die Bewegung nicht von Nazis angeeignet wird und diese mit offenen Armen begrüßt. Auch wenn nicht jede:r Querdenker:in in dieser Traditionslinie steht, sind doch Verbündete wie die Magazine *Compact* und *Rubikon* ihre Akteure. Das heißt nicht, dass es eine Brandmauer gegenüber Realpolitik gäbe; mit der Partei *dieBasis* erlebt die Bewegung gerade den Versuch, sich parlamentarisch zu institutionalisieren. Aber sie bleibt von einem Verständnis von Politik als einem anderen Raum mit Heiligkeiten und Blasphemien getrieben, einem Verständnis von Politik als apokalyptischen Kampf um Gut und Böse. Der Reichstag wird in letzter Konsequenz doch anders gestürmt als das Washingtoner Kapitol im Januar 2021, nicht als konkreter Eingriff in demokratische Abläufe – sondern als sakraler Ort, als Weihestätte, als Symbol.

Die *QAnon*-Jünger:innen und Reichsbürger:innen hätten sich im August 2020 beinahe den Reichstag temporär angeeignet, weil sie vermuten, dass das Im-Reichstag-Sein gleichbedeutend sei mit Macht und derjenige, der auf dem Thron sitzt, wohl König sein muss. Diese Reduktion komplexer politischer Systeme auf einen symbolischen Ausdruck, ist in ihrem Kern totalitär. Gerade insofern sie diese Sehnsucht nach Masse in eine Rhetorik von einem zentralen, maximal autonomen Ich denkt, erscheint sie mit Haeusser und den Inflationsheiligen verwandt. Darum schlage ich vor, die Lebensreform und die Inflationsheiligen als die Ursuppe einer besonderen Art der Querfront zu verstehen, die unterhalb der Flügelkämpfe stets schwappte und jetzt die Hauptrolle übernimmt: einer spirituellen.

MÄNNER MIT KNACKS

Diese Fixierung auf das Ich erklärt sich aus einem Bruch, einem Gefühl von Auflösung und Transformation des Subjekts. Dieser Bruch kann nicht genossen, sondern wird nur insofern willkommen geheißen, als dass er ein fiktives Ich wieder heilen, wieder ganzmachen soll. Es ist ein Bruch, der sich durch die Biografien aller Inflationsheiliger zieht – also überwiegend durch Männerbiografien. Damals wurde er oft genug durch das Trauma des Krieges und den Zusammenbruch des Reichs ausgelöst. Ein Bruch, der heute auch Anselm Lenz, Xavier Naidoo oder Attila Hildmann zu für frühere Freund:innen ungreifbaren Gestalten macht.

Welche Brüche aber sind es, die heute ähnliche Verunsicherung und Hochstimmung auslösen wie seinerzeit, nun, ein Weltkrieg, eine Revolution? Welche Entwurzelungen lassen Zuhausesitzen als ähnlich große Katastrophe erscheinen? Anders als viele Protagonist:innen der *Pegida*-Bewegung haben die meisten Querdenker:innen keinen Systemzusammenbruch erlebt. Coronaleugnung ist vielmehr eine der ersten gesamtdeutschen rechten politischen Bewegungen, die Argumente in Leverkusen und in Dresden liegen nicht weit auseinander.

Mir kommen zwei Thesen in den Sinn, die zusammenhängen und beide nicht Corona als treibendes Moment des Bruchs verstehen, sondern die Reaktion auf Corona als Folge lange währender Prozesse. Einerseits scheint die Realität uns mehr und mehr zu entfleuchen, zu erodieren. Mit dem Auflösen alter Instanzen, die die »Welt da draußen« vermitteln wie *Tagesschau* und Tageszeitung scheint ein Grundrauschen vernehmbar, das von Verborgenem kündet. Was könnte das sein, eine paranoide Idee von einer Wirklichkeit, die nicht zu greifen ist, weil »die Macht« sie uns nicht greifen lassen will und in der nie etwas ist, wie es scheint? Ob Protagonist:innen der Post-Truth-Gesellschaft wie Donald Trump oder Ken Jebsen selbst Opfer oder Treiber dieser Denkweise sind, sei dahingestellt: Es gibt viel zu schwimmen und jedes Stück Treibholz, an das man sich klammert, eröffnet eine völlig neue Perspektive auf die Welt. Und je unwahrscheinlicher diese von anderen Standpunkten betrachtet wirkt, desto deutlicher scheint sie sich für die Ertrinkenden abzuzeichnen. Es scheint, als sei erst jetzt eingetreten, was die postmoderne Theorie schon immer behauptete: Die großen Erzählungen sind nicht mehr verfügbar. Viele Menschen suchen sich aber, statt sich damit zu konfrontieren und den Moment der Befreiung zu erleben, einfach neue Erzählungen und missverstehen sie als Wahrheit: »Man merkt doch, wenn man belogen wird!«

Wenn sich die einfach zu erzählende Wirklichkeit in neue Komplexität auflöst, bietet sich aber ebenso die Möglichkeit, andere Stimmen zu hören. Menschen, die in den alten Medien der Realitätsvermittlung nur in passiven Nebenrollen auftraten, sind in den sozialen Medien wirkmächtige Protagonist:innen, die Diskurse an den alten Instanzen vorbei prägen und öffnen können. Nicht-*weiße* Menschen, Menschen mit nicht-heteronormativer Sexualität oder nicht-binärem Geschlecht ergreifen das Wort, werden sicht- und vernehmbar. Den Raum, den sie sich nehmen, verstehen viele Menschen, die *weiß*, heterosexuell, binärgeschlechtlich sind, als den ihren. Die neuen Stimmen verstehen sie als Invasion, als Angriff auf ihre gesellschaftliche Macht, die sie für gesetzt halten. Erstmals werden viele Menschen, und auch das betrifft vor allem Männer, damit konfrontiert, als der oder die »Andere« gelesen und so fremdbezeichnet zu werden. Vielleicht ist das dem Dresdner Arzt, der 1993 zum »Ossi« gemacht wurde, eher vertraut als dem Lehrer aus Leverkusen, der nun zum ersten Mal mit dem Label »alter weißer Mann« umgehen muss, das er sich weder gewünscht noch ausgesucht hat. Die Feststellung, die Bewegung der

Coronaleugner sei von gekränkter Männlichkeit angetrieben, wirkt präzise. Die eigenen Privilegien infragestellen zu müssen und sich als Opfer einer betrügerischen Macht wahrzunehmen – vielleicht reicht das aus, um eine Gesellschaft im Epochenbruch zu erleben. Auch ohne, dass sich der Aufruhr in den Straßen manifestiert, wie er das in den frühen 1920ern tat. Louis Haeusser jedenfalls trat schon damals als »Wahrheitsmensch« auf, der als Einziger noch imstande ist, Lug und Trug zu durchschauen. Am liebsten würde er aufrichten, was er die »Diktatur der Wahrheit« nennt, in der mit Gewalt alles, was undurchsichtig bleibt, umkommen muss.

Und eine weitere Parallele lässt sich ziehen: Die gesellschaftliche Mobilität der Nachkriegszeit ist vielleicht nicht mit der heutigen vergleichbar. Doch möglicherweise sind die Straßen der jungen Republik ähnlich turbulente Begegnungsräume wie unsere sozialen Medien, in deren früher, ungezügelter Phase wir uns noch immer befinden. Immerhin sind die Prophet:innen der ersten Republik wie die der heutigen spirituellen Querfront auch Medienphänomene: In den 1920ern, dem ersten Jahrzehnt der Pressefreiheit in Deutschland, boomten selbstgegründete Verlage und Zeitschriften nicht weniger als heute Profile und Kanäle.

ARRANGEMENTS

Nicht nur die Biographien der Protagonist:innen, ebenso die populäre Wahrnehmung von Geschichte steckt voller Brüche. Die deutsche im 20. Jahrhundert ganz besonders. Immer wieder beginnt etwas Neues, ganz Anderes als das

Vorherige. Dass Menschen nicht mit Systemen wechseln, ist kein Geheimnis. Trotzdem scheinen Kontinuitäten sich eher im Geheimen zu offenbaren, man muss ihnen erst auf die Spur kommen. Im vorliegenden Buch begegnen wir weniger diesen klassischen Figuren, SA-Karrieristen, die unter Adenauer Staatssekretäre werden. Uns begegnen auch nicht die Millionen Menschen, die, wie Edgar Reitz' Filmprojekt *Heimat* beschreibt, Politik eher als Naturkatastrophe über sich hinwegbrausen sehen, sich den Gegebenheiten anpassen und nach den Juden eben die reichen Amerikaner loswerden wollen.

Die Figuren, die uns in den Zwanzigerjahren über den Weg laufen, sind politisch aktive Menschen, die Antworten in Fragen der Lebensführung suchen. Ihre Lebenswege verlaufen durch vier Systeme: das monarchische Kaiserreich, die liberale, demokratische Weimarer Republik, die NS-Zeit und schließlich die konservative, demokratische Bonner Republik, in die sie als mittelalte bis alte Menschen eintreten und in der sie sterben werden. Nicht nur ihre Brüche sind interessant, sondern auch, wie es ihnen dabei gelang, ein für sich kohärentes Leben zu leben. Die Lebenswege der Inflationsheiligen erzählen von der Macht der menschlichen Psyche und der Fähigkeit, mit den realpolitischen Machtverhältnissen zu interagieren. Auf eine andere Art jedoch, als der selbstermächtigende Ich-Gestus beschwört.

Friedrich Muck-Lamberty, der im zweiten Kapitel seinen Gastauftritt hat, suchte etwa als völkischer Antimodernist mit anarchischer Rauschaffinität in den frühen 1930ern den Anschluss an die Nazis, war aber für die Idee einer gleichgeschalteten Massenorganisation zu elitär eingestellt. Er kam als mittelständischer Handwerker zu Wohlstand und starb

1981 als Bewunderer von Rudi Dutschke und Sympathisant der Grünen. Max Schulze-Sölde, der uns im vierten Kapitel begegnet, scheiterte in der Siedlung Grünhorst mit seinem Sonnenkreuzorden und wurde vom Anarchosyndikalist zum völkischen Christen zum bürgerlichen Nazi zum Ostermarschierer.

DAS N-WORT

Eine Klarstellung, die nötig ist, ehe wir mit Filareto Kavernido, Gusto Gräser und Artur Streiter aufbrechen: Ich glaube nicht, dass Querdenker:innen Nazis sind. Es führt keine direkte Linie vom Regime der Nazis zu den sogenannten Hygienedemos. Es ist eher umgekehrt: Der Historiker Ulrich Linse, der mit seinem Buch *Barfüßige Propheten* von 1982 die Basis für eine Interpretation der Inflationsheiligen und ihrer Community aus ihrer Zeit heraus legte, versteht gerade Hitler als »in vielem nur eine Mutante des Typus Inflationsheiliger«: Ein Wanderprophet, der ähnliche Antworten auf die drängenden sozialen Probleme findet – Ende der Parteien, Betonung des Willens als treibende Kraft, Verschränkung von Ich und Gesellschaft – und für sich eine ähnliche Rolle als heroisch-messianischer Führer. Von dort aus mutierte er weiter ins ungreifbar Schreckliche. Aber sein Führerstaat erwächst aus einem Stamm, aus dem auch der Geist der heutigen Bewegung wachsen wird.

Also, liebe:r Querdenker:in, liebe:r Hygienedemonstrant:in, nein, ich werde dich nicht Nazi nennen, rechtsextrem aber schon. Dein Weg führt nicht unmittelbar nach Auschwitz. Aber in andere Vorhöllen, die meinem Verständnis einer pluralen, liberalen, gleichberechtigten Demokratie zuwiderlaufen. Wer die Gedanken der Community konsequent zu Ende denkt, landet nicht zwangsläufig im Genozid, aber in gewaltsam errichteten agrarischen Blut-und-Boden-Staaten, patriarchal-rassistischen Mono-Gesellschaften ohne Schwellen und mit hochgezogenen Brücken. Ich möchte nicht in jener Welt leben, ich fürchtete in jener Welt um das Wohlergehen und, ja, das Leben vieler Menschen, die für die Ausgestaltung unserer Gesellschaft wichtig sind. Und auch mir. Ich fürchte um sie schon in dieser Welt.

Mit Ambivalenz und durchaus auch Sympathie schaue ich auf eine uns intuitiv verwandte Vor-Zeit, in dem Versuch, Äste zu erkennen, die in eine andere Richtung zeigen als in die des massiven, der sich zum sogenannten Dritten Reich erweitern wird. Einen Blick also, der es mir erlaubt, ebenso die emanzipativen Elemente ernst zu nehmen, die in der Bewegung der Zwanzigerjahre stecken. Aber wir, die wir in den Zwanzigerjahren des 21. Jahrhunderts leben, wir kennen die Geschichte bereits. Wir können nicht hoffen, dass diesmal nichts mutieren wird, das sollten wir aus dem Verlauf der Pandemie gelernt haben.

Ein sehr deutsches Bild ist das, ganz im Sinne der Prophet:innen und der »Spinner«, aber: Ich glaube, dieser Baum muss gefällt werden. Ich erkunde seine Rinde, ich umarme ihn in diesem Buch mit einer Motorsäge im Rucksack. Ich schrieb dieses Buch zwischen zwei Sommern. Im ersten erzählte mir einer was von Liebe. Im zweiten wurde ein junger Mensch ermordet, weil er auf das Tragen einer Maske gegen die Pandemie bestand. Die Zeichen stehen auf Radikalisierung der Bewegung. Die Geschichte, die doch ihre Muster kennt, zieht dazu ein bisschen hilflos die Schultern hoch. Ein Biber bin ich heute, sagte ich im Thüringer Wald. Der Coronaleugner lächelte offen und freundlich.

1
BER
LIN-
MITTE

**Die Volksbühnen-Querfront – Selbstvermark-
tungslogik – Klein-Chicago – Ein Freund der
Höhle – Scholle – Die Kaverno di Zaratustra –
Kavernido zieht ans Meer – Herz der Finsternis**

Mit:

Hendrik Sodenkamp (* 1989), *Kulturwissenschaftler, Verschwörungstheoretiker*

Anselm Lenz (* 1980), *Theatermacher, Verschwörungstheoretiker*

Batseba N'Diaye (*?), *mutmaßlich fiktive Aktivistin*

Martin Lejeune (* 1980), *Journalist, Verschwörungstheoretiker*

Heinrich Goldberg / Filareto Cavernido (1880–1933), *Arzt, anarchistischer Kommunenführer*

Harry Wilde (1899–1978), *Journalist, Schriftsteller, Inflationsheiliger*

August Engelhardt (1875–1919), *Gründer des »Sonnenordens«*

Artur Streiter (1905–1946), *Schriftsteller, anarchistischer Kommunengründer*

Gertrud Gräser (1910–?), *Kommunengründerin*

Gusto Gräser (1879–1958), *Gertruds Vater, Naturapostel, Gründer des Monte Verità*

Max Schulze-Sölde (1887–1967), *Inflationsheiliger*

Alles begann in Berlin-Mitte. Ende März 2020, keine zwei Wochen war der erste, noch überraschend über eine aufgewühlte Gesellschaft hereingebrochene Lockdown alt, standen ein paar verlorene Seelen auf dem Rosa-Luxemburg-Platz und riefen: »Widerstand!«

Anfang April stand mit offenem Haar und tief geknöpftem Hemd ein blonder Mann auf dem bronzenen Rad vor der Volksbühne und proklamierte mit ausgebreiteten Armen in weihevollem Ton die Präambel des Grundgesetzes.

Einen guten Monat später steht ein Paar inmitten einer deutlich angewachsenen Menge auf dem Platz, gekleidet in löchrige Jutesäcke über kariertem Hemd und Blumenbluse. »Wie die Menschen von Ninive«, sei es ein Versuch, das Weltgericht abzuwenden, Seuchen und Plagen, »das wird nicht mehr gerne verkündet, weil nur noch der liebende Gott gerne gesehen wird«, sagt die Frau. »Wir sind der Meinung, dass alle Menschen umkehren müssen. Von alldem, was wir hier tun. Den Machenschaften der Oberen, die hinter allem stehen. Diese neue Weltordnung, die uns hier versprochen wird.« Um sie versammeln sich im Frühlingslicht Impfskeptiker:innen mittleren Alters, Mädchen mit selbstgenähtem Mundschutz und selbstgemalten Schildern gegen den Polizeistaat, Frauen mit ins Brillengestell geklemmten Blumen, die an Bewusstseinsmanipulation durch Handystrahlen glauben und Männer mit Stiernacken, die das Feld nach einer Möglichkeit abscannen, mit Gewalt Präsenz zu zeigen. »Freiheit, Liebe!«, schreien die einen. »Die Juden! Wer denn sonst, Idiot«, wenige Meter weiter ein älterer Herr einem BILD-Reporter in die Handykamera. »Es soll eine Weltregierung installiert werden zur Unterdrückung aller freien Völker!« Dazwischen die sich selbst so verstehende

Mitte. »Sie nennen es Hygiene-Demos oder auch Hygiene-Spaziergänge, und es ist im wahrsten Sinne ein ›gäriger Haufen‹, wie man ihn in Deutschland lange nicht gesehen hat«, schreibt Anfang Mai 2020 Timo Feldhaus, ehemaliger Redaktionsleiter der Volksbühne, jenes Theaters, das als Kulisse der Demos in Geiselhaft genommen wurde, in *der Freitag.*

DIE VOLKSBÜHNEN-QUERFRONT

Bis in den Frühsommer 2020 hinein war jeder Samstag im alten Scheunenviertel ein Hochamt der bürgerlichen Querfrontbewegung, die kaum ins Bild einer klassischen Kundgebung passte: Keine Lautsprecherwagen, kein Demozug, eher ein Kirchentag mit dezentralen Prediger:innen, mobilen Musikboxen, Gruppen, die angesichts einer Bevölkerung im Lockdown tatsächlich schnell die lokale Hoheit erringen konnten und sich dementsprechend breit machten. Es baumelten Alu-Kugeln von Rucksäcken, Frauen um die siebzig hielten Plakate mit Sprüchen gegen Bill Gates in die Höhe, Männer um die fünfzig trugen Shirts deutsch-russischer Völkerfreundschaft. Die Maßnahmen zur Eindämmung der Coronapandemie, im offiziellen Berliner Senats-Deutsch »SARS-CoV-2-Infektionsschutzmaßnahmenverordnung« genannt, seien nicht bloß der juristisch unzweifelhafte Eingriff in Grundrechte, sondern eine Operation zu ihrer Abschaffung, das Infektionsschutzgesetz nur ein Vorwand, um die »Corona-Diktatur« des »Merkel-Regimes« durchzusetzen.

Nachdem einzelne Bundesländer Mitte März Ausgangssperren oder Versammlungsverbote festgelegt hatten, einigten sich Bund und Länder wenige Tage später auf weitgehende Kontaktverbote sowie die Schließung von Gastronomie und Einzelhandel. Bundesweit wurde der Aufenthalt im Freien »nur alleine oder mit einer weiteren Person oder im Kreis der Angehörigen des eigenen Hausstands gestattet«, Berlin verlangte »triftige Gründe« dafür, vor die Tür zu gehen. Begriffe wie »Kernfamilie« rückten wieder ins politische Vokabular und verwandelten Lebensentwürfe in pandemische Unmöglichkeiten. Die Unverletzlichkeit der Privatwohnung wurde offen in Frage gestellt. Die Maßnahmen des Frühjahrs 2020 stießen auf großen Zuspruch und brachten die Infektionszahlen rasch nach unten.

Aber es gab ebenso Widerstand, von links wie von rechts – auch wenn sich die Rechte selbst in diesem Fall »liberale Antifaschisten« nannte. »Vor etwa einem Jahr schrieb Maxim Biller einen Text über den ›Linksrechtsdeutschen‹«, erinnert Feldhaus in dieser Zeit. »Biller rechnet mit einem eigentlich aufgeklärten, kulturpolitischen Milieu ab, das sich durch eine schwermütig aufgeblasene, aber nie wirklich vollzogene Vergangenheitsbewältigung mit der neuen Rechten gemeinmacht. Sie teilen deren antimoderne, antiwestliche Positionen. Kann es sein, dass der ›Linksrechtsdeutsche‹ zum ersten Mal während der Volksbühnenbesetzung auf der Straße in Erscheinung trat? Damals verwischten sich die Konturen. Es schien sich etwas aufzulösen. Links und rechts waren nicht mehr so klar.« Die Besetzung der Berliner Volksbühne – Feldhaus ist als damaliger Angestellter parteiisch – war im Herbst 2017 ein Protest gegen die dort just begonnene Intendanz des belgischen Kurators Chris Dercon. Dercon galt seinerzeit als Feind der alten, grandiosen Volksbühne und man warf ihm vor, er plane den Ausverkauf des

Sprechtheaters zugunsten einer gesichtslosen Internationalität. Bei aller Nachvollziehbarkeit für den rabiaten, intransparenten Wandel, bei allem Kopfschütteln über das vielleicht tatsächlich nicht so sensible Konzept Dercons – dass sich diese »Linksrechtsdeutschen« damals zum ersten Mal zeigten, ist natürlich Unsinn, sie treten viel früher in Erscheinung.

Und 2020 sind diese Deutschen zunehmend einfach Rechtsdeutsche: Die Hygienedemos zogen nämlich keineswegs nur ein querfrontiges Schwurbelpublikum an, das einen Faschismus der Liebe mit Blümchen am Fahrradlenker und Pali-Tuch um den Hals propagiert, sondern ebenso bekannte Neonazis aus dem Umfeld der NPD und der AfD, dazu rassistische und völkische Medienfiguren wie Nikolai Nerling, der als »Volkslehrer« mittlerweile Bekanntheit erlangt hat. Und die Gewaltbereitschaft stieg wöchentlich: gegen Journalist:innen und Gegendemonstrant:innen. Die Regisseurin Lydia Dykier, die schon zu Beginn der Demonstrationen Aufmerksamkeit auf sich gezogen hatte, schwadroniert im August bei einem Camp der Querdenker:innen vor dem Kanzleramt in eine Kamera: »Kurzer Prozess bedeutet: Wir bauen erstmal den Galgen. Und wer da hängen soll, das machen wir dann aus. Demokratisch.« Mehr und mehr wurde das räumliche Umfeld der Demos zu einem unsicheren Gebiet für Menschen, die erkennbar nicht zum Schlag der Hygienedemonstrant:innen zählten. Ich habe damals dort gewohnt, mittendrin, in Mitte.

SELBSTVERMARKTUNGSLOGIK

Einer der Gesichter hinter den Hygienedemos: Hendrik Sondenkamp, Jahrgang 1989, Dramaturg und Kulturwissenschaftler. 2015 trat er, von Hamburg nach Berlin umgezogen, einem freien Zusammenschluss von Künstler:innen, Autor:innen und Wissenschaftler:innen bei, der sich als Netzwerk zur Propagierung systematischer Karriereverweigerung verstanden wissen wollte – ein Ort gegen den alles durchdringenden Kapitalismus, als Marke aufgestellt und angetrieben von Menschen mit Kulturkarriere. Als »Haus Bartleby«, benannt nach Herman Melvilles Erzählung *Bartleby der Schreiber*, jener Figur, die der Welt die wegweisend sympathische Formel »I would prefer not to« schenkte, war der Neuköllner Verein Mitte der Zehnerjahre eine Institution der Berliner Kulturszene. In Wien und Berlin organisierte er 2015 und 2016 einen fiktiven Gerichtsprozess, »Das Kapitalismustribunal«, und veröffentlichten eine Anthologie in der linken Edition Nautilus: *Sag alles ab!* suchte das Absterben des Kapitalismus und den Ausstieg aus dem System.

Sichtbarster Name des Hauses war Anselm Lenz, geboren 1980. Er reüssierte ebenfalls als Hamburger Theatermacher, gewann zahlreiche renommierte Preise, und berichtete als Journalist von Hamburger G20-Protesten ebenso wie von der Volksbühnen-Besetzung, bevor er sich im Frühjahr 2020 zunehmend in Form von Selbstinszenierung, wie sie in Deutschland eher dem Milieu der Reichsbürger:innen und anderer Rechtsextremist:innen liegt, ins Gespräch brachte. »Vor seinem biografischen wie ideengeschichtlichen Hintergrund wirken seine heutigen Manöver wie die halb komische, halb tragische, also groteske Fortsetzung einer Lebenslüge und der energischen Versuche, irgendwie Aufmerksamkeit zu erregen. Egal für was«, schreibt im Mai 2020 Peter Laudenbach über den ehemaligen *taz*-Kollegen Lenz. »Hauptsache, für die eigene Person. Ein Leben aus zweiter Hand, immer auf der Suche nach Bedeutung und einer Bühne. Auch deshalb war der Wechsel des politischen Vorzeichens, von diffus linksradikal zu konfuser Systemkritik mit Schnittstellen zum Rechtsradikalismus, offenbar recht mühelos.«

Das journalistische und publizistische Talent des Selbstvermarkters kann Lenz, ehemaliger Marinesoldat mit Kulturwissenschaftsstudium, auch ausleben, seit er mit Sodenkamp und der Aktivistin Batseba N'Diaye, den Co-Gründer:innen der Hygienedemos, das Magazin *Demokratischer Widerstand* herausgibt, das ganz ungefiltert eine messianische, prophetische Grundhaltung transportiert. Der Titel *Demokratischer Widerstand* steht zweifelsohne in der Tradition der 1920er Jahre mit ihren hochtrabenden Zeitungen in kleiner Auflage, aber schneller Verbreitung. Eine Zeit, in der sich jede:r zutraute, die Weltgeschichte zu prägen und sich dementsprechend großspurig publizistisch ankündigte. Auf den nächsten Seiten werden einige dieser Zeitschriften uns begegnen: *Der Gegner, Die junge Menschheit* und *Der Christ-Revolutionär*.

2020 wirkt der Furor aus der Zeit gefallen. Nicht so sehr das Medium, die kostenfrei in massenhafter Auflage verteilte Zeitung, wohl aber der Gestus, die Behauptung, »Stimme der parteiunabhängigen liberalen Opposition und der kritischen Intelligenz in der Bundesrepublik Deutschland auf Basis des Grundgesetzes« zu sein. Als gäbe es noch eine solche zentralisierte Öffentlichkeit und als wäre die Realität der Gruppe nicht die einer Kleinstfraktion. Dazu passt die Behauptung, mit einer Auflage von 380 000 Exemplaren wenige Wochen nach Gründung die größte Wochenzeitung Europas zu sein, mitherausgegeben von einem der bekanntesten Philosophen der Gegenwart, Giorgio Agamben. Der jedoch genauso seine Mitarbeit dementiert wie die Berliner Volksbühne, die als Redaktionsadresse angegeben ist.

Im Editorial heißt es: »Während des derzeitigen Zusammenbruchs des Finanzmarktkapitalismus, der auch ohne Ausgangssperre stattgefunden hätte, projiziert das verfassungsbrüchige Regime seinen Hass und seine Panik auf uns, die anderen Menschen, die in dessen System nie eine grundlegende Wahl gehabt haben. Wir erleben unter dem Stichwort ›Corona‹ den Versuch einer terroristischen Diktatur der am meisten reaktionären, chauvinistischen und imperialistischen Elemente des Finanzkapitals.« Diese Tristesse heißt dann eschatologisch in den Kommentaren unter einem YouTube-Video des antisemitischen Querfront-Bloggers Martin Lejeune: »Sie sind Menschen der neuen Zeit«. In dem Video berichtet Anselm Lenz von seinen Plänen, von »Internetzensur« und, ganz beiläufig, von seiner »jüdischen Familie« mütterlicherseits. Lenz' Truppe wähnt sich ewig im Widerstand – gegen ein »neofaschistisches Corona-Regime«, gegen die als »Schwarzhemden« bezeichnete Polizei, die sie allenfalls einmal freundlich ermahnt hat. Zumindest sicher freundlicher als jene antifaschistischen Widerstandskämpfer:innen der 1930er und 1940er Jahre, in deren Tradition sich die Hygienedemonstrant:innen sehen, sogar freundlicher noch als jene linken Gegendemonstrant:innen, die sich bald ohne polizeiliche Genehmigung im umliegenden Viertel verteilen.

Selbstviktimisierung on fleek, Verschwörungsparanoia inklusive. Im Laufe des Jahres werden einige von ihnen berühmt: »Jana aus Kassel«, die im November auf einer Bühne in Hannover proklamiert, sie fühle sich »wie Sophie Scholl, da ich seit Monaten aktiv im Widerstand bin, Reden halte, auf Demos gehe, Flyer verteile und auch seit gestern Versammlungen anmelde.« Das Narrativ, »im Widerstand zu sein«, ist überall sichtbar. »Wir sind vielleicht ein Prozent, die anderen verstehen nicht, was hier gespielt wird. Wir sind die, die Verantwortung übernehmen, für die Gesellschaft. Wir sind die Geschwister Scholl«, sagt Anfang September weinend eine Demo-Teilnehmerin, die von der Polizei unbeachtet am Brandenburger Tor sitzt, in Lejeunes Kamera. Schon im Mai machten Bilder die Runde, die in unterschiedlichen Varianten Kleidung und Symbole der Demonstrant:innen zeigen, die Bezug auf den NS-Terror nehmen und die eine Politik, die Menschen schützen soll, mit der Schoah gleichsetzen. Es sind gelbe Davidssterne mit der Botschaft »ungeimpft« zu sehen. Und auch die verpflichtenden Mund-Nase-Schutzmasken werden mit dem Zwang für Jüd:innen im Deutschland der Jahre 1941 bis 1945, den »Judenstern« zu tragen, gleichgesetzt.

Das typische Opfernarrativ der Rechten wird hier noch einmal zugespitzt, weil es für die Bewegung nicht nur Strategie ist, sich medial und kommunikativ zu behaupten, um Diskussionsmacht zu erhalten. Es wird sogar lustvoll als Teil der eigenen Identität angenommen: Endlich dürfen *weiße* Deutsche auch einmal unterdrückt sein! Es bietet sich, anders als bei der Aufrüstung in den 1980ern, dem Irakkrieg in den 2000ern, der Flüchtlingskrise in den 2010ern und anderen prominenten Auslösern solcher querfrontigen Bewegungen, nun tatsächlich die Chance, einmal als »das Volk« unter der Knute einer Macht von oben zu sein. Sich selbst zum Opfer zu erklären, funktioniert für Menschen, die keine Opfer sind, in dieser Denkweise als Währung. Sie sind zum Besitz der Opferrolle berechtigt, wie zum Besitz jeder anderen Währung auch – zumal hier, anders als bei den Selbstviktimisierungsstrategien der AfD um »Rassismus gegen Weiße«, der Feind eben nicht als »das Andere« bloß imaginiert ist, sondern real existiert. Und zwar in Form von Polizei und Regierung, die ja tatsächlich und ganz praktisch Freiheit und Grundrechte einschränken.

Anselm Lenz' Mitstreiterin und regelmäßige Co-Autorin N'Diaye, das sei der Vollständigkeit halber erwähnt, scheint eine fiktive Person zu sein, die er bereits im Jahr 2016 erfunden hat, mutmaßlich, um Vorwürfe von Eurozentrismus in seiner Theaterarbeit an sich abperlen zu lassen. Der westafrikanische Name, so vermutlich das rassistische Kalkül dahinter, soll bei seiner neuen Unternehmung verhindern, dass die offen rechte Lesart der Coronapandemie zu einfach als eine rechte abgetan werden kann. Während die *Querdenken*-Bewegung rechte Schwarze Tokens auf Bühnen stellt, am bekanntesten sicher ihr Moderator Nana Domena, erfindet Lenz selbst die noch und spricht mit ihrer Stimme.

KLEIN-CHICAGO

Dass die Demos auf dem Rosa-Luxemburg-Platz stattfinden, ist dreist, wenn man die Geschichte des Platzes kennt: Die Hygienedemonstrant:innen stehen im Grunde in der Herzkammer der deutschen Linken. Und zugleich: Wo heute Impfpflicht und Holocaust gleichgesetzt werden, war früher eines der Zentren jüdischen Lebens in Berlin – das alte Scheunenviertel.

Bei aller Nostalgie, die das vorfaschistische Berlin als Zentrum jüdischer Intellektualität in Mitteleuropa verklärt, auch hier bestimmten wie im Rest des Heiligen Römischen Reichs Ausgrenzung und zögerliche Annäherung lange das Bild. Die erste urkundliche Erwähnung von Jüd:innen in Berlin ist bezeichnenderweise das Verbot der Tuchmacherzunft, bei jüdischen Händler:innen Ware zu erwerben. 1446 wurden erstmals alle jüdischen Menschen aus der Mark Brandenburg vertrieben, 1510 kam es zum Berliner Hostienschänderprozess, dem mehr als vierzig Jüd:innen zum Opfer fielen und dem die erneute Vertreibung folgte. Erst 1671 konnte sich eine jüdische Gemeinde für mehrere Jahrzehnte etablieren. Angesiedelt wurden Jüd:innen damals, um Finanzwesen und Handel in Schwung zu bringen, die nach dem Dreißigjährigen Krieg darniederlagen.

Ab 1737 mussten sich diejenigen Jüd:innen, die ohne Hausbesitz innerhalb der Mauern und somit vermutlich ohne verwertbare Funktion im aufstrebenden Preußenstaat waren, sich direkt außerhalb der damaligen Stadtgrenze ansiedeln, entlang der Straße in die Nachbarstadt Spandau. Dort, wohin zuvor aus Brandschutzgründen alle Scheunen der Stadt verlegt worden waren, die den Alexanderplatz, den größten Viehmarkt der Stadt, mit Heu und Stroh belieferten. Zusammen mit der Stadtmauer wurden sie kurz vorher abgerissen, um Platz für die wachsende Stadt zu schaffen. Als dann im 19. Jahrhundert jüdische Einwander:innen aus den Gebieten Polens und Russlands nach Berlin migrierten, war das Viertel ihr erster Anlaufpunkt.

Und Berlin wuchs. Von der brandenburgischen Residenzstadt zur Hauptstadt Preußens zur Hauptstadt des deutschen Kaiserreichs zur größten Industriestadt Europas. 1710 hatte Berlin knapp 50 000 Einwohner:innen, 1750 schon 100 000. Mit der Industrialisierung wurde das Tempo atemberaubend. Anfang der 1860er Jahre leben 500 000 Menschen in Berlin, zum Ende des Jahrzehnts fast 800 000. Ende der 1870er Jahre ist Berlin die erste deutsche Millionenstadt. 1920 ist Berlin schließlich die drittgrößte Stadt der Welt, hinter New York und London. 1925 gibt sie erstmals über vier Millionen Menschen eine Heimat.

Das Scheunenviertel, ein beengter Ort mit kleinteiliger Bebauung, aber billigen Zimmern, ist schon in den 1870er Jahren völlig überlaufen. Arbeiter:innen teilten sich ihre Wohnung im Schichtrhythmus und das Zusammenleben war zumeist angespannt. In den frühen 1920ern kommt es zu einer Großrazzia mit anschließender Internierung von dreihundert jüdischen Bürger:innen in Arbeitslager vor der Stadt. 1923 lösen rechte Agitatoren das sogenannte Scheunenviertelpogrom aus, das erste im modernen Berlin. Ähnlich angespannt war das Verhältnis zwischen dem liberalen jüdischen Bürgertum im Westen des Viertels hin zur eleganten Spandauer Vorstadt und dem orthodoxen Judentum der neu angekommenen Migrant:innen aus dem Osten.

1906 wurde das Elendsviertel dann abgerissen und neu gestaltet. Dem Rosa-Luxemburg-Platz, damals Babelsberger Platz, kam dabei die zentrale Lage zu. 1913 entstand hier das erste Gebäude der Freien Volksbühne, der ersten kultur-politischen Massenorganisation der Arbeiterbewegung in Deutschland mit dem Ziel, dem Proletariat eine Kunst zu geben, die nicht nur ihm offenstehe, sondern auch von ihm und seinen Belangen handle. Gleich nebenan erwarb 1926 die Kommunistische Partei Deutschlands ein Geschäfts-haus, das als Karl-Liebknecht-Haus heute noch als Partei-zentrale der *Linken* fungiert.

Gut zweihundert Meter Luftlinie vom Rosa-Luxemburg-Platz entfernt liegt, vom stadtplanerischen Geschick der Jahrhundertwende unberührt, die Mulackstraße. Eine enge Gasse am Rande des Viertels. Legendär ist sie einer Kneipe wegen, der Mulackritze, in der Heinrich Zille seine Studien aus dem *Milljöh* zeichnete, in der in den 1920ern das Berliner Geistesleben einkehrte, der Schauspieler Gustaf Gründgens, der Sexualforscher Magnus Hirschfeld, die Sängerin Claire Waldorf – eine Schwulen- und Lesbenkneipe avant la lettre, gleichzeitig Ort des Proletariats und als »Klein-Chicago« ein Zentrum der organisierten Kriminalität. Es ist das Berlin von *Berlin Alexanderplatz*, das Berlin von *M – eine Stadt sucht einen Mörder*, das Berlin, dem die Buchreihe *Groß-stadt-Dokumente* Bände wie »Varieté und Tingeltangel in Berlin« oder »Zehn Lebensläufe Berliner Kontrollmädchen« widmete.

Adolf Leib, der berüchtigte »Muskel-Adolf« organisierte von der Mulackritze aus den *Geselligkeits-Club Immertreu 1919 e.V.* – einen der ebenfalls berüchtigten sogenannten Ringvereine, die offiziell zum Zwecke der Solidarität mit

Strafgefangenen gegründet wurden, sie mit Bestechungs-
geldern und Alibis unterstützten, aber eben auch in Men-
schenhandel, Einbrüche und Raubzüge verwickelt waren.
Adolf Leib, einer der legendärsten Anführer dieser brutalen
Banden mit Herrenpartie am Wochenende, ist später als
»Berufsverbrecher« im KZ umgekommen.

Die Mulackritze lag in der Mulackstraße 15. Schräg gegenüber, in der Nummer 21, lebte und praktizierte zu dieser Zeit
der Arzt Heinrich Goldberg. Es ist das letzte Haus, wenn
man so will, des echten Scheunenviertels, auf der anderen
Seite der Rosenthaler Straße lehnt sich die Stadt schon in
die Eleganz des bürgerlichen Judentums. Wenn es oben
hieß, der Stammbaum der heutigen spirituellen Querfront
schlage in verschiedene Richtungen aus, auch in vermeintlich linke, emanzipierte, ist es vielleicht angemessen, die Erzählung mit einem solchen Ast zu beginnen: Verlässt man
den Rosa-Luxemburg-Platz und das Jahr 2020 mit seinen
rechtsoffenen Demos gegen die Coronamaßnahmen und
spaziert nach Westen und ein Jahrhundert zurück, so erreicht man nach etwa zehn Minuten die Mulackstraße 21
des Jahres 1920 und trifft auf einen jüdischen Arzt und
seine nietzscheianische Kommune, auf Naturmenschen und
Anarchokommunist:innen: Wir betreten die Kaverno di
Zaratustra.

EIN FREUND DER HÖHLE

Um die Erwartungen gleich etwas zu dimmen: Die Kommune in Berlin ist »eine enge, dunkle und muffige Parterrewohnung«, berichtet der Augenzeuge Harry Wilde, selbst in der Szene der Propheten unterwegs, später als Kommunist politisch aktiv und nach dem Krieg als Schriftsteller. Seine Biographie des Inflationsheiligen und Autors Theodor Plievier von 1965, *Nullpunkt der Freiheit*, ist in weiten Teilen eine Autobiographie. »Die Caverno fand ich recht enttäuschend, aber nicht wegen der qualvollen Enge: Ich sagte mir, im zwanzigsten Jahrhundert leide eben auch Zarathustra unter der Wohnungsnot. Was mich störte, war der Schmutz. Von meiner Mutter zur Sauberkeit erzogen, machte ich mich deshalb gleich daran, die ›Höhle‹ in Ordnung zu bringen, sehr zum Erstaunen der drei aus Russland stammenden Anarchisten«, die dort ebenfalls gerade unterkamen. »Als ich eines Tages von der Arbeit kam«, erinnert sich Wilde weiter, »stand Goldberg, bärtig wie Karl Marx, bullig wie Max Schmeling, behaart wie ein Gorilla, völlig unerwartet im Zimmer.« Der Kommunengründer kam gerade von seinem Außenposten weit außerhalb der Stadt – er war nämlich einer der wenigen Ärzte, der sich der Sexarbeiter:innen annahm, die in der Mulackstraße tätig waren.

Goldberg wird 1880 in Berlin-Weißensee in eine wohlhabende deutsch-jüdische Familie geboren, als Sohn eines Arztes. Mit zwanzig studiert er selbst Medizin in Berlin und Freiburg und lässt sich anschließend als Arzt in Weißensee nieder. So gehen Lebensläufe, die, wenn nicht gerade ein Völkermord dazwischenkommt, bis zum Lebensende keine großen Wendungen mehr produzieren. In den 1910er Jahren gehört er zur Berliner Bohème und stürzt sich ins Nachtleben der Großstadt. Er tritt aus der jüdischen Gemeinde aus und wird daraufhin vom Vater enterbt. Und er wird juristisch verfolgt: Goldberg nimmt illegale Abtreibungen vor. 1911 sterben zwei Frauen an Behandlungsfehlern. Während die Ermittlungen wegen fahrlässiger Tötung laufen, spürt er vielleicht schon das nahende Unheil, den wachsenden Patriotismus, der die lähmende Geschäftigkeit der wilhelminischen Ära mit ungutem Leben zu füllen beginnt. 1913 wandert er dann mit seiner Frau Henny und ihrer vierjährigen Tochter Edith aus.

Für Heinrich Goldberg fühlt es sich dramatisch an: »Denn ich war tot. Ich kam hin und wieder zur Besinnung, aber zeitweise war ich absolut tot. Meine Familie unternahm mit mir eine Reise auf einem Ozeandampfer, um mich mithilfe der Wunder jenseits des Atlantiks wieder zu beleben. Aber weder das lärmende Treiben New Yorks noch die imposanten Fabriken von Detroit noch die Erhabenheit der Niagara-Fälle konnten mich zurückbringen in die Welt der Lebenden. Ich besuchte Neapel, aber selbst das Mittelmeer mit seinen atemberaubenden Sonnenuntergängen konnte mich aus meiner Lethargie nicht reissen; auch nicht die wundervollen und aromatischen Düfte, die mich in transparenten Sphären zweierlei kristallklaren Blaus umgaben, die sich langsam verdunkelten und die Berge des Atlas und die bewaldeten Dünen der südlichen Küste Spaniens umhüllten und mit dem offenen Himmel zu verschmelzen schienen.« Erst die Begegnung mit den Ruinen Pompejis lassen ihn wieder Verbundenheit mit der Welt spüren. Die Generationen von Menschen, die durch die Jahrhunderte gelebt haben, alle bewegt von den gleichen Gefühlen, ziehen vor seinem inneren Auge vorbei und lassen ihn euphorisch werden.

Also lässt er dort seine Familie sitzen. Und geht nach London. Dort hat er eine Begegnung. In einer Grotte. Mit einem greisen Mann mit weißem Bart, zumindest beschreibt er selbst das so. Der Mann ist Zarathustra, oder besser: Die Version des Zarathustra, die sich Friedrich Nietzsche erdacht hat. »Ich nahm erneut die Hand des alten Mannes, drückte sie fest und fragte ihn: ›Könntet Ihr mir nicht zeigen, wie ich wieder zu einem Kind werden kann?‹ Zarathustra legte seine rechte Hand auf meine Schulter: ›Wie soll ich dich nennen?‹ ›Ich liebe die Tugend, diese Tugend, welche die alten Griechen areté nannten und über welche Hesiod lehrt: *Die Götter setzen den Schweiss vor die Tugend.* Ich suche Freunde, die wahre Freunde sein können, aber ich kann sie nicht finden. Ich finde nur einen Freund (filos, wie die Griechen sagen), und dieser Freund ist areté. Darum sollt ihr mich FILARETO nennen, den Freund der Tugend!‹«

Da nimmt der Alte den jungen Goldberg in den Arm, und schon bemerkt er die Spuren des Todes in den Adern seines neuen Freundes. »Die Pflege, die mir Zarathustra und seine treuen Tiere angedeihen ließen, erweckten mich wieder zum Leben. So half er mir, wieder zum Kind zu werden. Nachdem ich, zum Kind geworden, diesen ersten Grad erreicht hatte, musste ich die Kaverne des Zarathustra verlassen, um mich in einer weniger günstigen Umgebung zu behaupten und abzuhärten. Da ich in der Kaverne des Zarathustra wieder zum Leben erweckt worden war, betrachtete ich mich als seinen Sohn und übernahm folglich den Nachnamen KAVERNIDO.« Nichts davon schreibt er so, es ist übersetzt von Goldbergs Enkel Santiago Tovar aus der Plansprache Ido. Gemeinsam mit anderen Nachkommen unterhält er eine deutsch- und spanischsprachige Webseite, die sich als Forschungsplattform für das Leben des weitgehend vergessenen Kommunengründers und Philosophen versteht und stets nach neuen Hinweisen sucht.

Bereits während des Studiums kam Goldberg mit den Ideen Nietzsches in Berührung. Und mit dem Versuch, die Völker über das damals nicht einmal zwei Jahrzehnte alte Esperanto zu verbinden – eine neue Sprache für den Frieden, konstruiert vom jüdischen Augenarzt Ludwik Lejzer Zamenhof, um die Ghettoisierung der Bevölkerungsgruppen in seiner damals russischen Heimatstadt Białystok mit einer gemeinsamen, neutralen Sprache zu überwinden, die bald auf der ganzen Welt begeisterte Anhänger:innen fand: Bloß 16 Grammatikregeln kennt die Sprache, keine Deklination, kein Geschlecht und keine Konjugation; alle Buchstaben haben nur eine Aussprache. Da niemand Muttersprachler:in sein konnte, sollte Esperanto für alle gleichermaßen schnell zu erlernen sein. Ab 1907 verfolgte Goldberg wiederum interessiert den Entstehungsprozess einer neuen Plansprache, ein französisches Projekt mit dem Ziel, eine noch zugänglichere Plansprache als Esperanto zu erschaffen. Bald wird Goldberg selbst auf Ido, esperantisch für »Nachkomme« publizieren. Während Esperanto heute von bis zu zwei Millionen Menschen gesprochen wird, bei Wikipedia und Twitter zu den Top-50-Sprachen gehört, sprechen gerade einmal zwischen 1000 und 2500 Menschen Ido.

Bis zum Ende des Jahres 1918 zieht Goldberg umher. Pünktlich zur Ausrufung der Republik ist er jedoch zurück. Und gründet seine Kommune: Die Höhle des Zarathustra. Noch in den Revolutionsmonaten des Frühjahres 1919 schart er Handwerker:innen, Arbeitslose und Schneider:innen um sich und predigt eine Mischung aus Agrarkommunismus, Anarchismus und der politischen Übermenschenphilosophie Nietzsches. Der Weg zu letzterer führt für ihn über gnadenlose Härte gegen das Individuum. Denn, bei aller Menschenfreundlichkeit – nicht zuletzt seine despotischen Züge lassen im kommenden Jahrzehnt die Kommune immer wieder in sich zusammenbrechen.

Anlässlich seines Prozesses wegen fahrlässiger Tötung wird Goldberg alias Kavernido mit einiger Häme beschrieben: »Er trat in der Kostümierung eines Naturmenschen – in blusenartigem Hemd, mit Sandalen an den unbekleideten Füßen und langem, bis auf die Schultern herabwallendem Haupthaar, wie man ihn ja oft genug in den Straßen Mariendorfs gesehen hat – vor die Richter.« Er bezeichnete sich dabei als »Antimilitarist, Pazifist und Altruist« und versicherte, »daß er sich stets nur von rein ideellen Beweggründen leiten lasse«, schreibt die *Tempelhof-Mariendorfer Zeitung* im Mai 1921. »Er hat ein höchst abenteuerliches Leben geführt. Seitdem er sich von seiner Frau getrennt hat, war er einige Zeit in Amerika und in England, wo er bei Ausbruch des Krieges interniert wurde und über drei Jahre in Gefangenschaft zubrachte. Nach seiner Rückkehr nach Deutschland hat der zum Einsiedler gewordene Mann sich ganz seinen philanthropischen Ideen hingegeben und die erwähnte Gemeinschaft gegründet, die kommunistischen Idealen huldigt.«

Auch wenn Filareto Kavernido sich seinerzeit als Anarchokommunist versteht – er geht mehr und mehr auf Abstand zu den klassenkämpferischen Zügen des sich institutionalisierenden Kommunismus der Republik. Wie zahlreiche Intellektuelle jüdischer Herkunft ist er zunächst von der Idee der Räterepublik begeistert, nach der Revolution und schnell niedergeschlagenen Experimenten jedoch enttäuscht. Der Geist, der nach der Revolution herrschte, sei noch bürokratischer als der des alten Reichs, konstatiert er rückblickend. Statt Klassenkampf soll es für ihn fortan um höhere Kulturstufen gehen, auf die er seine Gefolgschaft heben will.

Das Bild der Höhle entnimmt er den ersten Zeilen von Friedrich Nietzsches *Also sprach Zarathustra*, erschienen 1883: »Als Zarathustra dreissig Jahr alt war,« heißt es da, »verliess er seine Heimat und den See seiner Heimat und ging in das Gebirge. Hier genoss er seines Geistes und seiner Einsamkeit und wurde dessen zehn Jahr nicht müde. Endlich aber verwandelte sich sein Herz, – und eines Morgens stand er mit der Morgenröthe auf, trat vor die Sonne hin und sprach zu ihr also: Du grosses Gestirn! Was wäre dein Glück, wenn du nicht Die hättest, welchen du leuchtest! Zehn Jahre kamst du hier herauf zu meiner Höhle: du würdest deines Lichtes und dieses Weges satt geworden sein, ohne mich, meinen Adler und meine Schlange.« Der fiktive Philosoph mit dem Namen des historischen Religionsstifters lebte also für eine Zeit der intellektuellen Verpuppung in einer Höhle, ehe er – verstand. Das Leben in der Höhle geht dem Lehren voraus.

Aber sind es wirklich sprachphilosophische und erkenntnistheoretische Überlegungen, die Kavernido an der Schrift begeisterten? Oder doch eher das Bild des einsamen, unverstandenen Denkers, der sich mit Adler und Schlange einsiedlerisch zurückzieht, um später brachiale Phrasen zu dreschen: »Nur wo Leben ist, da ist auch Wille: aber nicht Wille

zum Leben, sondern – so lehr ich's dich – Wille zur Macht!«
Vermutlich sind für einen, der gerade einen traumatischen
Zusammenbruch erlitten hat und dessen Heilung in einer
Phase stattfindet, in der die ganze Welt in Unruhe ist, Positionen besonders anziehend, die die Stärke des Individuums
betonen. Sie erlauben eine neue Identität in einem neuen
Land: Als messianisch-prophetische Figur der neuen Zeit.
Ich-Krise und Selbstermächtigung durch Ich-Überkompen-
sation: Filareto Kavernido wird nicht der Letzte sein, der
sich so inszeniert und Nietzsche so sehenden Auges miss-
versteht.

Seine Schriften, die er in den frühen 1920ern herausgibt,
zeugen allerdings von einem durchaus differenzierten Welt-
bild. Zwar auch vom Willen, zu den großen Denker:innen
der Philosophiegeschichte zu stoßen, aber im Verhältnis zu
den kommenden Inflationsheiligen ist das Maß der Selbst-
überschätzung erstaunlich gering. Keine der großen Fragen
der Tage bleibt unberührt, es gibt die zeittypischen Erörte-
rungen, warum die besten Künstler (Beethoven und Bach)
und Denker (Nietzsche und Goethe) deutscher »Rasse« sind,
es gibt Abhandlungen über die Liebe und zum positiven
Egoismus im Kern der Gesellschaft. In seiner Abkehr vom
Klassenkampf bastelt er ein betörend einfaches Wirtschafts-
modell, das auf freiwilligem Austausch beruht, ein Modell,
in dem jede:r nach den eigenen Fähigkeiten arbeiten und
konsumieren kann.

Er findet ein schönes Bild: »Mehrere Menschen wollen
zusammen einen Ausflug in die nächste Stadt machen; die
einen haben ein Automobil. Die andern einen kleinen Karren mit einem Klappergaul davor: Was können sie tun? Es
wäre lächerlich, wenn die zweiten verlangten, daß die Auto-

mobilisten nur so langsam führen, als ihre Mähre laufen kann, denn das wäre eine Plage für die Automobilisten, würde viel zu viel Brennstoff und Maschinenkräfte verbrauchen, und den zweiten nicht den geringsten Vorteil bringen. Andererseits wäre es gleich lächerlich, wenn die Automobilisten verlangen wollten, daß die andern ihren Karren hinten an das Automobil anbänden, und das Pferd zu Hause liessen. Der Karren würde, so wie das Automobil nur seine halbe Geschwindigkeit entfaltete, sehr schnell in tausend Stücke gehen«, schreibt er in *Kulturkampf statt Klassenkampf*, dem dritten seiner *Mitteilungsblätter aus Zarathustras Höhle*. »Die einzige Lösung dieses Problems kann nur die sein, daß sie gemeinsam die Stadt verlassen, die Automobilisten gleich nach ihrer Ankunft das Diner bestellen, so daß nun die Wagenfahrer bei ihrer Ankunft den Tisch gedeckt, die Stühle bereitfinden, und nur nötig haben, sich niederzusetzen und mit dem Essen zu beginnen.«

Dieses Modell will er ausprobieren. Nicht mehr nur in der Kommune in Mariendorf und in der Mulackstraße, wo Geldsorgen quälen und die Staatsmacht ständig anklopft. Die Freunde der Höhle wollen nun anpacken. Und während ihr Naturmenschenkostüm in den Straßen der Hauptstadt für Verwunderung sorgt, wird ihre nudistisch-anarchistische Agrarsiedlung weit vor der Stadt zu einem Anlaufpunkt der alternativen Szene. 1920 pachtet Kavernido ein kleines Stück Land östlich von Berlin, im feuchten Moorgebiet des Roten Luchs, mitten in der heutigen Märkischen Schweiz. Eigentlich eine Müllabladefläche, wenig fruchtbar und im Sommer voller Stechmücken. Gleich am Bahndamm liegt sie: Eine Verbindung in die Stadt bleibt also bestehen, und doch ist es schön hier draußen, weit weg. Gärtnerei soll hier betrieben werden, Landwirtschaft und Kleintierzucht, dazu ein paar Häuser. Und die Corporate Identity steht fest: Es wird wieder eine Höhle des Zarathustra sein.

SCHOLLE

Kavernidos Höhle hat Konkurrenz. Nördlich von Berlin in Oranienburg liegt, anziehender betitelt und auch konziser geplant, schon seit fast drei Jahrzehnten die *Obstbau-Kolonie Eden*, eine Ausgründung der Berliner vegetarischen Community. Auf halbem Weg zwischen der Stadt und der neuen Siedlung Kavernidos im Osten traf sich, gleich am Müggelsee, ebenfalls noch vor der Jahrhundertwende der einer Kommune nicht unähnliche *Friedrichshagener Dichterkreis*, der eine neue, von Zwängen befreite Art des Lebens zwischen Bohème und Natur suchte. Aus ihm heraus gründete sich bald, im Süden Berlins wiederum, am Schlachtensee, eine anarchistisch-christliche Kommune, die *Neue Gemeinschaft*, die ein großes Haus mit 29 Zimmern vor der Stadt bezog und Mitglieder anzog, die in diesem Buch immer wieder auftauchen werden: die Anarchisten Erich Mühsam und Gustav Landauer, die Dichterin Else Lasker-Schüler und der Maler Fidus.

Und das sind nur die Unternehmungen der alten und neuen Hauptstadt. Im ganzen Deutschen Reich zog es, im gleichen Maß wie die Städte wuchsen, immer mehr Menschen hinaus in eine Utopie eines Lebens ohne Entfremdung – »Zurück zur Scholle« war ihr Schlachtruf, in die erhoffte Unabhängigkeit von der modernen Gesellschaft. Das begann schon im letzten Drittel des 20. Jahrhunderts. So wie das Kriegsende und die Revolution Menschen mobil machte, machten sie auch Utopien zu greifbaren Möglichkeiten. Menschen brachen auf und kamen an neuen Orten an. Ab 1918 explodierte die Zahl dieser Siedlungsversuche und stellte selbst ein mittlerweile etabliertes Unternehmen wie die *Obstbau-Siedelung Eden e.G.m.b.H.* mit ihren Zehntausenden von Obstbäumen und Hundertausenden von Erdbeerpflanzen, ihren schnieken Siedlerhäusern, ihrer Druckerei und ihrem Genossenschaftshaus vor Herausforderungen. So lange die neue Republik im oft gewalttätigen Umbruch war, wirtschaftliche Krisen und soziale Verwerfungen durchlebte, war die eigene Siedlung im Nirgendwo für die Gegenwart scheinbar unerreichbar und autark gegenüber allen Verflechtungen, ganz egal in welchem System, eine verlockende Vorstellung für Menschen in allen Nischen des politischen Spektrums.

Bis weit ins 19. Jahrhundert hinein bedeutete Siedlung immer Binnenkolonisation – Gutsherren durften Bauern dazu beordern, noch nicht urbar gemachten Boden zu besiedeln und das Land zu bewirtschaften. Der »Schollenzwang« herrschte in Preußen bis ins Jahr 1850: Bäuer:innen waren verpflichtet, dort zu leben und jenes Land der Grundbesitzenden zu bewirten, auf dem sie geboren wurden. Erst die Auflösung des Zwangs ermöglichte, dass so viele Menschen in die Städte ziehen konnten, die die neuen Einwohner:innen als Arbeiter:innen in den überall entstehenden Industriebetrieben begierig aufnahmen. Aus Angst, dass das Land bald vollends veröden könnte, begann der preußische Staat, den Grundbesitz der alten Rittergüter, der legendären preußischen Junker und ostelbischen Barone also, aufzukaufen und als neue Siedelstellen auszuschreiben. Gleichzeitig regte sich auch im städtischen Bürgertum angesichts des völlig neuen Charakters der Städte der Wunsch, aufs Land zu ziehen. Manche legten Schrebergärten an, andere entwickelten neue städteplanerische Konzepte wie die Gartenstadt. Als 1919 die Kriegsheimkehrer genauso wie zahlreiche Kriegsflüchtlinge in der neu gegründeten Republik umherzogen, handelte der Staat daher proaktiv und gab auf Antrag jedes Moor und jedes Ödland zur Besiedlung frei. So gaben sich bürgerliche Experimente, anarchistische Theorie und staatstragende Befriedungspolitik in Weimar die Hand. Und schließlich stammte schon die Idee des Kommunismus an sich ja tatsächlich aus der Analyse solcher Siedlungen: Friedrich Engels betrachtete die Gütergemeinschaften von religiösen Siedlergemeinschaften in den USA, wie sie auch viele deutsche Auswander:innen zu Beginn des 19. Jahrhunderts gründeten, als Vorbild für ein solches Experiment auf gesamtgesellschaftlicher Ebene.

Dass Besitz und Arbeit komplett vergemeinschaftet sind, ist natürlich nur das eine Ende der Skala. Die entstehenden Siedlungen sind nicht alle kommunistisch oder anarchistisch. Sie sind nicht einmal notwendigerweise links. *Eden* wird rasch eine Unternehmung mit antisemitischen Untertönen. Die FKK-Siedlung *Klingberg* bei Lübeck, die die Karte der selbst betriebenen vegetarischen Gaststätte doch noch um Bier und Fleisch ergänzen muss, um für Tourist:innen attraktiv zu werden, bot gezielt völkischen Siedler:innen Plätze an. Der *Mittgard-Bund* propagierte, die neuen landwirtschaftlichen Unternehmungen könnten Keimzelle einer arischen Reinzucht werden. 1923 gründete sich aus dieser Bewegung heraus der *Bund Artam*, die *Artamanen*. Sie ließen sich mit ihren explizit nicht gütergemeinschaftlich organisierten Landwirtschaftsprojekten im dünn besiedelten Osten der Republik nieder, um das Eindringen polnischer Arbeitskräfte zu unterbinden.

Was alle verbindet, ist die Ablehnung des Strebens nach Profit, der Wunsch nach Naturverbundenheit und dem »wahren« Leben jenseits der Illusionen der bürgerlich-kapitalistischen Gesellschaft und der Gemeinschaftsgedanke an sich. Schließlich streben die neuen Siedler:innen auch ohne Engels-Kenntnis an, mit ihrer gelebten Utopie Vorbild für neue Möglichkeiten zu sein, die Revolution des Lebens, die für einen kurzen Moment in der Luft liegt – für Rechte genauso wie für Linke. Und gerade für einen wie Heinrich Goldberg, der neugeboren als Filareto Kavernido den Geist einer neuen Zeit schnuppert.

DIE KAVERNO DI ZARATUSTRA

Für die Erkundung werde ich selbst zum Automobilisten. Die Fahrt ins Rote Luch führt mich durch den Osten Berlins, über die Karl-Marx-Allee und die Frankfurter Allee. Bald heißt die breite Ausfallstraße nur noch nach den eingemeindeten Dörfern: Alt-Biesdorf, Alt-Kaulsdorf, Alt-Mahlsdorf. Historische Ortskerne, eingeschlossen von alten Großsiedlungen und neuen Gewerbegebieten. Die Stadt will sich ausschleichen, bleibt aber stattdessen eine endlose Weite von Häuschen mit Gärtchen: Deutschlands größtes zusammenhängendes Gebiet von Ein- und Zweifamilienhäusern. Irgendwo hinter Baumarkt und Bowlingcenter endet es abrupt an einem Acker. Dort beginnt Brandenburg.

Eine Weile tragen die Orte noch den Beinamen »bei Berlin«, doch Rehfelde steht für sich. Keine Stunde Fahrt mit dem Auto aus Mitte, schon steht man am Rand der Märkischen Schweiz. Und mitten in einem Dorf mit einer Straßenkarte, der die Zeit ein wenig egal ist: Ernst Thälmann kreuzt Karl Liebknecht und August Bebel, südlich vom Bahnhof schließt Friedrich Engels an, dazwischen Blumenweg und Ahornallee. Wir fahren noch ein Stück raus für unsere Erkundung, dem Wald entgegen und halten schließlich auf einer schlammigen Wiese zwischen Bahndamm und hunderten Metern Solarpanels.

Landschaftliche Spuren hat Goldbergs Siedlung nicht hinterlassen. Wohl aber Spuren in den Zeitschriften der Hauptstadt, die genau beobachten, was hier draußen vor sich geht. »Dicht am Bahndamm entlang, vorbei an den schimpfenden Bahnwärtern, neugierigen Dorfleuten durch rauhreifbehangenen Nadel- und Laubwald unentwegt dem Ziel zu. Eine Stunde Marsch hart am Damm auf schmalen Fussweg, dann senkte sich der Wald, lichtete sich, hörte plötzlich auf: ein tiefliegendes Stück Land vor uns, von Gräben durchzogen, von spärlichen Birken bestanden. Rechts hinten am Waldrand vier blaue Holzhäuser, links ganz weit draussen ein massives mehrstöckiges Haus, links vorne vor uns, neben einem Heuhaufen, Hühner- und Ziegenverschlag unsere Bretterbude, das Ziel unserer Wanderung«, schreibt 1922 der Anarchist Bruno Zimmermann in seinem Bericht für *Die junge Menschheit*, dem Zentralorgan der syndikalistisch-anarchistischen Jugend der Weimarer Republik.

Der dichte Wald der idyllischen Märkischen Schweiz war auch zu Zeiten der Siedlung ganz und gar kein unbeflecktes Paradies: Die »Naturmenschen« siedelten auf einer Müllkippe. Nachdem ein erster Siedlungsversuch auf dem Gelände einer Kehrichtabladestelle der Berliner Stadtreinigung direkt am Oder-Spree-Kanal in Spreenhagen am Protest der Anwohner:innen scheiterte, empfahl die Reinigung als Siedelstelle eine Mülldeponie im Wald. Der Besitzer der Stelle, der Gutsherr von Waldsieversdorf, konnte das Stück Land nach dem Bau der Eisenbahn ohnehin nicht nutzen und freute sich über Einnahmen: »Wie in jedem anderen Land gibt es in Deutschland Gesetze zum Schutz des Privateigentums, also muss die Kommune für ihr Stück Land Pachtmiete zahlen«, erklärt im Dezember 1922 dazu die anarchistische Pariser Zeitung *L'En-Dehors* in einem Artikel der Rubrik »En marge des laideurs sociales«, am Rande der Übel der Gesellschaft. Idyllisch ist die Randlage dennoch: Das Rote Luch ist eine Moorlandschaft, die ihren Namen der Rotfärbung des Wassers verdankt, das durch die Wiesen fließt. Rot vom Eisenocker der Märkischen Böden, öffnet es sich auch ein Jahrhundert nach Zimmermanns Reisebericht in sattem Grün mitten im Wald.

Der Standort taugt: Weit weg von den Menschen, aber via Bahn nahe genug an der Zivilisation, um Überbleibsel des bürgerlichen Lebens nicht aufgeben zu müssen. Vielleicht zwei Dutzend Kommunard:innen, mehr Frauen als Männer, lassen sich im Roten Luch nieder, arbeiten aber teilweise weiter in der großen Stadt, um ihren Lebensunterhalt zu verbessern. Viele kommen nur für Tage oder Wochen, selbst Filareto Kavernido verbringt die Winter in Berlin. Als sich eines der vielen Kinder in der kleinen Kolonie mit Wildkräutern vergiftet, kann der frühere Arzt es entlang des Bahndamms nach Rehfelde tragen und von dort in ein Krankenhaus transportieren, erinnert sich eine Zeitzeugin, die als Kind selbst in der Kaverno gelebt hat.

Die Anfänge der Kommune sind steinig. »Man muss Unkraut ausreißen, man muss Gebüsch und Bäume roden und fällen. Um die Unterstände und Hütten zu bauen, war es nötig, das Baumaterial aus sehr entfernten Orten heranzubringen,« ist der *L'En-Dehors* zu entnehmen. »Letzten Sommer wurden Kartoffeln, diverse Sorten Kraut, Spinat, Zuckerrüben, Karotten, Rüben, Radieschen, Zwiebeln usw. geerntet. Man hat keinen Weizen gesät, aber es gab eine hervorragende Heuernte. Die Kommune besitzt auch Kaninchen, einige Ziegen und zahlreiche Hühner. Manchmal fangen sie Wildkaninchen und Hasen.« Und der junge Anarcho-Syndikalist Zimmermann ergänzt: »Koks wird von der nahen Bahnabladestelle reichlich gesammelt, Futter für die Tiere ist vom Sommer hier, selbstgebautes Heu, kunstgerecht hochgestapelt. Grüne Bohnen werden gut, Mohrrüben kamen nicht hoch.«

»Zweige und Zeltbahnen decken die Löcher«, macht sich hingegen 1921 die Berliner *Tägliche Rundschau* über den ersten Siedlungsversuch der Kavernido-Truppe in Spreenhagen lustig. »Darin wurde nun wochentags nachmittags und sonntags vom Morgen bis zum Abend Robinson gespielt, allerlei gekocht, in Rauch und Phrasendunst gelebt; gelegentlich sprang die ganze Gesellschaft, unbekleidet natürlich, wie die Frösche ins Wasser. Daran nahmen ehrsame Leute der Umgebung Anstoß, und die Polizei verbot schließlich ›La Kaverno di Zarathustra‹. Vielleicht hätten sie besser daran getan, die Leute zu isolieren. Dann wäre der Unsinn von allein zusammengebrochen, wie alle ähnlichen Gründungen der Tolstoi-Anhänger im russischen Gouvernement Poltawa und gleichzeitig in Kanada auf der anderen Seite des Ozeans. Die zum Teil sehr jugendlichen Goldberg-Anhänger fühlten sich nun als Märtyrer. Ihr ganzer, übrigens sehr unsauberer Freiluftstaat ist an sich nur im Sommer möglich, ferner auch nur so lange, als sie alle ›nebenbei‹ noch wegen des doch notwendigen Gelderwerbs ihrem bürgerlichen Berufe in Berlin tagsüber nachgingen. Sie planten draußen zwar ›große Kulturen‹, aber in Wahrheit rekelten sie sich nur herum«, schreibt unter dem Pseudonym ›Rumpelstilzchen‹ der konservative Journalist Adolf Stein.

Die freie Liebe, die Kavernido lehrte, wurde aus der Szene heraus ebenfalls kritisch betrachtet. Harry Wilde macht keinen Hehl aus seiner Abneigung Kavernido gegenüber: »Im Mai war es auf dem Freigelände sicher angenehmer als in den benzinverseuchten Strassen Berlins, und ausserdem dürfte es dem Arzt nicht an amüsanten Erlebnissen gefehlt haben. Es gab zahlreiche, darunter recht vornehme Damen, die den Weg nach den Rüdersdorfer Kalkbergen nicht scheuten, um sich mit Zarathustras Nachfolger über das Wetter und andere Probleme zu unterhalten«, schreibt er 1965. Und überhaupt: Freiräume für freidenkende Menschen gut und schön, aber – unterstützt derartig vor sich hin wurschtelndes Individualverhalten nicht kleinkapitalistische Mechanismen, statt das Proletariat zur breiten Selbstorganisation zu bewegen? Darum sorgt sich nicht zuletzt auch Bruno Zimmermann in *Die junge Menschheit*: »Wir sahen nur einen Versuch, mit geringsten Mitteln immer aufs Neue wiederholt, den Druck der großstädtischen Wirtschafts- und Gesellschaftsordnung, die Schäden des Arbeits- und Vergnügungsbetriebes unserer großen Fabrikstädte auszugleichen. Wenigstens für das neue heranwachsende Geschlecht. Eins stand heute schon fest, solche Versuche werden wiederholt werden, an anderen Orten und Zeiten, trotz alledem.«

KAVERNIDO ZIEHT ANS MEER

Filareto Kavernidos Sorgen nehmen bis zur Mitte des Jahrzehnts auch abseits der ökonomischen Basis der Kommune weiter zu. Vor allem wegen des Abtreibungsverbots gerät er mit der Justiz der jungen Republik aneinander. Er will mit der gesamten Gemeinschaft auswandern – zunächst in die Schweiz, dann nach Haiti. Er ist nicht der Erste, der sein Projekt in die Tropen verlegt. Berühmtestes Beispiel ist wohl August Engelhardt, der Kokosapostel, der spätestens als Protagonist von Christian Krachts umstrittenem Roman *Imperium* bekannt wurde: 1902 zog Engelhardt aus seiner Nudistenkolonie im Harz nach Deutsch-Neuguinea, wo er eine Gemeinschaft unter dem Namen *Sonnenorden – Aequatoriale Siedlungsgemeinschaft* gründete. Dort entwickelte er den Kokovorismus, eine Philosophie, die der Kokosnuss als die der Sonne am nächsten wachsende Frucht die Fähigkeit zusprach, den Menschen, der sie verzehrt, unsterblich zu machen. Seine Kolonie umfasste nie mehr als fünf Mitglieder, von denen die meisten kurz nach ihrer Ankunft verstarben, zumeist an tropischen Krankheiten. Im Mai 1919 starb Engelhardt selbst an Malaria und an Unterernährung. Seine Insel stand da schon unter australischer Verwaltung, im neuerdings demokratischen Deutschland schwelte ein Bürgerkrieg und Filareto Kavernido hatte erste Anhänger:innen in der Großstadt Berlin gesammelt.

Einige Jahre später, 1926, landen die aus Deutschland geflüchteten Kommunard:innen nicht in der Karibik, sondern auf einem Berg über dem Mittelmeer bei Nizza. *Les Villars* heißt das Gehöft, es gehört zu einem Sanatorium, wo einige der Mitgereisten arbeiten können. Die meisten bestellen aber das Land. Doch auch hier will das Projekt nicht so richtig abheben. Vor allem die Kinder leiden am Mangel, und je mehr sie klagen, desto autoritärer tritt der Patriarch Kavernido auf. Da die Bedürfnisse der Kinder zu viel Zeit und Energie für die hohen Ziele des besseren Lebens binden, wird er immer grausamer. Nach einigen Monaten stirbt ein Kleinkind an Unterernährung und mangelnder Pflege. Ein Großteil der Gruppe bricht das Experiment daraufhin ab und will zurück nach Deutschland. Bedrohlich nahe an einem echten Gewaltausbruch scheint die Kommune an diesem Zeitpunkt zu stehen – Filareto Kavernido will sie nicht gehen lassen. Danach ist die Kommune nur noch eine mehr oder weniger erweiterte Familie. 1928 lässt sie sich auf Korsika nieder. Doch auch hier droht Ärger mit dem Gesetz: Filareto Kavernido muss wegen Erregung öffentlichen Ärgernisses für ein halbes Jahr ins Gefängnis.

Was man allen Protagonist:innen dieses Buchs lassen muss: Sie haben die Tendenz, immer störrisch weiterzumachen. Drei Erwachsene und vier Kinder, was bleibt ihnen anderes übrig, wagen 1929 dann doch die Überfahrt, überqueren den Atlantik Richtung Karibik. Drei Wochen dauert die Reise nach Haiti, wo sie, kaum von Bord, gleich des Landes verwiesen werden. In der Dominikanischen Republik aber, die den Ostteil der Insel Hispaniola bildet, verpachtet die Regierung europäischen Siedlerfamilien Land. Sie sollen es urbar machen und zugleich den *weißen* Anteil der Bevölkerung erhöhen. Der Staat hilft beim Roden des Urwalds, stellt den Familien Werkzeuge, Baumaterialien und Saaten. Kavernidos Talent zur Landwirtschaft bleibt trotz dieser Starthilfe ausgesprochen bescheiden. Dafür gewinnt er lokales

Ansehen als Arzt. Weil es kaum Medikamente gibt, versucht er sich in Naturheilkunde und plant sogar den Bau eines Krankenhauses. Das zersplittert parzellierte Land im Dschungel der Westindischen Inseln ist sicher nicht die beste Basis für schlagkräftige kommunistische Organisation. Aber während seiner ärztlichen Reisen zu den Siedelplätzen macht er kräftig Werbung für seine Idee, sich als Gütergemeinschaft zusammenzutun.

Auch die Großgrundbesitzer:innen, denen das gepachtete Land eigentlich gehört, das die europäischen Siedler:innen bestellen, kommt zu Ohren, was der weithin bei der Bevölkerung verehrte Doktor Goldberg plant. In der Provinzhauptstadt Moca lässt er für seine Ideen agitierende Flugblätter drucken und hält einen öffentlichen Vortrag, der die Beschneidung der Bürgerrechte durch die Regierung des amtierenden Präsidenten Trujillo beklagt. Seien es die Priester oder die Landbesitzer:innen, der lokale Arm der Regierung oder die örtlichen Ärzt:innen – Kavernido hat bald genug Menschen gegen sich aufgebracht, wieder einmal. Nur gibt es diesmal keinen Rechtsstaat, der den aufmüpfigen Naturmenschen zu Gericht bestellt. 1933 verliert Kavernido als gebürtiger Jude mit dem Machtantritt der Nazis auch den symbolischen Schutz der deutschen Regierung. Im April verfasst ein Mitarbeiter des Agrarministeriums einen Bericht über das Gift des Doktors Goldberg mit der Empfehlung, ihn auszuweisen.

Am 16. Mai 1933 wird er von zwei bewaffneten Männern in seiner Hütte besucht und gebeten, sie nach Moca zu begleiten. Noch auf dem Gelände seiner geschrumpften Kommune ereilen Filareto Kavernido die tödlichen Schüsse. Das Mahagoni-Holz für das geplante Krankenhaus liegt schon bereit. Es hätte ein Happy End geben können, als der Freund des fiktiven greisen Zarathustra am Ende wieder da angelangt ist, wo er sein Talent am besten einsetzen konnte. Ein Bauer ist er in all den Jahren nicht geworden, als Arzt aber war er vielleicht doch ganz anständig. Zumindest moralisch: Berliner Sexarbeiter:innen und die arme Landbevölkerung der Dominikanischen Republik wären als Patient:innen sonst sicher nicht behandelt worden.

Weit weg, im Roten Luch, hat sich nach dem Abzug der Zarathustra-Kommune derweil ein Weggefährte mit seiner Lebensgefährtin eingerichtet: Artur Streiter gehörte bereits als Jugendlicher zur Gruppe um Kavernido, geriet aber immer wieder mit dem autoritär auftretenden Gründer aneinander. Streiter zieht dann einige Jahre mit einem Puppenspieler durch die Republik, 1926 kauft er Kavernido das Gebäude und den Hausrat ab und zieht schließlich gemeinsam mit seiner zukünftigen Frau Erna Mükke ins mittlerweile verlassene Moor. Dort bleiben sie lange allein, es findet sich niemand zum Mitsiedeln. Immerhin besuchen Freund:innen und Seelenverwandte das Paar. Mit Hermann Hesse, Stefan Zweig und Joachim Ringelnatz steht Streiter im Briefwechsel.

Er ist produktiv, malt und schreibt, veröffentlicht unablässig Artikel und Schriften im anarcho-syndikalistischen Umfeld, in Zeitschriften wie *Der Syndikalist* und *Der Kunde*. 1930 erreicht ihn die Kündigung des Pachtvertrages. Der Gutsherr von Waldsieversdorf möchte sein wertloses Land zurück. Nach einem Jahrzehnt endet die Utopie auf dem Müll am Bahndamm. Und Streiter als technischer Zeichner in einer Wohnung in der Oranienburger Straße, Berlin-

Mitte, wenige hundert Meter von Goldbergs Adresse in der Mulackstraße entfernt. 1936 gerät er wegen seiner Kontakte kurzzeitig ins KZ. Nach dem Krieg tritt er dann gemeinsam mit seiner Frau in die KPD ein und verstirbt 1946 im Alter von nur 41 Jahren an Tuberkulose. Erna Streiter wird 1952 Bürgermeisterin von Schönow, nördlich von Berlin, und macht das Dorf zu einem Vorzeigestandort der DDR-Landwirtschaftsindustrie.

Hier könnte die Geschichte enden, hier hat sie ihre Schuldigkeit getan. Sie hat uns aus der Mitte hinausgeführt, hinein in die Randzonen der ersten deutschen Nachweltkriegsgesellschaft, wenn auch nicht ins Herz der Weimarer Querfront. Der jüdische, internationalistische Anarcho-Idealist Heinrich Goldberg alias Filareto Kavernido, er hätte wohl jeder faschistischen Geltungssucht widerstanden, auch wenn seine Anhänger:innen dazu neigen, sich als Märtyrer:innen und Opfer wahrzunehmen – eine Eigenschaft, die heutige Protagonist:innen der Querfront und andere Verschwörungstheoretiker:innen perfektioniert haben. Wir könnten das Rote Luch hier wieder verlassen, zurück über ausgebaute, aber mit Wucht vom Regen ausgespülte Wege durch das grüne Niedermoor und das romantisch im Nirgendwo liegende Vorwerk Anitz, wo Hühner kreischen und alte Männer grüßen. Aber dann würden wir den Teil der Geschichte übersehen, der für jene spirituelle Querfront viel wichtiger ist und von der die nächsten Kapitel handeln werden. Kaum dass die Streiters nämlich im Roten Luch die Segel streichen, siedelt sich eine neue Generation Berliner Pionier:innen nur wenige hundert Meter weiter an: Hier, in einer alten ärmlichen Ansiedlung von Torfstecherhäusern, entsteht eines der Zentren der neuen Denkweisen der Republik.

HERZ DER FINSTERNIS

Grünhorst hält sich versteckt. Von der Moorwiese, die den Wald durchtrennt, geht es zurück auf einen schattigen Weg. Der Wald ist gewachsen, seit hier die Lebensreform siedelte, jene Bewegung, die schon im Kaiserreich vieles anstieß, was die Gesellschaft bis heute bewegt: Vegetarisches Essen und körperliche Bewegung, Umweltschutz und Tanz. Die Häuser sind längst verfallen. Den Weg weist der Bewuchs, lernen wir: Flieder, Obstbäume und eine Linde, die früher den Siedler:innen Schatten spendete. Weiter hinten leuchtet schließlich etwas, links vom Weg, und da steht ein einzelner Baum, der im märkischen Buchenwald etwas deplatziert wirkt. In der untergehenden Sonne finden wir: Steine, geordnet in Formen von Mauern und Haufen, es hat fast etwas Kolonialistisches. Dabei ist es doch gerade eine Kolonie, die wir exotistisch angefixt entdecken: Reste einer untergegangenen Kultur, stilecht im Wald, wenn der auch nichts von grüner Hölle hat. Das Herz der Finsternis, ach was. Zwischendurch grüßt ein Mann mit Hund, mittelalte Mountainbiker mit Reifen breit wie Fußballerwaden rasen achtlos vorbei, als wir durch eine zwielichtige Utopie stolpern.

Ähnlich wie Zarathustras Höhle war auch Grünhorst ein kurzes Vergnügen, vielleicht sogar: gar keines. 1930 fällt der Name erstmals in Streiters Tagebüchern, als sehr hypothetisches Interesse, seine eigene Siedlung komfortabler zu gestalten. Doch leisten kann er sich die kleine Ansammlung von Häusern nicht. Stattdessen unterschreiben den Pachtvertrag im gleichen Jahr wohl Gertrud Gräser und ihr Lebensgefährte Henri Joseph. Er arbeitete an der Zeitschrift

Die Kommenden, die 1926 für das *junge Deutschland* gegründet wurde, sie ist die Tochter von Gusto Gräser, als Dichterprophet und Mitgründer der Siedlung am Monte Verità eine Größe des alternativen Denkens seit der Jahrhundertwende.

Grünhorst ist vor allem eines: Öko-Landwirtschaft. Die Reformhäuser Berlins werden mit Kräutern und Eiern beliefert, der gelernte Drechsler Joseph lernt, »Gesundheitsbrot« zu backen. Es gibt neben dem Wohnhaus noch Backhaus, Remise, Schuppen und Scheune, alle Arbeiten werden mit Hilfe eines Berliner Freundeskreises ausgeführt. Grünhorst ist eine Utopie im Naherholungsbereich, viele kommen vorbei: darunter Franz Jung, der einst die erste dadaistische Zeitschrift des Landes gründete, und Harro Schulze-Boysen, der später eine Triebkraft des als *Rote Kapelle* bekannten Widerstandsnetzwerks wird. Beide arbeiten in den frühen 1930ern an der Zeitschrift *Der Gegner*, die eine linksliberal-ökologische Gegenbewegung zum erstarkenden Nationalsozialismus zu befeuern versucht, eine revolutionär-anarchistische Jugendbewegung. Deren Zukunftsaussichten waren ähnlich trist wie die Realität der ständigen Bewohner:innen von Grünhorst. Wie die Höhle des Zarathustra und die nachfolgende Zwei-Personen-Kolonie herrscht auch hier vor allem Mangel: »Der Haushalt samt Hühnern und Puter sah recht kläglich und hungrig aus«, berichtet der Botaniker Hugo Hertwig. 1936 brennt Grünhorst schließlich ab.

»Grünhorst, weit draußen vor Berlin gelegen, war ein total verlassenes Vorwerk«, erinnert sich Gertrud Gräser Jahrzehnte später. »Es lag sehr einsam am Wald, rings von Natur umgeben. Nach Jahren unseres Dortseins stellte sich der meinem Mann bekannte Freund Max Schulze-Sölde ein, zuerst alleine, dann kam seine Frau hinzu. Ich selbst war damals für unsere kleine Siedlung viel unterwegs, mit Sprüchen und Bildkarten von meinem Vater sowie von Max, um zu unserem Aufbau beizutragen. Max war in inneren und äußeren Nöten, suchte einen Platz, um seinen Wunschtraum einer Siedlung verwirklichen zu können. Mein Vater kam dann eines Tages in gleicher Absicht, eine Zuflucht zu finden, zu uns.«

Auf Max Schulze-Sölde werden wir im letzten Kapitel dieses Buches wieder treffen, genau hier, zwischen kläglichen Hühnern und hungrigem Puter. Gusto Gräser kommt 1930 als Institution der Szene nach Grünhorst, nachdem er seit fast drei Jahrzehnten auf Wanderschaft ist. Allerdings kommt auch ihm, wie den meisten seiner prophetischen Zeitgenoss:innen, in den Dreißigerjahren das Publikum abhanden – die breite Masse hat längst neue Führergestalten gefunden. In Grünhorst empfiehlt er den Verkauf des für Anlieferungen in die Großstadt notwendigen Autos zugunsten eines Eselwagens und zieht schließlich damit vom Roten Luch aus durch ganz Deutschland. Um seine Schriften zu verkaufen und »Alt-Blockflöte spielend eingangs eines jeden Dorfes, die Menschen auf sich aufmerksam zu machen – um ihnen revolutionär und staatsfeindlich vom Frieden in der Welt zu predigen: gegen jeden Krieg!«, wie später der bündische Widerstandskämpfer Paulus Buscher schreibt. Otto Großömig, Gräsers Partner bei dieser Unternehmung, landet schon 1933 für viele Monate in einem KZ und gründet später, diese Verbindung überrascht nicht, die Partei *Die Grünen* mit. Gräser selbst wird mehrfach von der Gestapo verhaftet und schließlich mit einem Schreibverbot belegt. Er verkauft 1940 sein Hausboot auf dem Seddinsee bei Berlin und flüchtet nach München, wo er sich auf einem Dachboden versteckt hält und nach dem Krieg als greiser Exzentriker bekannt ist.

Um zu erfahren, wer Gusto Gräser war und was das alles mit der Bewegung der Coronaleugner:innen zu tun hat, muss ich auf eine Reise nach Süden gehen. Dorthin, wo nicht nur eine der schillerndsten Figuren der alternativen Subkultur des Kaiserreichs eine »Herzgegend« findet, sondern 2020 zum ersten Mal ein paar Versprengte mit Megafon auf dem Stuttgarter Schlossplatz standen und ein Ende der Coronamaßnahmen forderten – die Querdenker:innen.

2
STUTT
GART

Die Apokalypse erreicht Mühlacker –
Kohlrabi – Ohne Zwang – The Avengers: Life
Reform – Villen im Tessin – Sonnenbrüder –
Alte und Neue Scharen – Herzgegend – Ein-
undzwanzig Kleeblätter – Krankengekrächz! –
Die dritte Welle

Mit:

Gusto Gräser (1879–1958), *Naturapostel, Gründer des Monte Verità*

Hermann Müller (*1931), *Gusto Gräsers Biograf*

Karl Gräser (1875–1920), *Bruder von Gusto, Offizier, Gründer des Monte Verità*

Karl Wilhelm Diefenbach (1851–1913), *Maler, Naturapostel*

Ida Hofmann (1864–1926), *Pianistin, Gründerin des Monte Verità*

Henri Oedenkoven (1875–1935), *Unternehmer, Gründer des Monte Verità*

Lotte Hattemer (1876–1906), *Lehrerin, Gründerin des Monte Verità*

Elisabeth Dörr (1874–1955), *Lebensgefährtin von Gusto Gräser*

Hermann Hesse (1877–1962), *Schriftsteller*

Friedrich Muck-Lamberty (1891–1984), *Kunsthandwerker, Inflationsheiliger*

Rudolf Steiner (1861–1925), *Philosoph, Begründer der Anthroposophie*

Michael Ballweg (*1974), *Unternehmer, Gründer von Querdenken-711*

Attila Hildmann (*1981), *Kochbuchautor, militanter Coronaleugner*

Ein alter Mann im Lesesaal der Münchner Staatsbibliothek: »gebeugt und schlürfenden Schritts, eine Felljacke unter dem talar-artigen, ärmellosen Plüschmantel, die von Schnüren und Flicken zusammengehaltene Pappmappe unter dem Arm. Die Offizianten händigten ihm seine Bücher aus und behandelten ihn mitleidig-nachsichtig – als einen der Sonderlinge, wie es sie im Schwabing der fünfziger Jahre häufig gab. Wir Studenten hatten es nicht gern, wenn der Alte sich neben einen niederliess; er roch.« So erinnert sich der Literaturwissenschaftler Bernhard Gajek mit zwei Jahrzehnten Abstand in den späten Siebzigern an Gusto Gräser, den bis dahin vergessenen Naturapostel, Dichter, Philosophen und Mitgründer des Monte Verità. Und begegnet dem ihm unbekannten Gräser bei der Besprechung des Buchs *Der Dichter und sein Guru* von Hermann Müller wieder. Der eigenartige Gräser sei der Lehrvater Hermann Hesses gewesen, der Mann aus Siebenbürgen habe die Spiritualität des um wenige Jahre älteren schwäbischen Schriftstellers erst ans Licht gebracht. »Guru« nannte man das seinerzeit, ein Bhagwan der Jahrhundertwende.

Der Mann, der Gräser wiederentdeckte, Hermann Müller, vermaß in den 1970er Jahren die Ur-Hippie-Szene im Tessin neu. Heute lebt er in einem Dorf in Schwaben und unterhält das Deutsche Monte-Verità-Archiv, das eigentlich sein Haus ist. Bis unters Dach stapelt sich, was die Lebensreform, was vor allem ihr heimlicher Prophet Gusto Gräser, schrieb und vergaß, Alltag und Utopie. Heute reißen sich die großen Archive der Welt um diese Sammlung, warten, bis er sie endlich abgibt, aus dem Geiste des anarchistischen Selbststudiums in die Hände der Systematik. Müller ist fast neunzig und sein Name steht in der Danksagung fast jeden Buchs über die Lebensreformbewegung, aber so gut wie nie in der Literaturliste. Immer wieder heißt es »nach Mitteilung Hermann Müller« oder auch »nach selbsternanntem Gräser-Biografen Müller«. Akademisch ein klassischer Außenseiter, einer, der abseits der Institutionen arbeitet, eher intuitiv als systematisch, ein Autodidakt. Und seine Arbeitsweise: Mitteilen, teilen, Mails zu nächtlicher Stunde und früh am Morgen. Die letzte für mich, Donnerstag um acht Uhr dreißig, ein Gedicht über Gusto Gräsers Eselin Fanny, dann eine Wegbeschreibung zum Besuch – ich mache mich auf zu Hermann Müller ins schwäbische Kernland.

DIE APOKALYPSE ERREICHT MÜHLACKER

Die Regionalbahn tuckert durch den württembergischen Westen, von der Hauptstadt nach Norden, dann über die Westbahn durch Orte, die so schön nach Provinz klingen. Über das große Enzviadukt geht es gen Vaihingen mit seinem Schloss auf dem Weinberg und Illingen, juligrün ist es und alt die Kirchen und Fachwerktore. Neben den Gleisen die Äcker und hinter den Dörfern der Wald, im Clinch mit Neubausiedlungen. Ein Umstieg in Mühlacker, gleich neben dem bereits badischen Pforzheim, eine Stadt, die man nur kennt, weil sich hier Züge teilen und zusammenschließen, weil der IC hier hält und weil die Kölner Indie-Band mit schwäbischen Wurzeln Locas in Love hier einmal die Apokalypse stattfinden ließ, und es scheint mir wenig passendere Orte für eine alltägliche Apokalypse zu geben: »Häuser stürzen ein, Glas zersplittert, Autos brennen / Die meisten schon tot, alle andern rennen / Der Boden öffnet sich, schluckt Mensch und Tier / Seitdem wir getrennt sind, passiert das in mir / Und die Apokalypse erreicht Mühlacker.«

Ich erreiche Mühlacker um zwölf. In wenigen Minuten geht es bei dreißig Grad und ohne Handynetz vom ZOB weiter mit dem Bus über Land. Gleich ist die Schule zu Ende und entlässt die Kinder ins Wochenende, die Sommerferien liegen in der Luft. Fast allein stehe ich auf Steig 2 und warte in der Mittagshitze auf den Bus. Dann kommt er angeschossen, fünf Minuten zu spät, und rumpelt raus aus Mühlacker, nach Norden, über Lienzingen, lässt Schmie links liegen und rumpelt weiter ins nächste Dorf. Mit mir im Bus: Männer mit Maske, Männer mit freier Nase, Frauen mit Kopftuch und ohne, Schüler:innen in Zweiergruppen, die sich schon an der nächsten Haltestelle voneinander in verschiedene Elternhäuser verabschieden. Von Zaisersweiher zum UNESCO-Weltkulturerbe Kloster Maulbronn gleich neben Pizza Punjabi, dem alten Stadtbad, der alten Post und den Naturläden »Kleine Raupe« und »Kräuterhexe«, neben der Haltestelle Seehausweg gleich der Wegweiser zum Rudolf-Steiner-Kindergarten.

Das ist also das Kernland, darüber will ich mit Hermann Müller sprechen: Warum immer wieder Schwaben? Was hat diese Region an sich, dass sie immer wieder als Zentrum exzentrischer, widerspenstiger Bewegungen von sich reden macht? Wie können sich hier immer wieder religiöse Radikalität und zwielichtige Ich-Suche Bahn brechen? Früher Täufer:innen und Pietist:innen, dann Anthroposoph:innen und Inflationsheilige, viel später Wutbürger:innen und Querdenker:innen. Aber auch der einzige Versuch, im Januar 1933 den Machtantritt Hitlers noch zu verhindern, ist

Ergebnis schwäbischen Eigensinns: Es war ein Dorf bei Tübingen, das sich als einziger Ort dem Aufruf zum Generalstreik der KPD anschloss, der Mössinger Generalstreik endete mit dem Auftauchen eines Überfallkommandos der Polizei und für Fritz Wandel, einen der Anführer des Generalstreiks, im KZ.

Gusto Gräser hat dem Schwabenland einen späten Liebesbrief geschrieben, das *Brieflein Wunderbar*. 1956 drückte er ihn Hermann Müller in die Hand, der ihn erst Anfang 2012 veröffentlichte – zu einer Zeit, als viel zu lesen war, von Schwaben, die in Bäumen nisten. Es war die Hochzeit der sogenannten Wutbürger:innen, der Proteste gegen den Neubau des Stuttgarter Bahnhofs. Das Herzstück des Projekts Stuttgart21 stieß allenthalben auf Widerstand, beim »Schwarzen Donnerstag« im September 2010 eskalierte die Situation: Es gab zahlreiche Verletzte durch Übergriffe der Polizei auf Parkbesetzer:innen und das Bild des Ingenieurs Dietrich Wagner, der durch einen Wasserwerfer am Auge schwer verletzt wurde, ging durch die europäischen Medien. Für Müller lagen damals die Parallelen auf der Hand: Gusto Gräsers poetische Formeln »Baum-bin-im-baun« und »Bin-imbaum«, ein Sein, ein Aufgehen in der Natur, werden von den Wipfelbesetzer:innen der Umweltbewegungen ganz praktisch gelebt.

Das *Brieflein Wunderbar* ist im Grunde das Alterswerk eines wenig beachteten Dichters, das in seiner kreativen Wortfindung beinahe an Dada erinnert, aber auch ein philosophisches Vermächtnis ist, das mit seiner Entstehungszeit wenig anfangen kann. Während Adornos Kritische Theorie State of the Art ist, widmet sich der alte Gräser der von ihm selbst entwickelten »Bucheckernschrift«. »Heiss brannt

Hochsommerglut, mir Wandersmann dörrend das Blut, den Mut – – – da endlich, endlich, in uralter Bäume Schatten ein Bauernhof«, schreibt er. »Freiwiegewag hinein hinein in den allpaarend donnersonnigen, den trutziglicht, dornrosenwonnigen, den treugetrosten Jungäonentag!« Was bedeutet das, wie lässt es sich entschlüsseln? Verständlich ist es vor allem als Hymne auf das Schwäbische und auf Stuttgart: »Hah, Wackerschwab, wer hat, die Trugpest auszumerzen, rundum im Land mehr als wie Du dat Zeug dazu?«, heißt es gleich zu Beginn. Die Region ist für Gräser die »Herzgegend« Deutschlands, der »Urheimatborn«, aus dem heraus das Neue ins Nachkriegsdeutschland sprudeln wird. Große Geister beschwört er herauf und wie zuvor schon die 48er-Revolution, bürgerliche Idealist:innen, die Arbeiterbewegung und die Nazis macht auch Gräser den Schwaben Friedrich Schiller zu einer mythischen Gestalt, die den Weg weist: »Weltadler Schiller«, ein »unerhört wildedler Schwab«, dessen Worte Funken sprühen, die die kämpferischen Geister des heiligen Landes neu erwecken. Das erscheint bereits zur damaligen Zeit antiquiert, das Pochen auf einen Traum, doch es muss ein Charisma geben, das ihn für seine Zeitgenoss:innen anziehend macht. »Stuttgart – nach all dem Trauertran, dem öden Trümmern, fiel's froh mir ein, dass du ja immernoch in deinem Heimtal kauerst, und immerdoch, nur was getrutzger wohl, drein dichtest, trachtest, spinnst und baust und bauerst – – – Horchmal – sagmal – fühlst du nit auch – – – ha, Dunder – keine Frag – Stuttgart! – Allwelt – ihr Notmund ruft: Bist uns berufen, heimlich auserlesen, Gutstart zu sein, RINGHORT zu sein dem notgen Weltgenesen: Heimkehr zur Wirklichkeit!«

Freudenstein ist weder Stuttgart noch Gutstart, nicht

Heimkehr, sondern eines dieser Durchfahrdörfer. Eng ist das Tal hier, der 706er, in den ich am ZOB Knittlingen/ Schule eingestiegen bin in Richtung Diefenbach, bringt dreißig Schüler:innen von der Dr.-Johannes-Faustschule in die umliegenden Weiler. Johannes Faust, das ist schon *der* Faust, der Goethe-Faust, Magier, Astrologe und Wissenschaftler, geboren um 1480 hier in Knittlingen, nicht nur auch ein Schwabe, sondern eigentlich auch ein Wanderer, eigentlich auch ein Vorläufer.

Der Fahrer schmeißt mich raus an der Metzgerei. Eine Holzbank, dahinter ein Kaugummi- und der letzte Zigarettenautomat des Landes. Bäuerle hat zu, aber man sucht ab sofort einen Metzgergesellen, m/w/d. Meine Wegbeschreibung, die ich gestern per E-Mail empfangen habe: Hinterm Friedhof den Feldweg. Beim Nussbaum rechts den Hang runter. Da steht das Haus. Ein gebeugter Mann mit langen weißen Haaren, einem weißen Bart bis auf die Brust steht auf der Straße und hält nach seinem Gast Ausschau. Es ist Hermann Müller.

Er lebt nicht wirklich in dem Hexenhäuschen, das man hätte erwarten können. Er lebt in einem an den Hang gebauten Haus, mit Liegestühlen auf der kleinen Terrasse, das untere Stockwerk verschwindet im Hügel. Fotos sind im Haus an den Wänden, Grüße von seinen Kindern und Enkel:innen. Für mich gibt es schwarze Nudeln aus der Mongolei mit Tomatensoße mit Hefeextrakt. Nicht, weil es besonders öko-schwäbisch ist, sondern weil seine Tochter ihm das geschenkt hat, Stuttgarter Delikatessenladen. Schmeckt eigentlich wie Flädle, sagt er und hat recht.

Müller ist Gräser in München begegnet. 1955 entdeckte ein Freund den alten Gräser in dessen Schwabinger Stammcafé.

Der junge Student der Philosophie und Germanistik sprach den irgendwie charismatischen Alten an, sein Freund Jul zog gar für einige Monate in die Gräser'sche Dachkammer.

Müller ist Sohn eines Bauern und Enkel eines Predigers. Er kommt aus dem Dorf Bad Boll, am Nordrand der Schwäbischen Alb gelegen, damals gerade einmal 2500 Einwohner groß, aber mit einer langen Tradition spiritueller und freikirchlicher Bewegungen. Die Begegnung mit dem Alten, der den beiden Freunden wesentlich würdevoller erschien als dem Literaturprofessor Gajek, verändert sein Leben. Fortan will Müller selbst wie Gräser leben – auf Wanderschaft, im Einklang mit der Natur – und zieht dafür einige Jahre ohne Besitz durch Europa. Er erahnt vor allem aber, dass Gräser, damals in München als exzentrischer Landstreicher bekannt, nicht nur eine faszinierende Geschichte und eine inspirierende Weisheit hat, sondern auch eine kulturhistorische Relevanz, von der niemand etwas weiß. Das ist siebzig Jahre her. Während Müller seine Kinder großzieht und sich mit Gelegenheitsjobs über Wasser hält, studiert er Gräsers Gedichte und philosophische Traktate, liest sich quer durch die Literatur der Moderne, um Spuren zu finden, und sieht sich selbst als Verkünder von Gräsers Botschaften.

»Als ich nach der Wanderschaft zurückkam nach München, da war er ja schon tot. Da habe ich auch noch nix gekannt von seiner Dichterei, er hat uns mal ein Gedicht vorgetragen, aber das war alles«, erzählt Müller. Als Gräser 1958 stirbt, retten ein Stadtbibliothekar, der häufig mit Gräser sprach und großen Respekt vor ihm hatte, einige verbliebene Freund:innen und Müller selbst, was noch zu retten war. »Da war das Müllauto schon vorgefahren, der Hausherr hat alles rausgeschmissen, der wollte alles loshaben, der wollte auch den Gräser loshaben, der hat ihn jahrelang traktiert mit dem Gericht.« Was die Nachlassverwalter:innen der Bibliothek liegen lassen, das landete in Müllers Händen. »Ich hab eigentlich nur den Abfall, aber da sind Perlen drin, die haben sie nicht beachtet und konnten das auch nicht. Das war ein Chaos, eine Rumpelkammer, das war mehr oder weniger Zufall, was die rausgegriffen haben.«

Durch die 1960er Jahre hindurch transkribiert er, entschlüsselt, kopiert – in dem Versuch, Gräsers Werk zu erschließen. »Von der Biographie war gar nichts bekannt, der Gräser war völlig vergessen. Ich habe also in Tübingen damals fast verzweifelt in der Bibliothek die Buchreihen abgesucht, die Zeitgenossen müssen doch irgendwas, wenn er … Ich habe ja damals selbst meine Zweifel gehabt. Wenn er wirklich so bedeutend war, wie ich das meine, dann müsste er doch Spuren hinterlassen haben. Aber es war nix zu finden. Da sehe ich dann einen *Bergroman* von Hermann Broch. Berg, damit könnte doch der Monte Verità gemeint sein!« Müller ist sich sicher: Er ist es. Ein singender Holzfäller im Roman des österreichischen Schriftstellers, heute in großen Teilen nur in der Literaturwissenschaft bekannt, dort aber immerhin in einer Reihe mit Marcel Proust und James Joyce, das muss Gräser sein. Der heißt in diesem Roman von 1936 Marius Ratti und wird bald die Bevölkerung des alpinen Bergdorfes einer Gehirnwäsche unterziehen. *Demeter*, so einer der zahlreichen Editionstitel des nie ganz abgeschlossenen Buchs, mündet in einen Ritualmord. Es gilt als eine antifaschistische Parabel auf den Aufstieg der NSDAP in Deutschland – auf der politischen Ebene wie auf einer mystisch-religiösen.

KOHLRABI

Ein schöner junger Mann in dunkelbraunem Leinen, das lange glatte Haar mit einem geflochtenen Reif aus der Stirn gehalten, ein prächtig wallender Vollbart bis auf die Brust, sitzt auf einer sommerlichen Wiese und hält lächelnd seine Hand einem Kind entgegen. Das Mädchen stürmt nackt auf ihn zu, mit wehendem Haar, das sich im Gegenlicht zu einem Heiligenschein aufwirft, und bietet Gräser einen Blumenstrauß an.

Dieses Bild vom jungen Gusto Gräser blieb mir in Erinnerung aus einer Veranstaltung zu Lebensreform und Jugendbewegung an meiner Universität. Dass es das nur im Doppel gibt, dass die ganz neuen Denkweisen, die in den letzten Jahren vor dem Ersten Weltkrieg ausgerechnet im verknöcherten Kaiserreich zu blühen begannen, zugleich progressiv sind und eben auch reaktionär, lag in der Vorlesung in der Luft: völkische Hippies. Die sprichwörtliche Janusköpfigkeit der Moderne, hier vorbildlich abgemessen an ihren hochmodernen Gegner:innen, Naturmenschen und Vegetarier:innen. Ist auch der eigensinnige Gusto, der, der immer ein Querdenker genannt wurde, weil quer zu denken früher den rechten Beigeschmack nicht hatte, einer von ihnen?

Dass Nazis gerne als Ökos in Brandenburg hausieren gehen, nur bei Vollmond Tomaten anpflanzen und mit zehn Kindern Ringelreihen spielen, dass es die antisemitische Anastasia-Bewegung gibt und die ein oder andere Bio-Marke mit durchgestrichenen Barcodes irgendwie zwielichtig ist – das ist nicht neu. Es gibt eine ökofaschistische Grundorientierung in der frühen Umweltbewegung und mit Baldur

Springmann einen waschechten Nazi unter den Gründer:innen der Grünen. Wir kommen nicht umhin, uns dieses Bild von Love & Peace heute noch einmal im Zusammenhang mit dem Erstarken eines neuen Faschismus anzuschauen, im Zusammenhang mit einer Zeit, in der Querfront-Konstrukte scheinbar mehrheitsfähig werden.

Um das Jahr 1900 herum entsteht in Deutschland eine Vielzahl von Bewegungen, die bald als gebündelte Stoßrichtung einen Namen tragen werden, der zugleich ganz groß und ganz klein ist: die Lebensreform. Reform, das ist immer eine Nummer kleiner als Revolution. Und Leben, das ist immer ein bisschen zu viel, um es noch greifen zu können. Friedrich Nietzsche und Lew Tolstoi können als Vordenker gelten. Schon in den späten 1880er Jahren sind sie internationale Stars, als Philosophen eines neuen Individuums, der Befreiung von Zwängen, durch Verzicht wie durch Fest. Der junge Dichter Rainer Maria Rilke besucht Tolstoi auf seinem Landsitz. Der Schriftsteller Gerhart Hauptmann begegnet 1890 dem frühen Naturapostel Johannes Guttzeit, der als moderner Jesus am Zürcher Limmatquai steht, und er wird zum ersten literarischen Chronisten dieser neuen, merkwürdigen Gestalten, die das autoritäre Denken in den Mustern von Treue und Gehorsam gegenüber Kaiser, Staat und Wohlstand anzweifeln.

»Wo aber der Fortschrittsmensch die Herrschaft antrat, derer er sich rühmt, hat er ringsum Mord gesät und Grauen des Todes«, formulierte 1913 zum Freideutschen Jugendtreffen auf dem Hohen Meißner der Philosoph Ludwig Klages. Die *Jugendbewegung* entstand aus dem *Wandervogel* heraus, eine Bewegung aus dem Dorf Steglitz vor Berlin, in dem das Fortschreiten der Städte und das Verdrängen der »natürlichen« jugendlichen Umgebung aus dem öffentlichen Raum deutlicher hervortrat als anderswo. Berlin wuchs allein zwischen 1857 und 1877, als es erstmals Millionenstadt wurde, um 500 000 Einwohner:innen. Die industriellen Bedürfnisse und das Versprechen, den ärmlichen Verhältnissen der Dörfer zu entkommen, zog Landbewohner:innen magnetisch in die Hauptstadt. 1905 hatte sich die Bevölkerung erneut verdoppelt: auf zwei Millionen Menschen. Die Stadt frisst sich in die märkischen Dörfer, ganz amerikanisch, ganz fremd also, erscheint sie den Zeitgenoss:innen. Statt Tümpel Fabriken, in der Schule Korpsgeist, ein Beiseiteschieben jeder individuellen emotionalen Regung, so erlebten Jugendliche das Ende des 19. Jahrhunderts. Der Student Hermann Hoffmann, der ehrenamtlich als Lehrer am Gymnasium Steglitz unterrichtete, unternahm an den Wochenenden mit seinen Schülern Wanderungen, in Brandenburg und im Grunewald, später entlang des Rheins oder durch den Harz. Sein Schüler Karl Fischer gibt dem 1901 Struktur und gründet den eingetragenen Verein *Wandervogel – Ausschuß für Schülerfahrten*. Ähnliche Vereine, die sich als unpolitisch verstehen, gibt es bald im ganzen Reich – zumindest überall dort, wo es ein protestantisches Bürgertum gibt. Arbeiterkindern, die meist spätestens mit vierzehn Jahren selbst arbeiten, fehlt dazu die Zeit. Homogen blieb der *Wandervogel* nicht nur in der Klassenfrage, auch das Frauenbild der Gruppen blieb konservativ. Bei aller Autoritätskritik, charismatische Führungsmänner wurden im *Wandervogel* gern gesehen. Im Gegensatz zu, es verwundert kaum: Jüd:innen.

Auch an anderen Fronten musste die Kultur der Väter Neuerungen weichen: Reformkleider aus Wolle oder Leinen ersetzen die Anzüge der Herren und die Korsette der Damen. In der Medizin gewinnt die Naturheilkunde an Popularität, die auf die Stärkung der inneren Widerstandskräfte statt auf Medikamente setzt. Und auf alte Volksmittel gegen die Moderne: Der überzivilisierte Mensch, umgeben von Industrie und Technik, von zu viel Fleisch und überhaupt dem aufkommenden Massenkonsum, müsse sich reinigen, heißt es, mit Diäten, Wassertreten und nacktem Licht- und Luftbaden, um seine vitalistische Lebenskraft zu befeuern. Dementsprechend sind neue Ernährungsweisen wie der Vegetarismus der provokante Trend der Stunde, von der Abstinenzbewegung gegen die Zivilisationslaster Alkohol und Tabak ganz zu schweigen. Auch die beginnende Naturschutzbewegung richtete sich gegen die Dominanz der Industrie, die die agrarisch geprägte deutsche Landschaft immer weiter umgestaltete. Sie erklärte Landschaft nicht nur zu Schutzgebiet, sondern erfand die Schönheit der Natur. Dabei lehnte sie den Tourismus jedoch ab: Arbeiter:innen sollten die Schätze der Umwelt in städtischen Volksparks finden, statt die Volkskultur der Landbevölkerung zu bedrohen.

Die Bewegungen der Lebensreform kreisen um eine Vorstellung von Ursprünglichkeit und Reinheit, die nicht nur auf den Körper der Menschen abzielt. Es ist auch von Degenerationen die Rede. Die Völkischen wollen das Deutsche vom Fremden, Jüdischen reinhalten, die Bürgerlichen vom Asozialen. Eugenikkonzepte blühen rechts wie links, der Gedanke einer »Rassenhygiene« und die Theorie des Sozialdarwinismus werden um die Jahrhundertwende auch von progressiven Denker:innen vertreten. Selbst innerhalb der Frauenbewegung, die letztlich ebenso Teil der Lebensreform ist, sind die Meinungen gespalten. Freiere Sexualmoral und Selbstbestimmung, mehr Rechte für unverheiratete Mütter und Straffreiheit für Homosexualität, wie sie der links-feministische *Bund für Mutterschutz* um die Frauenrechtlerin Helene Stöcker forderte, gilt nicht nur als Angriff auf die vom bürgerlich-feministischen *Bund deutscher Frauen* propagierten Familienideale, sondern auch auf die natürliche Auslese zur Vervollkommnung des Volkskörpers. Sogar im Umfeld von Magnus Hirschfeld, dem legendären Vordenker der Queer Theory, diskutierte man über Zwangssterilisation von Menschen mit Geschlechtskrankheiten. *Deutschland schafft sich ab*, Fin-de-Siècle-Edition: Die Befürchtung, die geringen Geburtenraten der bürgerlichen Mittel- und Oberschichten führten zu einer Dominanz der Unterschichten mit ihren schlechten Genen. Degeneration, Kriminalität, Unmoral, alles nur eine Frage der Erbanlage. Der Kulturwissenschaftler Karl Braun gab vor einigen Jahren einen Band heraus, der die Lebensreform mit dem Titel *Avantgarden der Biopolitik* zu fassen versuchte: »Allenthalben schallt der Ruf ›Heil!‹, der sich nicht mehr auf den geglückten Übergang in ein jenseitiges Dasein bezieht, sondern auf allgemeine diesseitige Gesundung«, beschreibt er im Vorwort treffend die Zeit zwischen dem 19. und dem 20. Jahrhundert.

Das klingt in der Rückschau unheilvoller, als die damalige Gesellschaft es auffasste. Denn in der Wahrnehmung um die Jahrhundertwende erscheinen die das Evangelium des menschenartgerechten Lebens ausrufenden Wanderprediger à la Guttzeit und Gräser eher als harmlose Originale. Sie rufen zwar »Heil!« und ihre Grundhaltung ist apokalyptisch, aber sie sind beinahe poetische Figuren. Gerhart Hauptmann nennt 1910 seinen Roman *Der Narr in Christo*. Er handelt von dem Prediger Emanuel Quint, der die Nachfolge Jesu antritt. Neben Hauptmann entwerfen auch Thomas Mann und Rainer Maria Rilke solche Apostelfiguren. In Deutschland nennt man sie spöttisch »Kohlrabi-Apostel« und Naturmenschen, wie sie da in ihren kratzigen, weiten Gewändern und ohne Besitz durch die Städte ziehen. »München ist a schöne Stadt / Die verschiedene Menschen hat – / Zum Beweise sende Dir / Zwei Originale hier – / Wurzensepp und Diefenbach / Diesen zwei schaut alles nach«, heißt es etwa auf einer Postkarte von 1888 über den Maler Karl Wilhelm Diefenbach, der früh eine vegetarische Kommune vor der Stadt gründete, wo er stets barfuß anzutreffen war. Dabei ist es ihnen allen mit ihrem Sendungsbewusstsein völlig ernst. Sie wollen die Gesellschaft tatsächlich von der Gesellschaft erlösen und zugleich anarchisch, in direkter Aktion das andere, ebenso mögliche Leben vorleben. Und dieses Bestreben ist erst einmal zu würdigen.

Doch die Lebensreform scheint letztlich vor allem eins zu sein: Eine Selbstbehauptung des Kleinbürgertums gegen die zerreibenden Kräfte von oben und unten. Im Gegensatz zu den großen Revolutionen, die diese sozialen Schichten antrieben und die 1789, 1848 und in der Pariser Kommune auch 1871 Westeuropa veränderten, entwickelte sich ein sich stets verbesserndes individuelles Einzelsubjekt. Eines dieser Subjekte aus dem Bürgertum war Gustav Gräser, genannt Gusto, der sich bisweilen lieber »Gras« zu nennen pflegte, weil er ja auch nur ein einzelnes Ding war, in einer großen Welt.

OHNE ZWANG

Als Kind war Gräser ein Außenseiter und stolz darauf: eine Form gesellschaftlicher Abhärtung, gar nicht unähnlich der, die die Naturheilkunde für den Körper pries, Bäder in sozialer Kälte, die das charakterliche Immunsystem stärken sollten. Er erlegte sich selbst ein hartes Bootcamp auf. Nur reden, wenn die Aussage aus der Seele herausdrückt, nur gehen, wo die Seele gehen will, egal, ob dort ein Pfad verläuft oder eben nicht. Er redet sich gewissermaßen selbst ins Neue-Mensch-Sein hinein. Vermutlich hat das ihn gleichermaßen charismatisch wie unerträglich gemacht, sicher aber hat es ihn nicht davon abgehalten, in immer neuen Gruppen auf- und kurz darauf wieder abzutauchen.

1879 wird er in Siebenbürgen geboren, in Kronstadt, dem heute rumänischen Brașov, damals Teil des habsburgischen Ungarns. Sein Vater ist Amtsrichter, aber ein siecher, Gräser verfolgt seinen körperlichen Niedergang im eigenen Heranwachsen. Carl Samuel Gräser stirbt, als Gustav gerade einmal fünfzehn Jahre alt ist. Er muss das Gymnasium abbrechen und nach zwei Wochen auch eine Lehre. »Endlich schwänzt ich in die Wiesen, nach dem Bächlein, in den Wald: / Da gab's keine ›Analysen‹, da bekam mein Geist Gestalt – / da entschied ich: Hol's der Geier! Und – so – ward – ich – frei – und – freier. / Endlich fiel ich aus den Krallen, denn ich hatte noch Gewicht – / endlich bin ich durchgefallen«, schreibt er später in einem Gedicht. Bei seiner nächsten Lehrzeit in Budapest schafft er es dann immerhin zum Kunstschlosser-Gesellen. Früh kümmert er sich um seine Familie, vielleicht nicht um die volljährigen und verheirateten Schwestern Charlotte und Josephine, aber um seine Mutter Charlotte und seinen jüngeren Bruder Ernst. Sein vier Jahre älterer Bruder Karl ist Offizier in der k. u. k.-Armee und sitzt am Rand des Empires, im heute polnischen Przemyśl. Hier gründet er einen Verein, der *Ohne Zwang* heißt und im Grunde die antimilitaristisch-antiautoritäre Nische der kaiserlich-königlichen Offiziersmesse ist. Aus der er möglichst bald raus will.

Gusto hingegen will gar nicht hinein. Er entdeckt die Kunst für sich. Eine seiner Skulpturen wird 1896 auf der großen Budapester Milleniumsausstellung preisgekrönt, wenig später entwirft er ein großes Panorama-Gemälde namens »Der Liebe Macht«: Rechts brennt eine Stadt lichterloh, die Mitte in tiefer Finsternis, durch die nackte Menschen wandeln, links äst eine Rehfamilie im paradiesischen Wald. Siebenbürgen wird ihm zu klein. Er will eigentlich nichts, absolute Bedürfnislosigkeit, aber in der Provinz bleiben, heiraten, arbeiten und Kinder kriegen, wie das Menschen, die wenig vom Leben erwarten, oft zu tun pflegen, das kann er auch nicht. Stattdessen lernt er, während er sich in Wien für die Kunstgewerbeschule einschreibt, den Maler und Vegetarismus-Apostel Karl Wilhelm Diefenbach kennen und zieht 1898 in dessen Kommune am Himmelhof vor den Toren der Hauptstadt des Habsburgerreichs.

Diefenbach studiert schon an der Münchner Kunstakademie, bevor Gräser auf die Welt kommt. Er ist ein großes künstlerisches Talent, aber mit schwacher körperlicher Konstitution. In den 1880er Jahren beginnt er sich daher für den damals aufkommenden Vegetarismus zu interessieren. Als Gründungsgestalt der Bewegung in Deutschland gilt Eduard Baltzer, der eine freireligiöse Gemeinde gründete, die gegen das christliche Dogma die Bedeutung von Wissenschaft und Kunst betonte und der er als prophetische Gestalt vorstand. Diefenbach entdeckt Baltzers Schriften und wird dazu inspiriert, mit der akademischen Welt zu brechen und eine eigene Kommune zu gründen.

Und weil der Künstlerprophet Diefenbach als Role Model des zukünftigen Naturpropheten Gräser gilt, Gräser als Role Model der Inflationsheiligen, sind es absurderweise nicht Nietzsche und Tolstoi und auch nicht der Jesus-Nachfolger Johannes Guttzeit, die das überspringende Virus der »Messias-Seuche« sind, die spätestens in der Weimarer Republik durchs Land wütet, sondern der weitgehend unbekannte Avantgarde-Vegetarier Baltzer. Er saß 1848 im Vorparlament zur Nationalversammlung in der Frankfurter Paulskirche und später in Festungshaft wegen Majestätsbeleidigung. Nebenbei hat er noch 1851 den ersten Kindergarten Preußens eröffnet, und obendrein das atheistische DDR-Pendant zur protestantischen Konfirmation erfunden: die Jugendweihe.

Der kränkliche Künstler Diefenbach wiederum, der erfolglos versucht, Baltzer seinen Sohn als Pflegekind aufzudrücken, hat nach einigen Rohkostjahren schließlich eine Vision. Auf einem Berg, dem Hohen Peißenberg in den Voralpen, sieht er die »Wahrheit« und das »Erwachen« der Menschheit. Bald hält er in Prophetenkutte und barfuß Vorträge, in denen er sich, ja tatsächlich, über den »Impfzwang« und die menschenfeindliche Schulmedizin empört. Aus Diefenbachs Vorträgen, die wenig später verboten werden, ließe sich heute noch das gesamte Repertoire einer querfrontigen Coronaleugner:innen-Demo zusammenstellen, wenn auch seine Forderung nach Polygamie und vegetarischer Ernährungsweise, die den Künstler vor allem antrieb, heute keine dominante Rolle in der Bewegung spielt. 1885 gründet Diefenbach schließlich eine Kommune in Höllriegelskreuth bei München, die zugleich Religionsgemeinschaft ist: *HUMANITAS, Werkstätte für Kunst, Religion und Wissenschaft.* Zu den ersten Kommunard:innen gehört der später als Fidus bekannte Künstler Hugo Höppener, der wesentlich die Ikonographie der Lebensreform gestaltete – schöne nackte Körper, die die Sonne anbetend begrüßen. Auch Diefenbach selbst wird als Künstler immer prominenter, wobei sein exzentrisches Erscheinungsbild als weißgewandeter Prophet sicher eine entscheidende Rolle spielt. Trotz der Silhouettenfolgen *Kindermusik* und *Per aspera ad astra,* die große Publikumserfolge werden, stirbt er 1913 bankrott und in Deutschland vergessen, mit gerade einmal 62 Jahren auf der Insel Capri.

Gusto Gräser tritt auf dem Höhepunkt von Diefenbachs Prominenz in die nach mehreren gescheiterten Anläufen neu gegründete Kommune Himmelhof ein und holt gleich Mutter und Bruder hinzu, die verwitwet und verwaist in Siebenbürgen festsitzen. Sie bleiben nur wenige Tage. Und auch der Teenager tritt bald selbst wieder aus. Diefenbach ist ihm als spiritueller und künstlerischer Lehrer zu autoritär, wohl ebenso als Liebhaber von Erfolg und Geld und üppigen Priestergewändern zu halbseiden. In der Gemeinschaft der beinahe zwanzig Bewohner:innen der Kommune fühlt sich Gräser nie richtig integriert. »Den, welchen ich als Meister anerkannt hatte, ist mir unmöglich geworden, auch heute anzuerkennen! Denn es war mir die ganze Zeit über, dass ich da bin, nicht möglich, mich ihm gegenüber auch nur einmal gründlich auszusprechen. Wohl war ich ein Schwächling, dass ich mir nicht verschaffte, was ich als rechtmässig einem Meister, einem Vater gegenüber erkannte«, schreibt er in seinem Abschiedsbrief. Ganze fünf Monate bleibt er bloß dort, nennt sich aber nun Gusto und entscheidet sich für ein Leben auf Wanderschaft – eine entscheidende biographische Wendung. Und er zerstört seine bisher entstandenen Werke. »Der wahre Mensch muss fern vom Menschen sein«, schreibt er kurz darauf in einem Brief an seine Mutter. »In den Gemeinschaften, die wir gründen, soll ›Liebe deinen Nächsten wie dich selbst‹ das einzige Gesetz sein.« Die Chance, das unter Beweis zu stellen, sollte er bald bekommen.

THE AVENGERS: LIFE REFORM

Der Monte Verità ist natürlich ein Nullpunkt. Wie will man das erzählen – geistesgeschichtlich als ein Ursprungsort von Gesundheits- und Massentourismus, von Ausdruckstanz, als Brennlupe des europäischen Anarchismus, Vegetarismus, der alternativen, abgespaltenen Routen der Psychoanalyse? Als Telenovela? Alle sind da, alle haben was mit allen, stopfen sich trotz Rohkost heimlich die Schnitzel in der Taverna rein und haben immer Koks um die wundgeschnupften Nasen. Schöne Frauen bringen sich reihenweise um, vergiftet von tragisch toxischen Männern, dazwischen badet Hermann Hesse nackt mit Erich Mühsam und Mary Wigman tanzt mit Käthe Kruse.

Wenn Diefenbach auf dem Hohen Peißenberg mit seinen popligen 988 Metern schon gegenüber dem prophetischen Berg-Pionier Moses (Sinai, 2285 Meter) ein wenig verblasst, ist der Monte Verità, der diesen Namen natürlich erst erhält, als eine Truppe deutsch-belgisch-habsburgischer Filous den einigermaßen schlechten Boden bestellen will, mit 321 Metern über dem Meer nun wirklich nicht so richtig erhaben. Trotzdem ist es schön, wie er da über dem Lago Maggiore liegt, nahe dem Dorf Ascona im herrlichen Tessin, in einer Landschaft, die ähnlich wie Schwaben seit langem spirituell inspirierte Aussteiger:innen anzieht. Schwindsüchtige Menschen von nördlich der Alpen, die im warmen mediterranen Klima ihre Glieder ausstrecken. Von einer »sakralen Topographie« spricht der Schweizer Kurator Harald Szeemann, der den Monte Verità in den 1970ern neu entdeckt.

Und dann kommen die sechs. Im österreichischen, heute slowenischen Veldes, in der Naturheilanstalt des Schweizers Arnold Rikli treffen sich 1899 der kränkliche Industriellensohn Henri Oedenkoven aus Antwerpen, die Pianistin Ida Hofmann, die in Montenegro Adelskinder am Klavier unterrichtet und in Veldes bloß ihren kranken Vater besucht, und Karl Gräser, frustrierter Offizier, der just einen großen Teil seines Vermögens verschenkt hat und noch immer der Chance harrt, dem Militär zu entkommen.

Oedenkoven, 24, und Hofmann, 35, sind einander zugewandt und Oedenkoven will ein Sanatorium gründen wie das in Veldes, in dem sie gerade – vermutlich nackt licht- und luftbadend – sitzen. Oedenkoven geht es besser, seit er das macht, er überlegt, zusätzlich von der vegetarischen auf die frugivorische Ernährungsweise umzusteigen, sich also nur noch von Früchten zu ernähren. Als Karl Gräser, 24, zufällig zu ihnen stößt, ist auch er von der Neugründung eines Sanatoriums begeistert, wie sie jetzt überall aus dem Boden schießen. Er denkt außerdem an seinen Bruder, der sich langsam, mit gerade 20, in sein Leben als philosophierender Wanderer und radikal Besitzloser einfindet. Gusto stößt so ebenfalls zum Trio ans Ufer des Veldeser Sees. Man kann nicht sagen, er sei begeistert von der Idee, doch er hört aufmerksam zu.

Doch bevor die Idee Gestalt annimmt, gehen die Gebrüder Gräser erst einmal gemeinsam auf eine Reise durch Italien. Oedenkoven zieht für ein paar Monate nach Rom und Hofmann geht zurück nach Montenegro – bis sie im Oktober 1900 erneut zusammenfinden, diesmal in München, in der Wohnung von Hofmanns Eltern. Dort lebt auch Idas Schwester Jenny, eine Sängerin, und durch sie wird Lotte Hattemer, Tochter eines Berliner Bürgermeisters, die der wilhelminisch-preußischen Enge ihres Elternhauses entkam, ebenfalls Teil der Unternehmung. Jetzt geht es um die großen Fragen: Wem wird was gehören? Alles allen oder gemäß den Investitionen? Ist das eher ein Unternehmen oder ein Experiment um das gute Leben? Eher Sanatorium oder eher Agrarkolonie? Es knallt gewaltig. Die Fraktion aus Oedenkoven und Hofmann besteht darauf, dass Gusto nicht mit einsteigt. Der Konflikt, der sich bald massiv durch die Gründer:innengruppe des Monte Verità zieht, ist letztlich ebenso einer zwischen Generationen und Geschlechtern. Gusto ist 20, als die sechs darüber diskutieren, wo das andere, das bessere Leben liegt, Ida ist 35. Am Ende wird Gusto Gräser in ihrem Bund allenfalls geduldet.

Im weiteren Fortgang der Ereignisse hinterlässt Gusto Gräser auch in seinem sozialen Umfeld eine Spur der Verwüstung. Um mit ihm auf Wanderschaft zu gehen, lässt seine wohl einzige echte Jüngerin, die Industriellengattin Albine Neugeboren, ihre zehnjährige Tochter Hilde in Ascona zurück. Und Albine Neugeboren ist es, die während dieser Reise in den Dörfern um Obdach und Essen bittet, Gustos Äußeres, befürchten die beiden, würde die Bäuer:innen nur verschrecken. Hilde Neugeboren wiederum, die als Adoptivtochter seines Bruders Karl zu den langjährigen Bewohner:innen des Monte Verità gehören wird, spricht noch in den 1970er Jahren davon, die Gräsers zu hassen, immerzu habe sie Hunger gelitten und hart arbeiten müssen. Vielleicht rührt der Hass umso mehr daher, dass Gusto 1909 seine neue, sechsköpfige Familie in ihrem Haus unterbringen wird, während er erfolglos im ganzen Reich versucht, mit dem Verkauf von Sinnsprüchen an Geld für ein Eigenheim zu kommen.

Auch seine Frau Elisabeth wird sich schließlich von ihm trennen. Arbeiten im Haushalt versteht Gräser als Knechtschaft. Und dass er 1918 zulässt, dass der spätere »Volkskaiser« Louis Haeusser, von dem im nächsten Kapitel ausführlich die Rede ist, ihn um das Haus seines Bruders, das längst seines ist, betrügen wird – »Wenn er ein Haber ist, laß es ihn haben«, soll er den Vorgang kommentiert haben, an dessen Ende seine mittlerweile neunköpfige Familie ihr Zuhause verliert –, wird ihrer Partnerschaft ebenfalls nicht zuträglich gewesen sein. Sein Bruder und er zerstreiten sich im Laufe der Jahrzehnte wiederum zunehmend darüber, dass er sich weigert, sich an den Arbeiten im bisweilen geteilten Haushalt und dem großen Garten zu beteiligen. Der Inflationsheilige Friedrich Muck-Lamberty, in dessen Werkstatt Gräser in den 1920er Jahren unterkommt, wird ihn vor allem als Schmarotzer in Erinnerung behalten. Und von Hermann Hesse ist die Anekdote überliefert, dass er bei Gustos Erscheinen in einem Asconaer Restaurant das Weite suchte, um nicht als Freund für dessen Zeche verantwortlich gemacht zu werden. Man kann die Biographie des Urvaters der Hippies eben auch als die eines narzisstischen, selbstzentrierten Mannes erzählen, der, um sein Ideal eines freien Lebens jenseits gesellschaftlicher Zwänge zu erreichen, die Fürsorge, die Carearbeit anderer, insbesondere Frauen überließ.

Und wenn sich im Sommer 2021 Hermann Müller darüber ausbreitet, wie wenig durchblickend im Vergleich zu Gusto Gräser Ida Hofmann doch ist, wie sehr der Fokus, der mehr und mehr in der Forschung um den Monte Verità auf ihre Person und ihre feministische Vision gelegt wird, nur einem modischen Firlefanz geschuldet ist, ahnt man, dass die Konflikte der Herbsttage des Jahres 1900 auch heute noch und weit abseits jeder Querfront ausgetragen werden Hofmann schreibt 1905 in ihrem Manifest *Vegetabilismus! Vegetarismus!*: »Fliegen sollen diese Blätter in die Reihen jener Mitschwestern welche, unfrei als Mensch und Weib, im Banne gleichsam auf Eid übernommener Alltagspflichten die Zeit zum Denken und den Mut zum Handeln nicht finden«, und: »Bleibet nicht Puppen, werdet Menschen!« Vegetarismus und Feminismus verknoten sich hier zu einem durchaus radikalen politischen Programm.

VILLEN IM TESSIN

Jenny Hofmann bleibt nach dem aufreibenden Gespräch in München, die anderen ziehen nach Süden, um ein geeignetes Grundstück für ihre Unternehmung zu finden. Es ist Herbst, dennoch wandern sie ohne richtiges Gepäck und barfuß, bisweilen in Sandalen, über die Alpen. Gusto Gräser ist mitgekommen. Er schließt am ehesten an die um 1900 schon etablierte Propheten-Tradition an: Locken übers Gesicht, das Stirnband ist nicht zufällig ein Heiligenschein, dazu ein Hirtenstab. Kinder, so wird berichtet, knien vor ihm nieder, weil sie glauben, er sei Jesus. Er predigt in altertümlichem Deutsch und verteilt Kärtchen mit Sinnsprüchen und Gedichten. Gemeinsam mit seinem Bruder Karl ist er es dann, der den Ort findet.

Ein Hügel über einem See, nicht majestätisch, aber zwischen den Alpen und einem Flussdelta mit einem sublimen Ausblick, einer Weltzugewandtheit, die die Herabblickenden als ganz bei sich empfinden lässt. Der Hügel ist verlassen und der Boden ist kahl von den alles fressenden Ziegen- und Schafsherden. Billiges Land, der Großindustrielle Oedenkoven schlägt als alleiniger Besitzer zu. Dazu mieten sie eine Wohnung in Ascona, dem Fischerdorf am Fuße des Berges. Henri Oedenkoven und Ida Hofmann finden dort zusammen, ganz ohne Trauschein – und Oedenkoven kommt eine Idee: Monte Verità könnte der Hügel heißen, Berg der Wahrheit. Da haben selbst die katholischen Dorfbewohner:innen keine Einwände.

Gusto Gräser tut schnell, was einige ohnehin kaum erwarten können: Er geht. Auch Karl Gräser und Jenny Hofmann, ebenfalls in wilder Ehe verbunden, steigen bald aus und bauen eine Ruine zu einem luftigen Heim aus, in dem sie alles selbst basteln und auf einem Strohhaufen schlafen. Ida Hofmann und Henri Oedenkoven hingegen arbeiten intensiv am Aufbau der Naturheilanstalt. Weitere Bekannte und Szenegänger:innen kommen hinzu und so entsteht auf dem Hügel ein buntes Lager, jedoch ohne die Arbeitsethik, die dem Zweiergespann notwendig erscheint. La dolce vita, während Gestrüpp entfernt und Boden planiert werden müsste. Dreihundert Obstbäume werden im ersten Jahr gepflanzt und Gemüsegärten angelegt. Im April ist die erste Hütte fertig. Bald lebt auch eine Kuh auf dem Berg und ein Esel, der dabei hilft, Trinkwasser aus dem Tal auf den Hügel zu transportieren. Dass alle ein neues, reines, der Natur verbundenes Leben suchen, steht außer Frage, aber was sie da mehr oder weniger gemeinsam aufbauen, noch lange nicht. Im Sommer 1901 ist Gusto derweil in seiner siebenbürgischen Heimat und muss, weil er sich nicht zum Wehrdienst gemeldet hat, in Festungshaft.

Der Monte Verità ist zumindest in den ersten Jahren ein eher amateurhaft betriebenes Sanatorium, ein Hotel für zahlende Gäste, das eine Illusion von einem anderen Leben schafft und wirtschaftlich nie richtig erfolgreich wird. Die Dorfbewohner:innen können für Geld aufs Gelände und den nackten Deutschen beim Sonnenbaden zuschauen. Und die Zeitgenoss:innen erfreuen sich an der Exzentrik seiner Besucher:innen, die meist undifferenziert als »Naturmenschen« verstanden wurden. Dabei entstehen neben den Licht-Luft-Hütten auch feste Bauten mit architektonischer Raffinesse, die Casa Anatta etwa, Wohnhaus des Gründungspaares, oder das heute verschwundene Hauptgebäude, mit ausschweifender Veranda, Musikzimmer und Speisesaal. Es gibt Kursangebote von Kochen bis Baukunst und ab 1913 jene einflussreichen Sommerkurse Rudolf von Labans, aus denen sich nach und nach die Formsprache des Ausdruckstanzes entwickelt – ein Tanz ohne Musik, ein Tanz als Sprache der Seele. Neben dem Sanatorium siedelten derweil allerlei Menschen, die sich vom kommerziellen Betrieb des Sanatoriums verabschiedet hatten, um ein eher utopisches Experiment zu leben, das kaum gemeinschaftlich organisiert war. Dass der Monte Verità heute als entscheidender Ort der Alternativkultur seiner Zeit gilt, liegt dementsprechend, so der Historiker Andreas Schwab, vor allem an der Theatralität der Unternehmung. Das Gründungspersonal und die überaus prominenten Nebendarsteller:innen erfüllen Rollenmuster, die eindeutiges Identifikationspotenzial bieten.

Hermann Hesse, der in der Interpretation von Hermann Müller ja erst durch Gusto Gräser zu dem kanonfähigen Autor wurde, an den man sich bis heute erinnert, verarbeitete das Personal des Monte Verità nicht nur im *Demian*, dessen Titelfigur ja tatsächlich Gräser'sche Züge trägt, sondern auch in Erzählungen und Gedichten. In *Doktor Knölges Ende* von 1910 gerät ein biederer Arzt in eine vegetarische Heilstätte unter fanatische Frugivoren: »Sonnenbraune Männer mit lang wallenden Haaren und Bärten schritten alttestamentlich in weißen Burnussen auf Sandalen einher, andere trugen Sportkleider aus heller Leinwand. Einige ehrwürdige Männer gingen nackt mit Lendentüchern aus Bastgeflecht eigener Arbeit«, beschreibt er die Atmosphäre, die er 1907 selbst bei seinem ersten Besuch auf dem Monte Verità erlebte. Der Radikalste unter den Männern ist Jonas, der so nahe an den Naturzustand gerückt ist, dass sein Daumen sich evolutionär zurückbildet. Als sich der Doktor nachts beim nachdenklichen Spazieren dem Gebüsch nähert, das Jonas als Heimstätte dient, wird er von ihm mit einem Knüppel überwältigt und erdrosselt. Der Protagonist aus der Erzählung *Der Weltverbesserer* hingegen ist nach seiner Zeit als Einsiedler auf einem Tiroler Weinberg froh, wieder ins bürgerliche Leben Münchens zurückzukehren – das Außenseitertum der Lebensreform wurde ihm in seiner philosophischen wie lebenspraktischen Eindimensionalität zu langweilig. Der Münchner Schriftsteller und Anarchist Erich Mühsam wiederum, der die Rohkostküche auf dem Hügel durch Fleisch im Dorf erweitern musste, widmete der Situation ein Spottgedicht, den *Gesang der Vegetarier*: »Wir essen Salat, ja wir essen Salat / Und essen Gemüse von früh bis spat. / Auch Früchte gehören zu unsrer Diät. / Was sonst noch wächst, wird alles verschmäht«, schreibt er, und: »Wir sonnen den Leib, ja wir sonnen den Leib / Das ist unser einziger Zeitvertreib. / Doch manchmal spaddeln wir auch im Teich, / Das kräftigt den Körper und wäscht ihn zugleich.« Der Rest ist Legendenbildung.

Überraschend aber, dass erst 2021 eine erste Spielfilmversion in die Kinos kommt: *Monte Verità – Der Rausch der Freiheit* unter der Regie von Stefan Jäger, in der eine Wiener Bürgerin auf der Suche nach dem guten Leben und Heilung ihrem behandelnden Psychoanalytiker Otto Gross auf den Hügel nachfolgt, dort die legendäre Tänzerin Isidora Duncan und Hermann Hesse trifft und am Ende selbst zur Künstlerin wird. Mit Hannah Herzsprung als Lotte Hattemer, Julia Jentsch als Ida Hofmann und Joel Basman als Hermann Hesse ist der Film prominent besetzt, was ihn nicht davor bewahrt, im Kitsch zu ertrinken.

SONNENBRÜDER

1902 kehrt Gusto Gräser aus Siebenbürgen zurück. 1903 schenkt ihm die Gemeinde Arcegno eine Grotte, vielmehr tritt sie diese ab, denn Gräser will nichts besitzen. Leben, arbeiten und wohnen kann er dort. Die »Pagangrott« gilt tatsächlich als früherer keltischer Kultort, und es ist die Grenze zwischen den tektonischen Platten von Europa und Afrika, die genau durch dieses Gebiet zieht und surreale Verwerfungen in der Landschaft formte. »Ich liebe das Herbe, sagte er mir am Wege zu seinem Heim. Dort erblickte ich ausser einigen Decken auf dem Boden nichts einer menschlichen Spur ähnliches als einen kleinen Trog aus vier flachen Steinen gebildet, in der Grösse etwa eines Zigarrenkistchens. Er enthielt Obstkerne. Er hebt die bei seinen Obstmahlzeiten verbleibenden auf und verwendet sie bei Gelegenheit seiner Spaziergänge in der Umgebung: er streut sie aus am Wege und rechnet auf den Genuss und Vortheil, den die aus den Kernen wachsenden Obstbäume dem durstigen Wanderer am Wege bieten werden«, beschreibt der Ingenieur Adolf Grohmann den jungen Gräser 1904 in seiner das Bild des Monte Verità prägenden Schrift *Die Vegetarier-Ansiedelung in Ascona und die sogenannten Naturmenschen im Tessin.*

Die Höhlenstiftung war kein rein altruistischer Zug der Gemeinde, sondern ein strategischer. Keine Stunde entfernt liegt Ascona, ein ähnlich ärmliches Dorf, das nun Gäste aus ganz Europa und selbst den USA begrüßt. Vielleicht, so hofft man, zieht der abtrünnige Monteveritaner Gräser noch andere Vögel nach Arcegno, vielleicht gar so viele, dass Menschen kommen, sich das Spektakel der nackten Naturmenschen anzuschauen, und vielleicht bleiben die in einem Hotel, das man bauen könnte. Der besitzlose Gräser, eingetaktet als Pionier geschickter Gentrifizierung am Lago Maggiore. »Er hat vor, sein Felsenheim zwar klassisch einfach, aber doch malerisch und gemüthlich auszugestalten aus allerhand Siebensachen, und dann eine Lebensgefährtin zu suchen, ein braves und schönes Felsenweib, das er gewiss noch finden wird, denn er ist ein schöner Mann und von der grössten Liebenswürdigkeit, offen, wahr und treu. An ihm ist alles echt und eigen, und ein reges, tiefes Gemüthsleben liegt in ihm«, erfährt man weiter bei Grohmann. Und auch sein Lebensmotto hat er für den Autor niedergeschrieben: »Vielleicht nicht Alles, aber vieles davon würde auch ich gutheissen. Er brachte mir den Text: ›Baue neben das Böse das Edle und Gute.‹ Alles Übrige folgere sich hieraus, setzte er mündlich hinzu.« Und tatsächlich, referiert Grohmann, plant Gräser ein Gebäude, einen großen elliptischen Wahrheitstempel, wie ihn zuvor schon sein Kurzzeit-Lehrer Diefenbach und dessen Schüler Fidus erträumten. Wobei: Er zieht vor allem durch die Lande und redet davon, während er, ob eingeladen oder nicht, sich von den Tischen seiner Freund:innen bedient, Grohmann: »Dem Gusti wird eben niemand böse.«

Die Grotte wiederum taucht, darauf verweist Hermann Müller, später in Hermann Hesses Erzählung *In den Felsen. Notizen eines Naturmenschen* auf, der Gräsers Erfahrungen spiegeln könnte – oder Hesses eigene, zwei Wochen des Jahres 1907 verbrachte er nachweislich in Arcegno. Die Notizen sind so oder so aufschlussreich, ausführlich erzählen sie vom Leid des Städters angesichts der Askese, Sonnenbrand und Hunger. Dann, nach Tagen, plötzlich eine Veränderung, als hätte er eine neue, feste Haut übergestreift, die das Nackt-sein in den harten Felsenbetten erträglich macht. »Doch habe ich auch die Kunst gelernt, einen halben oder ganzen Tag gar nichts zu tun, auf einem Felsen zu sitzen, der von Sonne glüht, die Bildungen der Moose zu betrachten und zu warten, ob etwa ein Sperber vorüberfliegt«, schreibt Hesse. Und bemerkt enttäuscht, dass die Gedanken doch dieselben geblieben sind.

Ein Jahr zuvor, im Juni 1906, ziehen vier Wanderer durch Hesses Wahlheimat Gaienhofen am Bodensee, wo er und seine Frau sich 1904 in einem alten Bauernhof eingemietet haben. Die Wanderer planen, ein eigenes Haus im Stil der Reformarchitektur zu bauen. Hesse schließt sich ihnen an. Sie nennen sich die »Sonnenbrüder von Ascona« und dort wandern sie auch wieder hin. Einer von ihnen ist Gusto Grä-ser, wieder einmal zieht er umher, hält Vorträge und verteilt seine Spruchblätter.

Was hat der Ältere vom Jüngeren gelernt? Es fällt schwer, Gräsers Philosophie zu fassen. »Habe ganz mit dem, was die Krämerseelen heute ›Kultur‹ nennen, gebrochen. Habe nichts mit der papiernen Welt. Will nur frei, nur Mensch sein«, sagt er 1908 während seiner Wanderschaft durch Deutschland. Wie er die Gegensätzlichkeit von Natur und Kultur, von Gemachtem und Gewachsenem zuspitzt, eben zwischen den Krämerseelen mit ihrem Papier und den freien Menschen, da liegt, in eine neue Sprache übersetzt, etwas davon darin, wie die völkischen Bewegungen parallel ihre Gegenpole zeichnen, das Nordische vs. das Jüdische. Oder: Wissenschaft vs. Gefühl. Aber damit würde man es sich zu leicht machen. Natürlich ist die Natur das entscheidende Element in Gräsers Denken, eine Ursprünglichkeit, zu der er zurückwill. Gleichzeitig ist seine Anziehung auch eine Erotik der direkten Aktion: Das, was er theoretisch erreichen will, wird gelebt. Statt großer Bildungsdebatte einen kleinen Bibliotheksschrank organisieren, statt im Stadtrat für Fahrradwege zu kämpfen, sich mit der Critical Mass einfach die ganze Straße aneignen. Oder: Die Einfahrt eines Kohlekraftwerks besetzen, statt darauf zu warten, dass der Staat es abschaltet, das wäre die radikalere Variante. Die Klischee-Variante taucht zu Gräsers Zeiten regelmäßig auf und macht den Protagonist:innen der organisierten anarchischen Bewegung genauso regelmäßig Kopfzerbrechen: Den König einfach wegpusten, statt darauf zu warten, dass er abgesetzt wird. Utopie für den Alltag, selbst handeln statt darauf zu warten, das andere Instanzen oder Repräsentant:innen etwas verändern. Man könnte es auch anders nennen. Louis Haeusser wird Jahre später daraus einen Fetisch machen: die Tat.

Die Anarchist:innen, die sich tatsächlich parallel im Tessin sammeln und die sich auch so bezeichnen, sehen das ähnlich. Michail Bakunin gehört dazu und Pjotr Alexejewitsch Kropotkin, genannt »der Anarchistenfürst«, weil er Mitglied des russischen Hochadels war. Er wurde als Theoretiker des kommunistischen Anarchismus weltberühmt und verbrachte vor der russischen Revolution viele Jahrzehnte im Exil, unter anderem am Lago Maggiore. 1902 veröffentlichte er ein Buch gegen den Sozialdarwinismus: *Gegenseitige Hilfe in der Tier- und Menschenwelt.* Neben Erich Mühsam ist auch Gustav Landauer oft am Monte Verità, beide später wichtige Protagonisten der Münchner Räterepublik. Letzterer will, ähnlich wie Kropotkin, einen neuen sozialen Anarchismus, in dem sich Individuen freiwillig zu

kleinen sozialistischen Gemeinschaften zusammenschließen. Erich Mühsam hingegen sucht die individuelle Freiheit, gleichzeitig will er *safe spaces* schaffen, wie man heute
sagen würde. Und zwar für die, denen die Gesellschaft kaum
Platz bot. Karl Gräsers früher Club *Ohne Zwang* wiederum
basiert auf den Ideen des französischen Frühsozialisten und
Erfinder des Begriffs »Feminismus« Charles Fourier, für den
eine Gemeinschaft nicht durch kollektive Disziplin lebendig
wird, sondern durch das Ausleben individueller, auch einander widerstrebender Leidenschaften.

Gräsers Lebensstil als direkte Aktion: Besitz verschenken,
in einer Höhle leben, wochenlang durch die Gegend ziehen,
stundenlang in der Sonne liegen, Obstbäume pflanzen für
hungrig Vorbeiziehende, viel schmarotzen, wenn andere
haben. Die Gedichte, die er in diesen Tagen schreibt, handeln noch nicht von mystischen Lebensbäumen und Ur-
müttern, sondern folgen der Ästhetik der *Wandervogel*-
Erlebnisse und vor allem der undefinierten Tat, die sich aus
sich selbst heraus begründet. »Der Kämpfer hat Wahrheit /
Der Kämpfer hat recht / Der Kriecher ist immer / Des Irr-
tums Knecht« hebt das Flugblatt »Heimatkämpfer« von
»Gräser – Berlin – Postlager« an, 1912. »Kennst du den
Freund? – / Du selber bist er / Kennst du den Feind / Er
heißt Philister / Pass auf – / Wo du dich duckst / Da ist er.«
Oder: »Bursche, lass was flattern, wehen! / Tut mir doch
nicht so gesetzt! / Bissel stürmisch muss es gehen / Soll was
Freudiges geschehen! / Tut was, was die Leut entsetzt! / Tut
mir nur nit so vereist! / Gluht ist Geist!« Oder, gleiches Jahr,
gleiche Adresse mit dem bezeichnenden Titel *Gegengift*:
»Licht, Licht! – Mehr Licht! / Das schreit und schreibt / Das
Volk der Dichter und Denker / Und richtig, lichter wird die

Zeit / Es wimmelt vor Gelichter / Das flunkerflackert, glost und gleist – Freut euch, ihr Luxusfexe! / Das sprüht Elektrogasogeist – Triumph! Die Herzensglut vereist / Es flattern die Reflexe.«

Bei all dieser politischen Gesellschaftskritik ist offenkundig, dass Gräsers Auftreten ein religiös-mythisches Element hatte. Statt Dichterlesungen gab es Andachten und Weihestunden. Zwar lernte er heimliche Vorbilder wie Henry David Thoreau und Walt Whitman erst später kennen, aber ihrer Naturmystik ist sein gelebtes Leben und seine Dichtung eng verwandt. Im deutschen Kontext ist er bereits die dritte Generation dieser Gestalten: Diefenbach folgt auf Baltzer, Gräser folgt auf Diefenbach, und auf Gräser folgen weitere. Er ist in seinem Denken auch aus heutiger Perspektive so schwer zu fassen, dass er von allen Seiten als Vorbild angeeignet werden kann. Ein Ziel oder ein Versäumnis? Aus heutiger Sicht wäre mir eine Grenzziehung manchmal lieber. Bezeichnend ist, dass er von seinen Anhänger:innen als »deutscher Ghandi« verstanden wurde – denn auch ihm wohnten Elemente inne, die ihn für rechts wie links attraktiv machten. Ghandi wird heute von *Querdenken* wie von *Extinction Rebellion* als Vorbild für gewaltfreien Protest angeführt, seine gern verdrängte Frauenfeindlichkeit und sein antischwarzer Rassismus entspricht vielleicht Gräsers Hang zum Germanentum. Gräser führt das Wort von Deutschland ohne den Übermenschengestus, den die völkische Bewegung mehr und mehr übernimmt. Mit seinem *Notwendwerk. Dem Volke stillgewaltig* von 1925 ruft er ein Vaterland an, attackiert aber darin Patriotismus und Patriarchat zugunsten einer konservativen Gestaltung des Mütterlich-Weiblichen.

Was bei all dem nicht unterschätzt werden darf, wie Hermann Müller im Gespräch betont und wie auch die späten Begegnungen mit Gräser zeigen: Der Mann verbrachte viel Zeit damit, in Sandalen die Straßen Europas entlangzugehen. Er verbrachte aber nicht wesentlich weniger Zeit in Bibliotheken. Er war ein autodidaktischer Gelehrter ohne Schulabschluss. Dass er etwa Laotse übersetzte, ist schließlich nichts, was von selbst passiert, während man in einer Grotte lungert. Sein *TAO*, natürlich in den Großbuchstaben der Zeit, trägt den Untertitel *Das heilende Geheimnis. Ein in den Wehen der Zeit wiedergeboren Menschheit-Buch zur grohsen Heimkehr – Genesung – unsrer Welt.*

Das *Daodejing*, wie die Transkription heute offiziell lautet, ist der nach der Bibel meistübersetzte Text der Welt, seine Entstehung liegt im Dunkeln. Zwischen 800 und 200 vor unserer Zeitrechnung muss es entstanden sein, vermutlich ist der Autor – Laotse bedeutet »Alter Meister« – eine aus verschiedenen historischen Figuren zusammengesetzte Fiktion. »Dao« bezeichnet eine Form von Weg und Sinn, die Schrift behandelt Staatsformen und Tugenden der Herrschenden genauso wie die individuelle Bildung des Ich. Die Grundlage von Gräsers Übersetzung ist eine 1911 erschienene deutschsprachige Version, die er 1918 poetisch umdeutet. Auch wenn sie wenig vom Original hat, sie ist originell und irgendwie weise. Dass der Daoismus zwei Strömungen hat, Philosophie und Religion, wird bei Gräser verständlich, auch seine Interpretation lässt beides zu. Das *Daodejing* handelt vom Zurückstellen des Eigenen, des Ichs. Es geht im *TAO* gerade nicht um die TAT, sondern um das Gegenteil, das Beobachten des Weltenlaufs, in dem sich ein Weltprinzip offenbaren kann. Nicht durch Verstehen kann

Harmonie des Ichs mit der Welt entstehen, sondern durch Mystik, durch ein Anpassen an den Strom der Zeit. Ein Kernbegriff ist »Wu wei«, das Nicht-Eingreifen, Nicht-Handeln. Gräser findet die schöne Formel: »Es ist ja Alles Eins – / Also ist Alles Meins!«

Hermann Müller, der vermutlich, wäre Gräser tatsächlich als moderner Jesus rumgelaufen, heute sein Petrus wäre, erklärt seine Gedanken so: »Er hatte ja noch nichts Ausgereiftes, er war ja selber noch am Suchen. Das Eigentliche kam ja bei ihm erst in den letzten Jahrzehnten zum Vorschein. Man muss schon zugeben, er hat in den Zwanziger-, Dreißigerjahren noch kein klares Bild von dem, was er eigentlich wollte. Da ist er noch zu sehr mit den lebenreformerischen Vorstellungen behaftet gewesen. Das hat erst um 1930 angefangen, dass er bemerkt hat: Halt mal, das ist ja doch begrenzt. Am Anfang ging es ja um Land, ganz praktisch, aufs Land ziehen und so. Jetzt schreibt er: ›Land in uns. Es geht um die Wildnis in uns.‹« Und Müller weiter, während ich versuche einzuhaken: »Retten kann man letzten Endes die Natur und die Landwirtschaft nicht mehr, das ist vorbei, ja, aber gerade deshalb müssen wir sie im Geist in der Dichtung und im Denken erhalten. Das ist der wesentliche Schritt, da rauszukommen aus dem nur Praktischen hin zur Theorie, Dichtung, was auch immer, ins Intellektuelle. Und eine solche Entwicklung braucht Zeit. Der hatte im Unterschied zu anderen kein fertiges Rezept.« Und andere gab es seinerzeit viele, in allen Richtungen.

Was Gräser nach Müller unterscheidet: »Die haben sich auf vorliegende Rezepte und Konzepte gestützt: Die alten Germanen, das alte Griechenland, das Christentum. Da ist man schnell fertig! Man hat das ja schon, man muss es nur

übernehmen! Der Gusto hätte ja Riesenerfolg haben können, wenn er sich als neuer Jesus präsentiert hätte, hätte man
ihm doch abgenommen! Aber da hat er drauf verzichtet!
Oder als völkischer Urgermane! Hätte man ihm auch abgenommen. Er hat verzichtet, und das ist eine große Leistung.
Wenn ich das aus dem Eigenen aufbauen muss, dauert das
Jahrzehnte. Deshalb war er noch gar nicht in der Lage, sich
verständlich zu machen. Das war noch im Gärungszustand.
Was er da auf den Zetteln verteilt hat – natürlich konnte er da
auf der Straße nicht philosophieren, das musste handfest
sein, er musste damit ja auch Geld verdienen. Also, man
kann sich von dem, was da publiziert worden ist, was er
rumgetragen hat, kein Bild machen, was da rauskam, wo es
hingezielt hat. Es war richtig, nicht in Aktionismus zu verfallen. Nein, ein Philosoph muss allein bleiben. Und er ist
allein geblieben.«

ALTE UND NEUE SCHAREN

1908 lernt Gräser seine zukünftige Lebensgefährtin kennen – Elisabeth Dörr, die Streng heißt, als sie sich treffen. Allein ist er nämlich nur geblieben, wenn man darüber hin-
weggeht, wie viele Menschen ihm geholfen haben, allein
bleiben zu können. Dörr stammt aus Mainz und ist einige
Jahre älter als Gräser. 1897 heiratet sie in Wien einen Arzt,
der 1907 in den Alpen beim Wandern spurlos verschwindet.
Da sie ihn nicht für tot erklären kann, hat sie keinen Zugriff
auf sein Vermögen. Sie zieht also mit ihren vier Kindern ob-
dachlos durch das Habsburgerreich, als sie bei einem seiner
Vorträge in Wien Gräser kennenlernt. Kurz darauf wird ein

fünftes Kind geboren. Gräser sorgt wenig später für weiteren Nachwuchs. Plötzlich in väterlicher Verantwortung überlegt er, in Siebenbürgen ein Haus zu bauen und zieht dafür durch die Lande, um Geld zu sammeln mit seinen Gedichten. Schließlich landet er doch wieder in Ascona, im Haus seines Bruders Karl. Bald leben sie in Zürich, dann in Wien. Danach ziehen sie in einem Planwagen durch das ganze große Deutsche Reich. Direkte Aktion extrem: Wohnen auf der Straße mit beweglichem, selbstgezimmertem Eigenheim, gezogen von zwei Pferden. Auf Fotografien sieht die Familie in dieser Zeit recht glücklich aus.

Schon zuvor, ab 1907, hat Gräser einen anderen Kreis um sich geschart, die »Esslinger Sieben« genannt, vermutlich der »Göttinger Sieben« um die Brüder Grimm wegen, liberale Professoren des Vormärz. So liberal sind die Esslinger Sieben wiederum nicht, die sich in der neuen Gartenstadtsiedlung in Esslingen treffen, östlich von Stuttgart am Neckar. Darunter: Der Dichter Georg Stammler, der 1924 Mitglied der Nationalsozialistischen Freiheitspartei wird und den völkischen Flügel der Jugendbewegung beim radikalen Bund der *Artamanen* vertritt. Friedrich Muck-Lamberty, der wenige Jahren später einer der aufsehenerregendsten Inflationsheiligen wird, allerdings auch einer, der der völkischen Bewegung nahestand. Und zu der Gruppe gehört außerdem am Rande der spätere FDP-Bundespräsident Theodor Heuss.

Friedrich Muck-Lamberty, der seinen Beinamen »Muck« der Titelfigur von Wilhelms Hauffs Märchen verdankt, wird 1891 geboren und wächst in den Niederlanden auf. Bereits als 13-Jähriger verlässt er sein Elternhaus und macht eine Lehre zum Kaufmann – in einem Bregenzer Reformhaus. Später leitet er selbst ein Geschäft des Unternehmens in Stuttgart. In diesen jungen Jahren begegnet er Gusto Gräser in Esslingen. Gleichzeitig setzt er sich mit dem Pionier des modernen Antisemitismus, Paul de Lagarde, auseinander. Zu seiner Lieblingslektüre gehört der Roman *Helmut Harringa* von 1910, Historienkitsch mit viel Germanentum, Antimodernismus und Rassismus, leider prägend für die immer deutlicher hervortretenden rechten Tendenzen in der Jugendbewegung, geschrieben von einem Juden, Hermann Popert. Lamberty treiben Rassezuchtgedanken und Agrarromantik um, er plant Handwerkergemeinschaften, während er mit Gräser-Gedichten Werbung für den Ersten Freideutschen Jugendtag 1913 auf dem Hohen Meißner in Nordhessen macht.

Zum Weltkrieg meldet er sich freiwillig: Wachdienst auf Helgoland. In der Isolation sehnt er sich nach einer völkischen Revolution. War er 1913 noch »freideutsch«, das ist der eher liberal-humanistische Arm der Jugendbewegung, zieht es ihn 1918 zu den »Jungdeutschen«, den Völkischen. Die sozialistische Revolution 1918 begrüßte er dennoch, als Chance auf Erneuerung des deutschen Volkes, eine Verjüngungsrevolution, zu der Adel und Bürgertum schließlich gar nicht in der Lage wären. Doch über den Parteien steht für ihn ein verbindendes Deutschtum. 1919 sieht er schon voraus, was dieses Deutschtum brauchen wird: Messiasse. Darüber hinaus hegt Lamberty einen Kult um die Frau, der fast emanzipatorisch klingt: »Das Heldentum der Männer hat eine Hochflut gehabt und ist abgeebbt. Jetzt muß ein Heldentum der Frauen kommen«, zitiert eine Wegbegleiterin seine Lehre. Das Heldentum besteht jedoch darin, dass die Frauen mit reinen Männern reine Kinder zeugen, »in Heiligkeit.«

Die Theorie wird bald spektakulär zur direkten Aktion. Im Mai 1920 bricht im Erzgebirge eine Gruppe junger Wander:innen auf, in Franken tritt ihr Anführer Muck bei einer *Wandervogel*-Tagung ins Rampenlicht im Burghof. »Nach den ersten Berichten von Gusto Gräser wollte auch ich den ›Berg der Wahrheit sehen‹, doch ich kam nur bis Kronach«, schreibt 1965 Harry Wilde über seine Begegnung mit Lamberty, der sich zunehmend in seine Rolle als Prophet einzupendeln scheint. »Er sagte, er hätte die Absicht, mit einer ›neuen Schar‹ durch Thüringen zu ziehen und gegen die modernen Sitten aufzutreten, also gegen den *american style*, den Foxtrott, den er ›Trottelfox‹ nannte, das Zigarettenrauchen und die hemmungslose Genußsucht.« Und weiter: »Wer der gleichen Meinung sei und mit ihm ziehen wolle, solle sein Geld in die Zeltbahn werfen, die ausgebreitet vor ihm lag, denn unterwegs werde man aus einem Kochtopf essen.« Etwa 25 Personen gehen beständig mit Muck, zahlreiche schließen sich ihnen unterwegs für einige Tage oder Wochen an. Dass es unzählige waren, wie Zeitgenoss:innen berichten, darf bezweifelt werden. Eher ein paar Handvoll. In den Dörfern und Städten Thüringens sorgen sie schon allein ihrer Kleider aus groben Leinen wegen für Aufmerksamkeit, der Blumen im Haar der Mädchen, der bunten Farben in den Kitteln der Jungen. Abends versammelt man sich in altgermanischer Tradition zum sogenannten Thing, wobei die Sünden und Zweifel gestanden werden: einmal heimlich Fleisch gegessen, einmal nicht mit ganzer Seele mitgeschwungen. Mucks Geheimrezept ist dabei stets Askese und Enthaltsamkeit als Reinigung. Tagsüber aber gehen sie raven.

Hinter der himmelblauen Fahne Mucks mit dem weißen

Kreuz zieht eine strahlende Masse, berichtet die Märchenerzählerin Lisa Tetzner: »Und plötzlich – macht es die Geste des Mannes, der Eindruck der bewegten Masse, die Anzahl der Kinder um ihn – plötzlich habe ich visionshaft das Bild des Nazareners vor mir, den das Volk nach Jerusalem begleitet und dem es Hosianna singt. Ist er wiedergekommen in Gestalt eines neuen Propheten?« Wer weiß. Für den Moment zeigen sie der Landbevölkerung noch einmal die in der Industrialisierung und durch Landflucht verlorengegangenen deutschen Volkslieder. Da überwindet der Reigen der Folklore die Schranken von Geschlecht und Klasse und der Lehrer tanzt mit dem Schüler Ringelreihen: »Tanztaumel« nennen sie das. »Eine Weile stand ich als Zuschauer da, verwirrt und jeden Augenblick bereit, zu entwischen. Endlich entdeckte mich der Direktor; er nahm meine Hand und führte mich resolut in den Kreis. Was war in unseren Alten gefahren?«, staunt ein Zeitzeuge. Der Direktor tanzt »mit fliegenden Rockschößen«, aber bald »tanzten wir selber, ohne aufgefordert zu sein. Wir traten in den Kreis, wir lernten spielend die Melodie, die Texte, wir spürten, noch in heimlicher Abwehr, den Sog der Gemeinsamkeit.«

Für linke Beobachter:innen war Muck vor allem ein Volksverdummer, der jede Auseinandersetzung mit realen Ausbeutungsverhältnissen verhinderte. Für die Rechten war er ein langhaariger Anarchist. Wilde hat eine Interpretation parat, warum Leute wie Muck glauben, bei der Neugestaltung Deutschlands mitreden zu müssen: »Das Recht dazu leiteten sie aus der Tatsache ab, daß die meisten von ihnen an der Front gestanden und für ›Volk und Vaterland, Thron und Altar‹ ihr Leben eingesetzt hatten. Geblieben war nur das Reich und das Volk, das sie reformieren wollten, denn der

Thron war verwaist und die Kirchen hatten sich mit ihrer Haltung während des Krieges in weiten Kreisen kompromittiert.« Was Lamberty und seine *Neue Schar* jedoch von den anderen Prophetengestalten unterscheidet, ist für ihn ihre apolitische Grundhaltung. Die wollen doch nur Spaß haben, sagt er im Rückblick. »Die jungen Menschen der ›Neuen Schar‹ und die Zehntausende, die mit ihr auf den freien Plätzen der Städte und großen Dörfer tanzten und dazu alte Volkslieder sangen, waren keine religiösen Schwärmer; sie wollten nach vier Jahren Krieg vor allem fröhlich sein. Sie marschierten nicht in Reih und Glied, wie die Mitglieder der nationalistischen Verbände, sie waren auch nicht, wie man behauptet hat, die Schrittmacher jener Marschierer, die zehn Jahre später das Gesicht der deutschen Gaue verwandeln sollten, und sie forderten weder Revanche noch Weltrevolution, nicht einmal eine Revolution in Deutschland«, schreibt Wilde. Und resümiert: »Hitler und der Nationalsozialismus waren nicht die Folge dieser Erscheinungen, sondern das Ergebnis einer ganz bestimmten wirtschaftlichen und politischen Entwicklung, die mit dem Wandervogel im allgemeinen, und mit Muck-Lambertys ›Neuer Schar‹ im Besonderen nichts zu tun hatte.«

Das sieht die Geschichtsschreibung anders. Zwar glaubt niemand, die tanzenden Kinder Mucks seien die Hitlerjugend in Leinen, aber im Grunde sind Lambertys Anhänger:innen mit ihrem völkischen Germanentum eher Vorläufer:innen der rechten ökologischen Jugendbewegungen heute als der alternativen Bewegung. Jener Graswurzel-Siedler:innen, die heute vor allem im Osten der Republik mit gutmütigem Auftreten, Schulgründungen und ehrenamtlichen Engagement unpolitische Communitys für eine rechte Hegemonie desensibilisieren. Wo rechte Öko-Siedlungen in den 1990ern gebaut wurden, ist heute die AfD dominant.

Der völkische Aspekt bei Muck tritt deutlich hervor. Und wird sich später, in seiner Auseinandersetzung mit den Nazis, zu denen er allerdings nie richtig überläuft, auch zeigen. Aber ein anderer Aspekt ist ebenso wahr: Dass er sich in seinen späten Lebensjahren der 68er-Bewegung verbunden fühlte, dem Maoismus und Fidel Castro. Er starb 1984 im Westerwald, die Stadt Naumburg, wo er sich später mit einer Werkgemeinschaft niederließ, widmete ihm eine Straße und eine Nische im Museum. Im vierten Kapitel treffen wir ihn wieder im südthüringischen Hildburghausen, wo er auf der »Religiösen Woche« spricht. Warum denn immer Thüringen, fragt man sich natürlich jetzt. Aber zunächst einmal gilt es ja immer noch zu klären: Warum eigentlich Schwaben?

HERZGEGEND

Die Schwabenfrage ist schließlich vor allem deshalb interessant, weil dort die Bewegung herkommt, die im Titel dieses Buches steht. *Querdenken-711* trägt nicht umsonst die Stuttgarter Vorwahl im Namen. In Schwaben hat der Querfront einiges den Boden fruchtbar gemacht. Auch für Gräser ist, das schreibt er im *Brieflein Wunderbar*, Württemberg eine »Herzgegend«. In den Jahren vor dem ersten Weltkrieg ist das Umland von Stuttgart sein Hauptaufenthaltsort. 1913 ist Gräser, nach Aufenthalten und Auftritten in Wien, München, Hamburg, Weimar und Berlin, nach einer Ausweisung aus Sachsen und einer aus Baden, als Prediger in der Gegend sehr präsent. Mit seiner Familie zieht er schließlich in die proletarisch geprägte Gartensiedlung Falterau in Stuttgart. Erste Ausschnitte aus dem *Tao* liest er hier, beständig verteilt er Gedichte, die er mit sich trägt. Jeden Sonntag hält er, bis er 1915 erst aus Württemberg, dann aus dem gesamten Deutschen Reich ausgewiesen wird, immer eine Andacht im Stuttgarter Bopserwald, unter der Schillereiche. An jenem Ort also, an dem der von Gräser verehrte Friedrich Schiller beinahe eineinhalb Jahrhunderte früher zum ersten Mal aus seinem revolutionären Drama *Die Räuber* vortrug. Reichlich bewusst setzt er sich also in eine lange Tradition.

Stuttgart galt immer als Brennglas der spirituell-volksfrommen Strömungen, die sich rechts und links der calvinistischen Geschäftigkeit bildeten. Wo fängt das an, bei den Bauernaufständen? Der erste, der »Bundschuh«, entwickelte sich zu Beginn des 16. Jahrhunderts unter der Führung des legendären Joß Fritz zwischen Main und Neckar und richtete sich gegen die Ungerechtigkeit, dass bischöfliche Pracht durch Einschränkung bäuerlicher Rechte an Wäldern und Fischgründen erkauft wurde. Knapp ein Jahrzehnt später zog die als *Armer Konrad* bekannte Bewegung durch das Herzogtum Württemberg. Gegen eine Umverteilung zugunsten des städtischen Adels durch Steuern auf Fleisch, Wein und Mehl gingen damals städtische und ländliche Unterschichten mit Waffen auf die Straße. Sie nehmen schon die Reformation vorweg, aber vor allem die kommenden großen politische Revolutionen – der Bauernkrieg, der ebenfalls in Schwaben seinen Ursprung hat, zog immerhin die ersten schriftlich fixierten deutschsprachigen Menschenrechte in seinem Gefolge mit, die *Zwölf Artikel der*

Bauernschaft in Schwaben, und gilt statt als tumber Aufstand von Prollos mit Mistgabel heute als Revolution des Gemeinen Mannes. Religion und Politik in enger Verknotung, das wird uns nicht nur in und um Stuttgart noch oft begegnen.

Dort aber massiv. Bewegungen der Volksfrömmigkeit und Widerstand gegen kirchliche Obrigkeit, Mystik und Konservatismus, das ballt sich hier zusammen. Für Hermann Müller ist die Sache klar: Armut, Unfreiheit und Frömmigkeit im Herzogtum Württemberg sind die historische Basis. Man musste sich gewissermaßen ins Innere wenden, um der Enge der Täler zu entkommen. Später kommen die vielen Freien Reichsstädte als Faktor hinzu, die eine territoriale Hegemonie verhinderten. Dafür beförderten sie eine freidenkende, unabhängige frühbürgerliche Schicht. Vielleicht ist da etwas dran. Das Spottwort vom »Pietcong«, dem radikalisierten konservativen Pietismus, geht nicht umsonst seit Jahrzehnten um und ist immer spätestens dann präsent, wenn in der Großregion Stuttgart wieder einmal gegen die »Verschwulung« von Kindern an Grundschulen oder ähnlich Übersteigertem demonstriert wird.

Gräser zieht nach Stuttgart, die Stadt, die Zeitgenoss:innen als heimliches deutsches Jerusalem gilt. Im späten 19. Jahrhundert entsteht ein neuer Zug zur Esoterik, der sich allerdings mit dem verbindet, was noch heute als seriöse Wissenschaft gilt – mit den Naturwissenschaften, die in immer schnellerer Abfolge die Rätsel der Welt entschlüsseln. Nicht eine surreale Traumwelt sucht diese neue Mystik, sondern die wirkliche, physikalisch erklärbare Welt.

Die erste große Bewegung dieser Strömung ist die Theosophie, die auch im Umfeld des Monte Veritá blüht. Spätestens im Jahr 1900 ist einer der Protagonisten dieser Bewegung in Deutschland der Philosoph Rudolf Steiner. Mit kontrolliert strukturiertem Denken sei es möglich, die Welt objektiv zu erschließen, schreibt er in seinem Hauptwerk *Die Philosophie der Freiheit* von 1893. Für ihn gibt es nicht nur die Evolution von Fisch zu Äffchen zu Mensch, sondern eine parallele Evolution der Spiritualität des Menschen mit verschiedenen Kulturepochen, die beinahe zwangsläufig eine rassistische Schlagseite hat. Die wird angesichts dessen, dass er die weiße Rasse als Träger der gegenwärtigen »Bewusstseinsepoche« sieht, nicht gerade versteckt. Für Steiner ist die Theosophie allerdings wohl nur Mittel zum Zweck. Immerhin zeigt sich die *Theosophische Gesellschaft* seiner Form der spirituellen Philosophie gegenüber offen. Statt an Buddhismus und Hinduismus, wie der Mainstream der Bewegung, orientiert Steiner sich aber an einem christlich-mystischen Denken, das auch Goethe und den deutschen Idealismus umfasst.

Spätestens um 1910, mit dem Kult um den 16-jährigen indischen Propheten Jiddu Krishnamurti als Lehrer der Theosophie, trennt sich Steiner von der weltweiten theosophischen Gemeinschaft. In den nächsten Jahren entwickelte er in Süddeutschland und in der Schweiz eine bemerkenswerte Aktivität, die beabsichtigt, die Anthroposophie, das Bewusstsein vom Menschentum, mit dem Alltag der einzelnen Menschen kurzzuschließen. Schon seit 1906 beschäftigen sich Steiners Vorträge immer wieder mit Erziehung. Nach dem Krieg gründet er, der damals nationalistische Positionen zu Kriegsschuld und Republik vertritt, in Stuttgart eine Schule. Sie trägt den Namen der Zigarettenfabrik, an die sie angegliedert ist: »Waldorf«. Und viele weitere werden ihr folgen. Nicht weniger erfolgreich sind Steiners Ansätze einer biologisch-dynamischen Landwirtschaft, zur Naturheilkunde und Psychosomatik. Auch wenn das eigentliche Zentrum der Bewegung in Dornach bei Basel liegt – Stuttgart ist bis heute die Hauptstadt der Anthroposophie.

1919 entstand nicht nur in Stuttgart die erste Waldorfschule, sondern ebenso wenige Kilometer entfernt, am Fuß der Schwäbischen Alb bei Urach, die *Kommune am Grünen Weg*, gegründet von Theodor Plievier, der als revolutionierender Matrose nach Stuttgart kam, dann selbst als Inflationsheiliger durch die Lande zog, ehe seine Schriftstellerkarriere doch noch Fahrt aufnahm. Seine Gefährten: Gregor Gog, bekannt als »König der Vagabunden«, und der Metallkünstler Karl Raichle. Ein anarcho-syndikalistisches Unterfangen und vielleicht ein wenig hippiesk, glaubt man den Berichten, wie hundert Kommunard:innen, die an den Wochenenden, wenn die Großstadt sich leert und auch Revolutionär:innen ins Land strömen, im Garten des Anwesens liegen oder im Flüsschen Erms angeln. Gräser schaute hier oft vorbei, Louis Haeusser wurde später gesehen, ebenso war Erich Mühsam zu Gast und scheinbar selbst Rudolf Steiner: Ein Monte Verità im Tal, ohne Lago und ohne Mythos. Später wird sich auch die *Christ-Revolutionäre Bewegung* in Stuttgart konstituieren und ihren Jugendapostel Max Schulze-Sölde auf die desillusionierte Arbeiterjugend ansetzen. Stuttgart leuchtet hell in diesen Tagen, aber schon mit Braunstich.

EINUNDZWANZIG KLEEBLÄTTER

Am Bodensee sitzt ziemlich genau ein Jahrhundert später eine rothaarige Frau mit großen Augen und weiten Gewändern. Sie ist Schauspielerin aus Stuttgart, erfährt man im Video-Interview mit dem Querfront-Journalisten Martin Lejeune am Abend nach einer *Querdenken*-Demo, eine Freiheitskämpferin der ersten Stunde. Sie rollt das »R« exaltiert und kann Lejeune über ihre Filzstulpen hinweg, mit denen sie sich die roten Strähnen aus dem Gesicht streift, kaum anschauen. Sie verrät, wie man Kürbissuppe für hundert Menschen macht, berichtet von einem Demeter-Hof bei Überlingen, von ihren Wahrnehmungsspaziergängen in Stuttgart, von einundzwanzig vierblättrigen Kleeblättern, die sie entdeckte, obwohl sie zuvor noch nie eins fand. Und wie Michael Ballweg sie noch an genau diesem Tage mit einem Mann zusammenbrachte, der sich mit großer Sensibilität Fragen von Lebenswegen widmet. Gerade, erfährt man weiter, arbeitet sie an einem Stück über Sophie Scholl.

Es ist eine Szene aus einem anderen 2020: Eines, das von Mut erzählt, von Freiheit und Liebe. Bisweilen begegne ich diesem Jahr, wenn ich mir Videos anschaue, die am Rande von Demonstrationen entstanden sind. Dann frage ich mich, ob ich auf der falschen Seite der Geschichte stehe. Meistens fangen die Protagonist:innen aber irgendwann doch an, mit glänzenden Augen zu erwähnen, dass die Antifa die bewaffnete Bodentruppe von Bill Gates ist oder Merkel eine Diktatorin. Nein, hier gibt es kein schönes Gegenmodell zur tristen Wirklichkeit zu entdecken, kein Land hinter den Spiegeln, in das man einfach übertreten kann. Maske, Abstand und Impfen – das ist unsere Realität. Corona lässt sich nicht wegwünschen und Demokratie bleibt eben auch Arbeit.

Natürlich ist Stuttgart nicht völlig derangiert. Seit 2021 regiert, nach ein paar Jahren unter dem Grünen Fritz Kuhn, wieder die CDU, wie schon 1945 bis 2013. Baden-Württemberg ist innerhalb von einem Jahrhundert vom deutschen Armenhaus zum bürgerlichen Paradies geworden, vor allem dank der Autoindustrie. Es hat die pro Kopf höchste Patentdichte und die höchsten Forschungs- und Entwicklungsausgaben zu vermelden, dazu die höchste Lebenserwartung und die zweitniedrigste Arbeitslosenquote in Deutschland. Und das »Ländle«, pardon, »The Länd« besitzt eine Tradition konservativen Protests – genauso wie eine Tradition von konservativem Verharren.

Bei den letzten Oberbürgermeisterwahlen in seiner Heimatstadt im November 2020 jedenfalls erreichte Michael Ballweg, der Gründer von *Querdenken-711*, gerade einmal 1,2 Prozent. 2439 Stimmen von 445 557 Wahlberechtigten. Das ist relativ viel, aber doch ein gutes Stück entfernt von der Machtübernahme. Seine Strategie ist aber auch eine ganz andere. Vor der Gründung seiner *Querdenken*-Initiative war Michael Ballweg Softwareunternehmer. Sein Produkt, eine Software, mit der Unternehmen auf die Expertise von Mitarbeiter:innen im Ruhestand zurückgreifen können, wurde von Konzernriesen wie Bosch oder ThyssenKrupp eingesetzt. Im Frühjahr 2020 wollte Ballhaus, Jahrgang 1974, so erzählt er es im Herbst bei einem Spaziergang mit Journalisten vom Magazin *Focus*, eigentlich eine Reise nach Indien und Japan machen, ein Sabbatical. Yoga machen, inneren Frieden finden, Selbstheilungskräfte entdecken. Im Grunde ist er diesem Plan auch treu geblieben, ein Knick ist nicht zu erkennen, eher eine Midlife-Crisis, eine Selbstsuche, die nun andere Wege geht.

Der erste Lockdown im März 2020 lässt ihn, den daheim Gestrandeten, recherchieren und die Demokratie in Gefahr, eingeschränkte Meinungs- und Versammlungsfreiheit erkennen. Kaum einen Monat nach dem ersten Frontalangriff des Virus auf die Gesellschaft schlägt Ballweg zurück. Am 11. April 2020 steht er trotz Versammlungsverbot mit zwanzig Gesinnungsgenoss:innen auf dem Stuttgarter Schlossplatz. Eine Woche später sind es schon fünfzig, am 25. April verzehnfacht sich die Menge sprunghaft auf 500, dann innerhalb einer Woche wiederum auf 5000. Wie parallel die Demos im Berliner Scheunenviertel, kann die *Querdenken-711*-Bewegung schnell auf eine große Zahl von Menschen zurückgreifen – in einem Land, das sich eigentlich solidarisch aus dem Weg geht.

Wie bei den Hygienedemos, fand sich auch hier bald der übliche Querfront-Zirkus ein, etwa Ken Jebsen als Hauptredner auf einer der ersten Demonstrationen. Und wenig später gründeten sich überall Ortsgruppen, unabhängige Initiativen unter dem gleichen Label, von *Querdenken-201* aus Essen zu *Querdenken-911* in Nürnberg. Aufsehen erregte vor allem *Querdenken-731* aus Ulm um den Anwalt Markus Haintz, mittlerweile wird der Zusammenschluss vom Verfassungsschutz beobachtet, wegen, wen wundert's, rechtsextremer Umtriebe. Am 1. August 2020 mobilisierte *Querdenken-711* zu einer gigantischen Demo in Berlin. Dort war die Stimmung nicht zuletzt durch das Mitwirken des Veganismuspropheten Attila Hildmann bereit für Extreme. Hildmann rief zu einer »Freiheitsdemo für das deutsche

Volk« auf, um zu verhindern, dass Gesundheitsminister Jens Spahn ein noch mächtigeres Virus als Corona auf Deutschland freilasse: ein von US-Milliardär Bill Gates geschriebenes Ermächtigungsgesetz, das Völkermord und Faschismus zur Folge hätte. Seinen Willen zum Kampf unterstrich er im Frühjahr 2020 mit zahlreichen Videos, die ihn mit Schusswaffen zeigen. »Attila Hildmann fürchtet keine Satanisten und Kinderficker! Sie sollten ihn fürchten!«, schreibt er auf Instagram, und: »Gehe ich im Kampf für unsere Freiheit drauf, dann nur mit Waffe in der Hand und erhobenen Hauptes!« Denn am Ende des Tages sei es doch so: Der Staat wolle seinen Kopf, weil er die Wahrheit sage.

Jürgen Elsässers rechtsextremes Magazin *Compact*, wichtiger Stichwortgeber schon für die *Pegida-Bewegung*, widmete *Querdenken* im September eine Titelstory, »Querdenker – stürzt die Freiheitsbewegung die Corona-Diktatur?« In einem Ballweg-Porträt im Magazin *Focus* heißt es hingegen: »Man kann Querdenken als neue APO bezeichnen. Von rechts bis links. Oder von wirr bis irr. Es geht gegen Masken und Merkel, um irgendwas mit Frieden und Wahrheit, um irgendwas mit Esoterik und nationaler Souveränität, um irgendwie alles.« Psychologisch betrachtet gebe es Gleichzeitigkeiten von Ohnmachts- und Allmachtsgefühlen. Die Bedrohung, die das Ich destabilisiere, würde kleingedacht, der eigene Einfluss hochgerechnet – und dann ab in die Offensive. Die eigene Position als unverrückbar richtig zu verstehen und sich selbst dabei stets ins Zentrum zu setzen, seien dabei wirksame Strategien, das krisengeschüttelte Ego zu stabilisieren. Das gilt für einen Großteil der Anhängerschaft. Nach der ersten soziologischen Studie sind es gerade höher gebildete Menschen, die sich der Mittelschicht zurechnen:

Nach Selbstaussagen in einem wissenschaftlichen Fragebo-
gen, der im Winter 2020 über die diversen Telegram-Kanäle
der Bewegung zugänglich gemacht wurde, besitzen 65 Prozent der Teilnehmenden die Hochschulreife und 34 Prozent
sind Akademiker:innen. Ebenfalls rund 65 Prozent rechnen
sich der Mittelschicht zu, mehrheitlich der oberen. Nur
8 Prozent verstehen sich als Teil der Arbeiterschicht. Es sind
also Menschen, die ihre Lebenskonzepte schon vor Corona
in Gefahr sahen, fürchteten, kulturelle Hegemonie und
Wohlstand zu verlieren.

Für einige stabilisiert *Querdenken* aber auch die krisen-
geschüttelten Geldbörsen. Vom Erfolg der Bewegung profitieren schließlich viele, die nicht Teil des großen Fußvolks
sind, das wirklich nicht wissen kann, dass Schwarz-Weiß-
Rot nicht einfach ein anderer Verlauf vom Regenbogen ist.
Die Menschen etwa, die Fanartikel verkaufen. Insbesondere
der offizielle *Querdenken*-Store überzeugt mit überteuerten,
stets weißen Standard-Klamotten, auf die der Non-Design-
Schriftzug der Bewegung zu lesen ist. Oder die Busunter-
nehmer:innen der Initiative *Honk for Hope*, die nicht gerade
erschwingliche Fahrten zu Großdemos anbieten. Oder der
Rechtsanwalt Reiner Fuellmich: Um dessen Corona-Scha-
denersatzsammelklage beizutreten, muss man bereit sein,
eine Pauschale von satten 800 Euro plus Mehrwertsteuern
zu zahlen. Sie ist nach fast einem Jahr, Stand Herbst 2021,
noch immer nicht eingereicht. Während Fuellmich Ge-
richtsurteile abwartet, die beweisen sollen, dass PCR-Tests
nicht funktionieren oder es asymptomatische Infektionen
nicht gibt, schwadroniert er davon, dass ein »faschistisch-
totalitäres Regime« herrsche und dass er darum kämpfe, he-
rauszufinden, wer dafür verantwortlich ist. Und selbstver-

ständlich profitiert Ballweg selbst. Denn *Querdenken-711* ist rechtlich kein Verein, keine Stiftung, *Querdenken* ist Ballweg. Statt Spenden, für die es eine Nachweispflicht gäbe, nimmt er Schenkungen an. Und umgeht damit als Privatperson jede Transparenzpflicht.

Softwareunternehmer Michael Ballweg, HNO-Arzt Bodo Schiffmann, Theatermacher Anselm Lenz, Sänger Xavier Naidoo, Schlagerstar Michael Wendler, natürlich Radiomoderator Ken Jebsen, früher beim Rundfunk Berlin-Brandenburg, heute selbstständig mit Verschwörungspropaganda, und der Kochbuchautor und Vegan-Restaurantbesitzer Attila Hildmann – schnell gab es eine ganze Reihe von Personen, die die Bewegung aus einer Position lokaler oder gar bundesweiter Bekanntheit heraus prägen konnten. Auffälligerweise ganz überwiegend Männer, obwohl Frauen in der Bewegung ähnlich präsent sind und zentrale Themen wie Spiritualität und alternative Medizin auch in links-feministischen Kreisen Relevanz besitzen. Diese Männer treten dabei oftmals prophetisch als Verkünder okkulter Wahrheiten auf, die sie nach eigenen Angaben entschlüsselt, erkannt oder erdacht haben. Sie alle haben in ihrem Leben so etwas wie eine Wiedergeburt erlebt, eine Erkenntnis, die sie auf einen neuen Pfad gelenkt hat. Eine Selbstradikalisierung, die die Rechte seit Jahren schon beschreit: Wach auf, sei kein Schlafschaf! Es ist das alte »Deutschland, erwache!«, nur diesmal unter dem Motto Corona statt Kohlrabi.

KRANKENGEKRÄCHZ!

Der echte Gräser verteidigt sich derweil. 1915 schreibt er an seine Freund:innen über sich in der dritten Person: »Was sagen wir dazu? Wenn ein deutscher Mann, aus Siebenbürgen stammend, drei Jahre lang in gutem Einvernehmen mit der Bevölkerung Württembergs lebend und wirkend, nun von der Stadtdirektion Stuttgart wegen der Deutschheit seines Tuns aus dem Lande gewiesen werden soll? Jawohl, wegen der Deutschheit seines Tuns, denn es ist aufrichtig und sein Beweggrund ist, des deutschen Lebens Rein – also Einigung« – und dann zählt Gräser auf, was die Behörden ihm zur Last legen und warum das, was die Obrigkeiten ihm, dem barfüßigen, predigenden Landstreicher vorwerfen, eigentlich Deutschtum ist. Der Krieg ist ausgebrochen, aber noch ist man in der Heimat siegessicher, noch gibt es keine Hungersnöte, noch sind die Fronten im Westen in Bewegung. Und Gräser ist mit seiner Familie wieder unterwegs.

Was ihm die Behörden ankreiden, sind kleinere Vergehen, nicht ohne Komik: Wiederholt selbstgeschriebene Gedichte für Pfennige verkauft ohne Gewerbeschein, Verkehrsvergehen, weil sich bei Vorträgen auf öffentlichen Plätzen bisweilen dreißig, vierzig Hörer:innen einfinden, Ungehorsam gegen die Straßenpolizei – auch das deutsch! Denn in Gräsers Interpretation sei es doch sein »treulicher Gehorsam gegen den Gemeinde- und Reinigungsmann in ihm selbst, der ihm gebot, sein Dichteramt, das Ermutigung und Ermunterung besonders verlangt, auszuüben – das er aber schlecht übt, wenn er der Angestelltenangst und ihren peinlich kleinlichen Forderungen nachgibt.« Widerstand gegen die Staatsgewalt, auch das wird ihm vorgeworfen, sei als »Folgsamkeit gegen die Lebensgewalt in seinem Blut und Mut« deutsch und die Weigerung, sich mit seiner Frau zu verheiraten, ebenso. Mit der »Lust, ihre Lebenskeime selbst zu sonnen, sie geistig und leiblich echt und eigen zu nähren, damit sie zu eigentlichen Menschen erwachen und erwachsen können«, begründet er die Weigerung, seine Kinder in die württembergische Schule zu schicken. »Und auch siebtens – Damit die böse, ei, die heilige Sieben voll wird – Ihre Weigerung, ihre Kinder impfen zu lassen. Auf – deutsch aber – Haben sie eben keine Bazillenangst, brauchen sie keine Bazillenpolizei und sind so frei, zum Wohle aller ihre eigenen Gesundheitswächter zu sein, indem sie immer wacher und wackrer sich aller kränkend fremden Eingriffe und Einflüsse erwehrend, immer gesünder und gesundheitansteckender leben. Jawohl, der Mann, ich kenne ihn gut, will und kann seine gemeinschaftswillige Selbstbestimmung, also seine Selbstverantwortung über sich und seine Familie, mit ihr seine Art und mit ihr seinen Wert für sein Volk, als für das Herz der Menschheit, nicht aufgeben. Dies also sein Sündenregister! Ist's nicht sein Ehrenschild?«

Eine Abneigung gegen die Polizei, die Beschimpfung von Menschen, die an das bestehende System glauben, die Schulpflicht als Hirnwäsche, der Staat als Gängelinstrument und die Impfung als Giftspritze, die angesichts der Selbstheilungskräfte des Menschen als völlig unnötig erachtet wird – natürlich muss hier gefragt werden: Ist der Grundsympath und Hesse-Influencer Gusto Gräser ein Querdenker? Weitere Hinweise, die möglicherweise der Beantwortung der Frage helfen: In München versucht Gräser im Frühjahr 1919 die Räterepublik zu verhindern, indem er seinen anarchistischen Weggefährt:innen einen »Kommunismus der Liebe« entgegensetzt, Gewaltlosigkeit gegen Diktatur des Proletariats. »Links oder rechts? – Krankengekrächz! – Rings! so jubeln die Heilen«, schreibt er und nimmt damit den Stil der heutigen spirituellen Corona-Querfront deutlich vorweg, die links und rechts transzendieren will. In diesem Versuch jedoch eindeutig rechte Symbole wie Reichsflaggen magisch anzieht.

Dennoch ist zu vermuten, dass Gräser mit einer Reichsflagge als Accessoire wenig anzufangen gewusst hätte. Sein Deutschland ist eher eine wolkige, sakralisierte Vision zwischen Volk und Bevölkerung, schwer zu greifen, aber nicht eindeutig präfaschistisch. Er interessierte sich zwar für die völkischen *Artamanen* und schaute ebenso bei der querfrontigen »Religiösen Woche« vorbei wie auf dem Hohen Meißner und in Schwabinger Anarchistencafés. Aber bleibt überall gleichermaßen auf seine ihm eigentümliche Art distanziert. Von dem meta-religiösen, meta-politischen Zwischenreich aus, um das es ihm ging, ist zwar jede Menschenfeindlichkeit möglich, jedoch taucht Gräser kaum in der Rolle eines Führers auf, er schart zwar Zuhörer:innen, aber keine feste Gefolgschaft um sich. Gräser steht dem Wilhelminischen Staat feindlich gegenüber, aber skeptisch auch allen lebensreformerischen Zirkeln und Vereinen. Niemand wollte ihn haben, so scheint es, und er wollte niemand haben, zuerst weder Diefenbach noch die Gründer:innen vom Monte Verità, dann weder die Völkischen noch die Anarchist:innen. Und an seinem Lebensende weder die Bibliothekar:innen noch die Vermieter:innen Münchens. Ja, in seiner Selbstherrlichkeit ist er unerträglich, doch vermutlich wäre Gräser heute kein Redner bei einer *Querdenken-*

Veranstaltung. Oder, noch treffender: Er hätte sicher bei einer der ersten gesprochen, in Stuttgart, und wäre dann nie wieder eingeladen worden.

Hermann Müller hat für die Querdenker:innen eine einfache Erklärung parat. Eigentlich zwei, bei beiden ist *Querdenken* eine quasi natürliche Reaktion auf eine angenommene linke Hegemonie. Einerseits glaubt Müller, dass sich wie ein Narr verhält, wer vom Mainstream zum Narren gemacht wird: »Wer verachtet oder missachtet wird, der muckt dann eines Tages auf, wird trotzig, bockig und vielleicht auch aggressiv. Protestbewegungen haben immer einen berechtigten Grund. Das gilt auch für die Barfußpropheten von 1900. Die haben gespürt, schon vor dem Weltkrieg, dass etwas faul war, nicht nur im Staate Deutschland, sondern in der westlichen Kultur überhaupt. Das waren die Sensiblen, die Feinfühler. Aber da man sie als Narren behandelt hat, mussten sie sich wie Narren aufführen, einige als schlimme, andere als weise Narren.« Die zweite Erklärung: »Die Grünen sind zu Modernisierungsverhinderern geworden. Weil sie die neureligiösen Strömungen nicht in sich aufnehmen. Weil sie sich einseitig an Rationalismus, Wissenschaft, Praxis halten, werden sie von rechts überholt« – von den Querdenker:innen. »Die linksrational orientierten Grünen machen denselben Fehler wie die alte Linke der Weimarer Republik. Sie verweigern sich dem Mythos, dem emotionalen, historischen und spirituellen, und tragen damit selbst schuld daran, dass sich – im Namen der Natur! – eine halbmythische, rational undifferenzierte Gegenbewegung formiert. Ein neuer Ernst Bloch täte not. Aber der hatte schon damals keine Chance.«

Hätte Müller recht, wäre der Fall klar: Wenn die Linke sie

nicht anerkennt, drehen sie eben aus Verzweiflung nach rechts. Doch Menschenfeindlichkeit tritt nicht erst zutage, wenn es Widerstand gibt, sie existiert auch unabhängig davon. Bei vielen Querdenker:innen, da hat Müller wiederum recht, gibt es deutliche habituelle Überschneidungen zur Linken und, laut der soziologischen Studie, oftmals eher linke Einstellungen, gerade zu Einwanderung. Sicherlich nicht ein verlorener Fall wie Anwalt Fuellmich, aber Teile der *Querdenken*-Bewegung wollen vermutlich wirklich von der Linken ernstgenommen werden – oder sprechen wir es einmal aus: Sie wollen liebgehabt werden. Denn eine narzisstische Angst vor Liebesentzug und Betteln um Zugehörigkeit zieht sich deutlich durch die Sprache der Proteste.

Nach seiner Ausweisung aus Deutschland zieht Gräser weiter ins kaiserlich-königliche Österreich, dessen Staatsbürger er als Siebenbürger noch immer ist. Er verweigert den Kriegsdienst, soll erschossen werden und muss stattdessen ins Irrenhaus. 1916 kehrt er zurück in die Gegend von Ascona, ehe er 1918 aus der Schweiz ausgewiesen wird. 1919 will er in München eine Revolution der Liebe statt den Kampf gegen die Freikorps. Nach deren Sieg wird er aus Bayern ausgewiesen und geht zurück nach Schwaben. 1920 wird er zum zweiten Mal aus Deutschland ausgewiesen, 1926 zum dritten Mal. Diesmal protestiert sogar Thomas Mann. 1927 arbeitet er im Berliner Anti-Kriegsmuseum, er hält Vorträge und versucht, die Siedlung seiner Tochter Gertrud aufzubauen: Grünhorst. 1932 reist er im Eselswagen durch Deutschland und verteilt seine Aphorismen. 1940 erhält er Schreibverbot durch die Nazis. Den Krieg überlebt er in verschiedenen Dachkammern von München. Ab 1945 sitzt er als stadtbekannte Figur im Schwabinger Café Klein-Bukarest. 1958 stirbt er mit 79 Jahren.

DIE DRITTE WELLE

Es zeigt sich deutlich, dass die Querdenker:innen auf die Lebensreform rekurrieren, also auf die Szene, in der Gusto Gräser sein erstes Wirkungsfeld fand. Und, dass in der Vielzahl der gesellschaftspolitischen Befreiungsbewegungen, die ab den 1880er Jahren sichtbar werden, auch ein Kern des giftigen Pflänzchens steckt, das heute wieder blüht. Moderne Züge wie Vegetarismus und Respekt vor der Natur gingen damals mit einem völkischen Grundton einher, der eine »alldeutsche Wahrheit« gegen eine »alljüdische Lüge« zu bewahren suchte. Nicht nur der Körper des Menschen sollte von den schädlichen Einflüssen der Zivilisation reingehalten werden, im gleichen Atemzug ging es immer auch um die Reinheit des deutschen Volkes von den äußeren Einflüssen, die von innen heraus – durch Industrialisierung oder Schulmedizin – den Volkskörper schädigen.

Um die Jahrhundertwende spricht man gar nicht so anders als heute. Der Sexualforscher Magnus Hirschfeld entwickelte aus der Theorie des Juristen Karl-Heinrich Ulrichs, es gebe unter den Menschen Dioninge und Urninge und diese beiden, Heterosexuelle und Homosexuelle, hätten unterschiedliche biologische Naturen, seine Idee der Zwischenstufen, die bereits 1896 die Vorstellung von binärem Geschlecht verwarf. Gleichzeitig gilt Hirschfeld, der 1935 im Exil starb und sich stets gegen den Wahn der Rassenreinheit aussprach, als Ideengeber der NS-Eugenik. Und natürlich besuchte auch er den Monte Verità. Dass der Westen den Kontakt zum Mythos und der Natur verloren habe, ist der Stammtischtalk der Bohème und linker Wissenschaftler:innen. Die Vorherrschaft von Vernunft und Rationalismus über das Reich der Gefühle, der Träume und der Körper wird angegriffen. Städter:innen ziehen aufs Land, um in Siedlungen kommunistisch zu leben und ökologische Landwirtschaft mit den eigenen Händen zu betreiben. Und den *Verein impfgegnerischer Ärzte* gründete schon 1908 der Arzt Eugen Bilfinger, ein Vertreter der gesunden Schwitzkur. Abhärten, eigene Abwehrkräfte stärken – an der These haben 110 Jahre Medizingeschichte nichts geändert. Gegen Impfen und vor allem eine Impfpflicht zu sein, ist für die politische Identität der Lebensreform sicherlich prägend. Und noch 2019 meldete das Landesgesundheitsamt Baden-Württemberg, dass die Impfquote gegen Masern an den anthroposophischen Waldorf-Kitas des Landes weit unter dem Durchschnitt liegt.

Für den Chronisten der Neuen Rechten, Andreas Speit, der die erste große Analyse der *Querdenken*-Bewegung im Juni 2021 veröffentlicht hat, ist klar, dass es sich bei den Coronaprotesten um eine dritte Lebensreform handelt. Die zweite umfasst die 68er- und die Alternative Bewegung zwischen 1960 und 1989, Anti-Atom-Bewegung, Proteste gegen den Vietnam-Krieg, das Entstehen der Grünen. Es tauche hier, glaubt er, »Verschüttetes der ersten Lebensreformbewegung wieder auf, Antisemitismus und Antifeminismus.« Doch wie wir gesehen haben, so verschüttet ist da eigentlich nichts. Der völkische Muck-Lamberty etwa kann sich relativ ungebrochen auf die Revolte der Studierenden beziehen, sich selbst als Vorvater setzen. Die militante Linke der BRD, ob *Umherschweifende Haschrebellen* oder *Rote Armee Fraktion*, bleibt bei aller Distanz zum Nazismus ihrer Väter und Mütter doch durch und durch judenfeindlich.

Ähnlich wie Speit dachte kunstgeschichtlich auch die Ausstellung »Künstler und Propheten. Eine geheime Geschichte der Moderne 1872–1972« von 2015 in der Schirn Kunsthalle Frankfurt, die bei Gräsers Lehrmeister Karl Wilhelm Diefenbach ansetzt und bei der Aktionskunst-Ikone Joseph Beuys endet. Der trat schließlich 1976, ganz im Stil der politisch ambivalenten Kohlrabi-Apostel, für die *Aktionsgemeinschaft Unabhängiger Deutscher* zur Bundestagswahl an, die ökologisches Bewusstsein und nationalistische Ekelhaftigkeit ausbalancierte. Sowohl einer ihrer Gründer als auch Beuys – die beiden kannten sich aus anthroposophischen Zusammenhängen – waren kurz darauf an der Gründung der Partei *Die Grünen* beteiligt. Was man wie Hermann Müller kommentieren kann, der der Ansicht ist, dass die Grünen sich endlich ihrer Geschichte stellen sollten: »Die Nazis waren doch die ersten Grünen!« Doch die Nazis waren auch Nazis, und das vielleicht nochmal mehr, als sie Grüne waren – die NSDAP hat nicht mit Klimaschutz Wahlen gewonnen, sondern mit Schlägertrupps, der Holocaust ist kein Nachklapp von Baumrettungsaktionen, sondern Kernprogramm.

Rechte und völkische Positionen und Menschen aus rechtsextremen Umfeldern gehören dennoch zur DNA der Umweltbewegung in Deutschland. Hier fehlt es an breitem Wissen, um die progressiven Elemente, die heute notwendiger sind denn je, dagegen zu imprägnieren, von konservativer Bewahrungsromantik mit einem Bein in völkischer Esoterik in Beschlag genommen zu werden. Die Idee einer schützenswerten Umwelt kam zuerst aus den Reihen der reaktionären Anti-Moderne. In der Weimarer Republik band sie sich dann untrennbar an die extreme Rechte. Dass Hitler Vegetarier und fanatischer Nichtraucher war, mag ihn noch deutlich an die Lebensreform binden, aber dass Landschaftspflege und das Schaffen eines »deutschen«, entsteppten Naturraums in den eroberten Ostgebieten Teil der Nazi-Programmatik waren, reicht über das Anekdotische hinaus. Das KZ Dachau verfügte über eine anthroposophisch inspirierte Heilpflanzenplantage, auf der Inhaftierte zwangsweise arbeiten mussten und auf der ausgetestet werden sollte, wie Deutschland sich von der »verjudeten Schulmedizin« und ihrer Pharmaindustrie lösen könnte. Alle Autobahnen wurden nach der Idee des antisemitisch-völkischen Anthroposophen Alwin Seifert nach Maßgaben von Umwelt- und Landschaftsschutz geplant, dem »Reichslandschaftsanwalt«. Nach seiner Entnazifizierung war er Professor an der TH München für Landschaftspflege und Landschaftsgestaltung, bezog sich in seinen Schriften auf Gusto Gräser, schrieb das in der frühen Öko-Bewegung einflussreiche Buch *Gärtnern, Ackern – ohne Gift* und leitete lange die Vorläuferorganisation des *Bund für Umwelt und Naturschutz Deutschland* (BUND).

Unter den Gründer:innen der grünen Partei wiederum finden sich Figuren wie der bereits erwähnte Autor und Öko-Bauer Baldur Springmann, der Rechtsextremismus, Ökologie und Spiritualität zu verbinden suchte. Der Partei gelang es schnell, eine innerparteiliche antifaschistische Hegemonie herzustellen, die einen wie Springmann bald aufgeben ließ. Ähnlich wie die Entnazifizierung der BRD geschah das allerdings mit dem Ergebnis, dass zahlreiche blinde Flecken weniger die Partei, aber die Bewegung noch heute beschäftigen. Das reicht von der Präsenz von Plakaten mit dem früher von der NPD genutzten Slogan »Umweltschutz ist Heimatschutz« bei der »Rebellion Wave« der Bewegung *Extinction Rebellion* im Herbst 2019 hin zum 2020 gegründeten neu-rechten Magazinprojekt *Die Kehre. Zeitschrift für Naturschutz.* Und ökofaschistische, menschenfeindliche Positionen, die den Menschen selbst als Schmarotzer der einer unverstellten Natur sehen – »We are the virus« – sind gerade im Zusammenspiel von Corona- und Klimadiskursen prominent geworden.

Die These von den Nazis als Vorläufer der Grünen, so verharmlosend sie ist, eröffnet einen Blick auf andere Traditionslinien als die Theorie der drei Wellen der Lebensreform. Es wird damit eine kontinuierliche Geschichte sichtbar, die durchaus eine spezifisch deutsche Geschichte ist. Die vielleicht im 18. Jahrhundert mit der sich dort entwickelnden ewig-deutschen Berufung zum Weltschiedsrichter beginnt. Während die Nationalstaaten aufblühen, will der deutsche Patriotismus den schon überwinden. Nichts weniger als die globale Erlösung ist für Philosoph:innen der Romantik wie Johann Gottlieb Fichte das Ziel deutschen Wesens: der Heiland der ganzen Welt zu sein. Und irgendwie ist es dafür eher von Nöten, in sich selbst zu forschen statt in die Welt zu gehen: Dichten und denken in der geistigen inneren Provinz. Ganz Deutschland ein Schwaben. Mit der Folge, dass es im deutschen politischen Blick auf die Welt eher die Ausnahme als die Regel scheint, das Politische einmal nicht sakral überhöht zu denken. Die Lebensreform wäre hiernach ein Kind der deutschen Romantik. Und damit nicht unmittelbarer Vorgänger, aber doch Stiefschwester des Nationalsozialismus. »Ich hatte und habe das ganz bestimmte Wissen um die engste Verbundenheit zwischen Nazismus und Romantik in mir«, schreibt Viktor Klemperer. »Denn alles, was Nazismus ausmacht, ist ja in der Romantik keimhaft enthalten: Die Entthronung der Vernunft, die Animalisierung des Menschen, die Verherrlichung des Machtgedankens, des Raubtiers, der blonden Bestie.« Weil aber die Blaue Blume dann doch ihre Kelche nicht als Hakenkreuz anordnet, musste Goebbels die Romantik noch einmal umdenken: zu einer stählernen, die den Eskapismus, die Sehnsucht und den passiven Fluss der Zeitläufte hinter sich lässt. Hier unterscheiden sich nicht nur klassische Romantik und der deutsche Faschismus, sondern vielleicht auch die nicht-völkischen Momente und Strömungen der Lebensreform: TAO statt TAT.

Beide Strömungen berühren sich, beide stoßen sich bisweilen aggressiv voneinander ab. Gusto Gräser und Louis Haeusser, aber auch die 68er und die klassischen Trip-Hippies von Nazis und völkischer Lebensreform. In den Coronaprotesten scheint sich vielleicht eine neue Balance anzukündigen, eine unheimliche. Es wächst zusammen, was eigentlich zusammengehört, aber lebensweltlich, habituell nie zusammenpasste. Das ist abstoßend und zugleich spannend. Für welche Menschen dieser Zusammenschluss bei einer weiteren Radikalisierung gefährlich werden wird – und das wird es werden, wenn die Front der Coronaleugner:innen nicht zusammenfällt – ist noch nicht absehbar. Es ist festzuhalten, dass die Lebensreform eine Vorläuferbewegung der spirituellen Corona-Querfront ist. Aber ein Element fehlt: Der Zug zur Realpolitik. Der Wunsch, die eigenen Utopien aus dem Utopischen hinaus der Welt überzustülpen. Die Lebensreform ist politisch: Vegetarismus, Feminismus, Siedlungspolitik, diese direkten Aktionen sind politisches Programm. Aber sie sind keine Machtpolitiken. Sie wollen, der Name sagt es, eher kleinbürgerlich reformieren. Eine große apokalyptisch-revolutionäre Geste kennzeichnet hingegen die heutige Corona-Querfront. Auf die Mahnwache folgt die Familiendemo folgt der »Reichstagssturm«. Eine Radikalisierung, die in Allmachtsphantasien mündet. Wo wir diesen Zug nicht bei Gräser finden, finden wir ihn bei denen, die im politisch überdrehten Klima der Weimarer Republik seiner Spur folgen, die keine Naturpropheten sind, sondern Erlöserfiguren, die sich selbst zusprechen, Deutschland zu retten. Auf den barfuß wandernden Gräser folgt der Gestaltwandler Haeusser, von dem das nächste Kapitel handeln wird.

Auch *Querdenken* hat einen solchen Wanderer. Nein, nicht Attila Hildmann, der vor der Staatsmacht in die Türkei geflohen ist. Nein, dieser einfache Wanderer heißt Frank der Reisende, lebt vegetarisch, ohne Angst und von Liebe. Auf seiner Webseite fordert er den Weltfrieden, Nahrung und Gesundheit für alle, die Heilung aller Wesen und ein bedingungsloses Grundeinkommen. Er hat ein rechtsradikales Telegram-Netzwerk aus tausenden Gruppen aufgebaut, zu dem auch der *Querdenken*-Kanal gehört. Er ist mutmaßlicher Unterstützer eines rechten Terrornetzwerks und plant einen rechtsextremen Umsturz. Seine Domain: www.ambestensofort.de.

3
BERLIN, REICHSTAG

The Center Won't Hold I – Deutscher Fetisch Friedensvertrag – Goût Américain – Im ewigen Kommen – Die Entdeckung der Versalie – Esoterisches Bauhaus – Campy Chamäleon – Tragödie und Farce – Louis l'Eternel – Die parteilose Partei – Entführt! – Überall fragt man nach Mir! – Der Arier-Germanen-Christ

Mit:

Donald Trump (*1946), *Unternehmer, US-Präsident, Verschwörungstheoretiker*

Tamara K. (?), *Heilpraktikerin, Verschwörungstheoretikerin*

Louis Haeusser (1881–1927), *Unternehmer, Inflationsheiliger, »Volkskaiser«*

Xavier Naidoo (*1971), *Sänger, Verschwörungstheoretiker*

Peter Fitzek (*1965), *Koch, Reichsbürger, »König von Deutschland«*

Gustav Nagel (1874–1952), *Naturapostel*

Adolf Hitler (1889–1945), *Politiker (NSDAP), »Führer«*

Emil Leibold (?), *Inflationsheiliger, »Heiland von Horeb«*

Walter Gropius (1883–1969), *Architekt, Gründer des Bauhaus*

Johannes Baader (1875–1955), *Künstler, Inflationsheiliger, »Oberdada«*

Leonhard Stark (1894–1982), *Inflationsheiliger*

Franz Kaiser (1888–1971), *Architekt, Inflationsheiliger*

Bodo Schiffmann (*1968), *Arzt, Politiker (Widerstand 2020), Verschwörungstheoretiker*

Ralf Ludwig (?), *Anwalt, Politiker (dieBasis), Verschwörungstheoretiker*

Donald Trump sei in Berlin gelandet, die Polizei zu den Protestler:innen übergelaufen: »Wir haben gewonnen«, schallt es von der Bühne vor dem Berliner Reichstag. Dann wird die große Freitreppe von den Wogen eines schwarz-weißroten Fahnenmeers überspült. Die Menschen neben der Bühne durchbrechen die Absperrungen. Drei Polizisten stellen sich ihnen entgegen, minutenlang. Und halten die Menge damit nicht nur auf Abstand, sondern auch davon ab, tatsächlich in den Bundestag einzudringen. Anders als ein realer Trump in Washington: Ein Berliner Reichstagssturm im Hochsommer als Vorgeschmack auf den realpolitischen Sturm des Kapitols ein halbes Jahr später, ein mit »Sturm« etwas arg pathetisch betiteltes symbolisches Treppenstehen als Vorahnung eines Putsches. »Wir gehen da rauf und holen uns heute, hier und jetzt unser Haus zurück«, schrie die Heilpraktikerin und Reichsbürgerin Tamara K. aus der Eifel von einer hauptstädtischen Bühne am 29. August 2020.

In gewisser Weise ist auch der frühere US-Präsident Trump eine Mutante des Typus Inflationsheiliger: Ein hypokritischer Heiland, der beständig mit groß geschriebenen Ichs um sich wirft, manisch seinen Namen überall in Versalien hinterlässt und jederzeit das Wort von der Wahrheit führt, die einzig er besitzt in einer Welt voller Lügen. »Drain the Swamp!«, sagte Trump. »Ich Bin der Herkules – der den Alphafluß in den Deutschen Augias-Stall hineinleitet – Ich will unser Volk vom Schmutz seiner Flauheit, -Feigheit, -Faulheit, -Lauheit reinigen!« antwortet Louis Haeusser. Was passiert, wenn spirituell-querfrontige Kult-Führer ihren Weg auf das realpolitische Feld finden? Der Reichstag ist ein guter Ausgangspunkt: Dass der Platz darin ihm zustünde, sah Haeusser in der Weimarer Republik ähnlich wie heute Tamara K. in der Berliner. Gescheitert sind beide.

Niemand, dem du folgst, folgt »Louis Haeusser«. Ein Fake-Profil, das jemand im August 2009 bei Twitter angelegt hat, verzeichnet stolze drei Follower. Das sind zwar immerhin drei mehr als Trump, der infolge des Kapitol-Sturms aus dem Netzwerk verbannt wurde, aber für den Anführer einer politischen Bewegung der Weimarer Republik, den Boulevard-Star, der Intellektuelle, Bürgerliche und den Hochadel verführte, ein groteskes Scheitern. Haeusser wurde vom Sektfabrikanten am Ende des Ersten Weltkriegs zum Wanderprediger in den frühen Zwanzigern mit fanatischer Gefolgschaft und ausverkauften Sälen in allen Städten des Landes. Und dann zum ernsthaften Politiker, der sein Netzwerk pflegt, ein feines Gespür für seine Zeit und ihre Bedürfnisse besaß. Haeusser hatte nie den Erfolg, den seine grandiosen Titel und Manifeste ankündigen. Aber er liefert doch eine Blaupause dessen, was im Deutschland der 1920er Jahre schiefgelaufen ist.

THE CENTER WON'T HOLD – PART I

Die Rhetorik des Prophetischen, des Messianischen blüht heute voll auf. Religiöse Bewegungen, die sich als Politik verkleiden und politische Strömungen, die sich religiös geben, spinnen fort, was der Rechtspopulismus des letzten Jahrzehnts geknüpft hat. Aus subkutanen Tendenzen des deutschen Minderwertigkeitskomplexes wurden potente Bewegungen. Aus Eurokritik und Putin-Verehrung wurde *Pegida* – wurde *QAnon*. Die Coronaproteste setzen im großen Maßstab fort, was seit den großen Demonstrationen gegen die Globalisierung in den Nullerjahren bekannt ist. Ob bei den Demos gegen das Freihandelsabkommen TTIP, bei den »Montagsmahnwachen für den Frieden« oder eben bei der Volksbühnenbesetzung – *The Center Won't Hold*, die Mitte radikalisiert sich, ist gar nicht so geschlossen gegen rechts, wie die Farbenfreude der Pace-Regenbogenfahne signalisiert. Kurz: Die Mitte offenbart sich selbst als Fiktion aus dem Wahlkampflabor des rechts-bürgerlichen Lagers. Der AfD-Claim »Deutschland. Aber normal.« zur Bundestagswahl 2021 schlägt die Brücke zu *Pegida* und den Coronaprotesten: Die Imagination der eigenen Meinung als Mehrheitsmeinung, die Imagination, dass Demokratie kein Aushandlungsprozess ist, sondern das kompromisslose Durchsetzen eigener Positionen.

»In seiner Form gleicht der Protest eher der Wirkweise einer Sekte, die ihren Anhängern Selbstwirksamkeit und Anerkennung verspricht«, analysiert Felix Schilk Mitte August 2020 in *Jungle World* die *Querdenken*-Demonstrationen. »›Du bist heute nicht aufgewacht, um durchschnittlich zu sein‹, steht auf einem Poster im Hintergrund eines Mobilisierungsvideos der Stuttgarter Initiative. Vom kollektiven Kraftschrei ›Wir sind die zweite Welle‹ sekundiert, wird so eine Psychodynamik in Gang gesetzt, die Morton Rhue in seinem bekannten Roman ›Die Welle‹ über eine sich selbst faschisierende Schulklasse beschrieben hat. Das sozialpsychologische Experiment, das im Buch verarbeitet wird, hieß in der Realität ›Die Dritte Welle‹. Das faschistische Potential steckte im kollektiven Verhalten, die Ideologie war eher austauschbar. Im rechten Milieu streitet man sich daher schon, wie dieses Potential am besten genutzt werden kann.« Der

Charakter einer religiösen Gemeinschaft kommt am deutlichsten bei *QAnon* zum Vorschein, der Bewegung aus den USA, die sich im Umfeld der Unterstützer:innen Donald Trumps in den Sozialen Medien bildete und rasch gewaltig anschwoll. Mittlerweile hat *QAnon* in der republikanischen Abgeordneten Marjorie Taylor Greene eine Unterstützerin im US-Repräsentantenhaus.

In Deutschland hat sie Xavier Naidoo. Auf ihn ist seit vielen Jahren Verlass, wenn es um das Sichtbarmachen der abstrusesten Verschwörungstheorien geht. Früher mit antirassistischen Aktionen eher links verortet, entwickelte sich der Mannheimer Sänger zuerst für die, die genau zuhören wollten, zu einem christlich-antifeministischen Fundamentalisten, dann mehr und mehr zu einem, der offenkundig im rechtsextremen Milieu angekommen ist. Während seine Äußerungen zur angeblichen Besatzung Deutschlands und dem Einfluss jüdischer Großbankiers vor wenigen Jahren noch als harmlose Spinnerei abgetan wurden, mit der er problemlos noch Juror bei der Castingshow »Deutschland sucht den Superstar« werden konnte, war im Frühjahr 2020 selbst RTL zu viel, dass Naidoo sich einer der Kernthesen der bis dato in Deutschland kaum bekannten *QAnon*-Bewegung annahm: der Adrenochrom-Verschwörung. Diese basiert auf der mittelalterlichen Legende von jüdischen Ritualmorden, die besagt, dass Jüd:innen zu Pessach christliche Knaben schächten. Seit dem 12. Jahrhundert geistert dieser Mythos durch Europa, bis ins 20. Jahrhundert hinein. Heute sind es nicht die Jüd:innen, sondern es ist es die »Elite«, die als Täter:innen vermutet wird: Sie zapft in gigantischen Tunnelnetzwerken gefangengehaltene Kindern Blut ab, um daraus das Verjüngungsserum Adrenochrom zu gewinnen.

Gerade »in diesen Momenten in verschiedenen Ländern der Erde« würden Kinder »aus den Händen pädophiler Netzwerke befreit«, gibt Naidoo weinend in einem Video von sich.

Die *QAnon*-Erzählung eines »Deep State«, eines Staates im Staate, der diese und andere Machenschaften vertuscht, schließt an »Pizzagate« an: die Behauptung, vom Keller einer Pizzeria in Washington aus betrieben führende US-Demokrat:innen einen Kinderpornoring – eine Verschwörungstheorie, die im US-Wahlkampf 2016 Trumps Triumph mit ermöglichte. Im Herbst 2017, ein halbes Jahr nach dessen Regierungsantritt, erschien auf dem Imageboard 4chan.org, berüchtigter Urgrund der Anonymous-Bewegung, ein neuer Nutzer: Q. Q ist, das behauptet er oder sie selbst, hochrangiges Mitglied der Sicherheitsbehörden mit Zugriff auf vertrauliches Material. Während die meisten anonymen Top-Secret-Insider in ähnlichen Foren wieder verschwinden, breitete Q um seine erste Behauptung – Hillary Clinton solle Ende Oktober 2017 verhaftet und ausgewiesen werden, ihre Anhänger:innen würden einen Bürgerkrieg suchen, die Nationalgarde stünde in den Großstädten bereit – bald ein Netz aus kryptischen Hinweisen auf die teuflische globale Elite aus. Nur Donald Trump kann nun die Welt retten, davon sind *QAnon*-Gläubige überzeugt. Er ist eine apokalyptische Figur im Kampf gut gegen böse. »The Great Awakening«, das große Erwachen, stehe bevor, das Zeitalter einer neuen Aufklärung – und dann: »The Storm«, der Frontalangriff, den Donald Trump jederzeit auslösen kann, der die Satansanbeter:innen hinwegfegen wird. Er wartet nur, bis die ganze Welt erkennen kann, auf welchen Wegen sie sich dreht.

In Deutschland gewinnt *QAnon* seit Sommer 2020 massiv an Zuspruch. Nach dem versuchten »Sturm auf den Reichstag« trat der Verfassungsschutz auf den Plan, die Bundesinnenministerkonferenz beauftragte ein Lagebild. Ergebnis: *QAnon* ist nicht nur eine Verschwörungstheorie aus der Mitte der Gesellschaft, die den normal-deutschen und normal-US-amerikanischen Antisemitismus und Rassismus spiegelt. Auch das rechtsterroristische Massaker vom Februar 2020 in Hanau wurde im *QAnon*-Kontext gedeutet, mit numerologischen Verweisen auf Zusammenhänge zwischen den elf Toten von Hanau und elf kurz zuvor von Trump begnadigten Menschen. Die Bewegung mag von Paranoia und Populismus getrieben sein, es treibt sie darüber hinaus aber auch ein Glaube religiöser Art. Die Sprache des evangelikalen Christentums ist zum definierenden Element der Q-Bewegung geworden. *QAnon* vermählt einen Appetit nach dem Konspirativen mit dem an sich positiven Glauben an eine radikal andere und bessere vorherbestimmte Zukunft«, schreibt Adrienne LaFrance in *The Atlantic*. »Spielt es eine Rolle, dass wir nicht wissen, wer Q ist? Das Göttliche war seit jeher ein Mysterium. Spielt es eine Rolle, dass die grundlegenden Aspekte von Qs Lehren nicht zu bestätigen sind? Auch die grundlegenden Glaubenssätze des Christentums lassen sich nicht bestätigen. In der *QAnon*-Gemeinde bleibt der Glaube absolut.«

Die große Demo »von den Spinnern«, von der der Coronaleugner im Thüringer Wald erzählte und mit dem Versuch, ins Parlamentsgebäude einzudringen, endete, war auch für teilnehmende Beobachter:innen wie mich eine groteske Veranstaltung. Bereits als ich neben der S-Bahn-Station am Alexanderplatz auf meine Begleitung warte, ist klar zu erkennen, wer wohin gehört: Zur Gegendemo am Bebelplatz zieht es weder die Menschen, die in Berlin gleich als absolut unurban auffallen, noch die braungebrannten Alten mit ärmellosen Shirts und Dreads, schon gar nicht die, die Schilder mit Forderungen nach Friedensverträgen vor sich hertragen. Die finden ein paar Meter weiter ihre Heimat. Kurz vor dem Bebelplatz zieht die Polizei zwei Hippies aus dem Zug, sie wollen tatsächlich zur anderen Veranstaltung, zu der für Friede, Freiheit und ohne Diktatur. Es ist nicht besonders voll, aber wir tragen Maske und halten Abstand, nicht, weil wir glauben, dass hier unter freiem Augusthimmel die Ansteckungsgefahr besonders groß wäre, sondern weil wir müssen, und das nicht nur, weil das aktuell Auflage bei politischen Versammlungen ist, sondern weil die Maske längst zum Symbol geworden ist.

Das Symbol, an dem sich Gegendemonstrant:innen und Demonstrant:innen am deutlichsten schieden, das waren nicht die Flaggen, sondern die Mund-Nasen-Bedeckung: Es gab wieder Gesichter zu sehen in Berlin, und zwar, so schien es, nur wenige Berliner Gesichter. *Querdenkens* »Tage der Freiheit« in Berlin, das war tatsächlich ein Sturmlauf der Provinz auf die Metropole, auch der Provinzgedanken auf das Privileg Großstadt – selbstgerecht und hemmungslos. In den nächsten Stunden häuften sich die Berichte: über Angriffe in Bussen und Bahnen, verbal und körperlich, auf Menschen mit Alltags- oder medizinischen Masken. Die Lage war unübersichtlich. Björn Höcke und der Kopf der *Identitären Bewegung*, Martin Sellner, hatten im Vorfeld mobilisiert, Nazihools und offene Rassist:innen ihr Kommen angekündigt. »Nie wieder Faschismus« forderte eine Demo am Reichstag, Berlin-Mitte war über Tage mit entsprechenden Plakaten tapeziert, die Polizei erwartete eine Gegendemo zum *Querdenken*-Zug, die Initiative Berlin gegen Nazis hingegen distanzierte sich: »Wir gehen davon aus, dass es sich dabei um Frieden und Freiheit innerhalb der kaiserlichen Reichsgrenzen handeln wird«, teilte sie über ihre Kanäle mit. Erst am Vorabend bestätigt das Berliner Verwaltungsgericht, dass das zwischenzeitliche Verbot der Veranstaltung durch die Polizei aufgehoben sei und bereits am Vorabend reisten Tausende Menschen in Bussen an. Berlin-Mitte quoll über vor Wohnmobilen aus Süddeutschland.

Gegen 13 Uhr wird die Demo am Brandenburger Tor durch die Polizei aufgelöst, die Friedrichsstraße als Teil der Aufzugstrecke bleibt aber in der Hand der Demonstrant:innen, die Polizei räumt nicht konsequent. Barrikaden werden errichtet, ein Baucontainer brennt. Der Zug fordert einen »Friedensvertrag«, die dominierenden Farben sind Schwarz-Weiß-Rot. Die zweite angemeldete Demonstration von *Querdenken*, die Kundgebung an der Siegessäule, hat da noch nicht begonnen. Die Polizei rät davon ab, weiter Menschen zuströmen zu lassen. Gegen 16 Uhr gelangen erste Demonstrant:innen in den abgesperrten Bereich vor dem Reichstag. Attila Hildmann fordert dort auf, das »deutsche Volk« zum Reichstag vorzulassen. An der Siegessäule bereitet sich währenddessen der Redner Robert F. Kennedy junior, Sohn von Robert F. Kennedy und Neffe von John F. Kennedy, auf seinen Auftritt vor.

DEUTSCHER FETISCH FRIEDENSVERTRAG

Es ist wieder der Friedensvertrag, ein besonderer deutscher Fetisch: In der Weimarer Republik hätte es ohne den Diskurs um »Diktatfrieden« und »Dolchstoß« keinen derart schnellen Aufstieg der Rechten gegeben. Der Vertrag war unbeliebt, schließlich war er in weiten Teilen bewusst als Demütigung angelegt, als Rache. Traumata trugen beide Seiten davon. Die Revidierung des »Schandfriedens« gehörte jahrelang zu Hitlers Wahlkampfknallern – mithin Fundament einer deutschen Apologetik, die sich bis heute hält: Weil der Frieden von Versailles so ungerecht war, ist der nationalsozialistische Faschismus mit seiner Gewaltaffinität die logische Konsequenz. Der Friedensvertrag, den die Demonstrant:innen Ende August 2020 in Berlin fordern, ist allerdings derjenige, der jenen Krieg beenden soll, den der Versailler Friede unausweichlich gemacht hat und den in ihrer Lesart niemand bislang schließen konnte, weil ein Vertragspartner einfach vom Verhandlungstisch ferngehalten wird: das nie aufgelöste Deutsche Reich.

Schon lange vor dem Ausbruch der Coronapandemie sind Gestalten der spirituellen Querfront in Deutschland und weltweit auf dem Vormarsch. Steigt die autoritäre Rechte auf, zieht sie im Windschatten prophetische Figuren mit sich, die für die einen mit Charisma Schlagkraft entwickeln, für die anderen die Bewegung in einen Witz verwandeln. Zwar gab es immer wild flottierende Rechte wie Horst Mahler oder Götz Kubitschek, die Extremismus so performten, dass für die Mehrheit der angenehme Schauer überwog.

Reichsbürger:innen aber waren lange Sommerlochfiguren: Falsche Pässe und falsche Stempel, Fantasietitel und Fantasieuniformen. Menschen, die glauben, juristisch belegen zu können, dass die Auflösung des Deutschen Reichs formal nie erfolgt ist, die Bundesrepublik also auch keine Rechtsnachfolgerin sein kann, geschweige denn als Staat existent.

Die Gründung der Bewegung liest sich allerdings auch einfach putzig: Am 12. September 1985 schickte der West-Berliner Bahner Wolfgang Ebel dem Regierenden Bürgermeister der Stadt eine Urkunde, in der er sich zum »Generalbevollmächtigten des Deutschen Reichs« ausrief. Das Briefkastenschild in Berlin-Zehlendorf lautet auf »Kommissarische Reichsregierung«. Ebel posierte für den begeisterten Boulevard und profitierte finanziell von einem regen Handel mit »offiziellen« Papieren, die er ausstellt, und Urteilen, die er als »Reichsgerichtshof« fällt. Seine Bewegung, die Keimzelle der heutigen *Reichsbürgerbewegung*, distanziert sich zwar vom Nationalsozialismus, sah allerdings das opake Weltjudentum als Motor einer versteckten Weltregierung.

Auf einem ähnlich gefährlichen Pfad ist der Wittenberger Peter Fitzek unterwegs, der sich 2012 zum »Obersten Souverän« des von ihm gegründeten »Königreichs Deutschland« ausrufen ließ. Die Krönungszeremonie, von irgendeinem Playmobil-Königshaus abgekupfert mit Klassik vom Band und dem Habitus juristischer Korrektheit – »Wir wählen euch, Peter Fitzek, zu unserem obersten Souverän« – in merkwürdiger Melange mit religiösen Elementen vor mehreren hundert zahlenden Zuschauer:innen auf einem als Staatsgebiet angemieteten ehemaligen Klinikgelände. Das gehört zu den groteskesten Szenen der bundesdeutschen Geschichte der jüngeren Zeit. Knapp ein Dutzend Menschen lebte schließlich in Fitzeks »Königreich«, um vier Stunden verpflichtend und vier Stunden ehrenamtlich für die Gemeinschaft zu arbeiten, eine Landkommune mit kruder Engelssymbolik, Antisemitismus und persönlichen Kontakten zu den extremen Rechten.

Handelt es sich hier bloß um pompösen Aufwand für kriminelle Machenschaften oder ist es doch ein Hegemonieprojekt brauner Esoteriker:innen? 2017 wurde das Gelände geräumt, Fitzek kam in Untersuchungshaft und wurde schließlich wegen illegaler Versicherungsgeschäfte zu einer mehrjährigen Haftstrafe verurteilt. Im Oktober 2020, wieder in Freiheit, traf er sich mit Michael Ballweg und anderen Mitgliedern der *Querdenken*-Bewegung konspirativ in einem thüringischen Restaurant, dem berüchtigten Hacienda Mexicana in Saalfeld, wo der Eintritt nur für »Staatsangehörige und Zugehörige des Königreichs Deutschland« erlaubt ist. Das Hackerkollektiv Anonymous gibt Einblick in die Einladungsmail: »›Bitte teilt diese Information NICHT weiter‹, schreibt *Querdenken-711*-Gründer Michael Ballweg in der Einladung an ausgewählte Aktivisten. ›Es ist sehr wichtig, dass ihr niemanden mitbringt, der keine persönliche Einladung bekommen hat.‹ Und: ›Bitte behandelt diese Einladung vertraulich, REDET NICHT in eurem Umfeld über dieses Treffen und über unsere neuen Ideen.‹« Zu den »neuen Ideen« dürfte mutmaßlich eine neue Verfassung gehören. Denn mittlerweile legten Recherchen offen, dass Michael Ballweg seit geraumer Zeit »Staatszugehöriger« des Fitzek'schen »Königreichs« ist.

Mit dem Einfluss der Reichsbürgerbewegung wuchs auch ihre Gewaltbereitschaft. Aus einem verschwörungstheoretisch-antisemitischen Grundton wurde Mord und Körperverletzung, aus einer Farce das Planen realer Umwälzungen. Was das Bild kippen ließ: 2016 erschoss ein fränkischer Reichsbürger einen Polizisten, dessen SEK-Einheit versuchte, seine Waffen zu beschlagnahmen. Polizeieinheiten anderer Bundesländer hingegen machten in den vergangenen Jahren durch ihre Nähe zur Bewegung von sich reden. Verschwundene Munition und Waffen von der Polizei und der Bundeswehr werden bei Reichsbürger:innen gefunden. Recherchen der *taz* legen seit 2018 ein rechtes Netzwerk frei, das Verbindungen zu Polizei, Sicherheitsbehörden und Armee zeigt. Zu diesem gehören sogenannte Prepper:innen genauso wie Reichsbürger:innen. Während seit Sommer 2020 – der nicht nur *Querdenken*, sondern auch der Bewegung *Black Lives Matter* Momentum verschaffte – das Bekanntwerden von »Einzelfällen« rassistischer Äußerungen und Taten bei der Polizei aller Bundesländer beinahe ein Running Gag geworden ist, zweifelt niemand mehr daran, dass ein Netzwerk, dass teilweise Kriegsgerät besitzt und »Feindeslisten« für Exekutionen am »Tag X« bereithält, eine ernste Bedrohung darstellt. Von der bundesdeutschen Mehrheitsgesellschaft vielleicht einmal abgesehen. Echte Aufschreie blieben jedenfalls aus. Und so können doch im August 2020 Menschen argumentieren, die Reichsflaggen vor dem Reichstag seien Ausdruck einer Mitte, vielleicht allenfalls Ausdruck einiger schief gewickelter Esos, als sei das Bekenntnis zu einem Deutschland mit Kaiser so etwas wie intellektuelle Kundalini-Meditation.

Sammelt man die Brotkrumen entlang des Pfades der Reichsbürger:innen, führen sie schließlich auch zu Louis Haeusser. Nicht nur, weil der am Ende in Berlin mit einer

kleinen Schar in einer »Reichskanzlei« saß, nicht anders als
Ebel, und ein von ihm erschaffenes Reich verwaltete, sondern weil an ihm das Umschlagen von unfreiwilliger Komik
in Gewaltbereitschaft sichtbar wird, das für die Bewegung
typisch ist. Ob Attila Hildmann oder Peter Fitzek: Ja, es ist
wieder Zeit für politische Prophet:innen.

GOÛT AMÉRICAIN

In Bönnigheim zählt Louis Haeusser zu den großen Söhnen
der Stadt. Die offizielle Webseite hält ein ausführliches
Porträt von ihm, dem »Heiland von Bönnigheim«, bereit.
Geboren wird er hier, zwischen Heilbronn und Ludwigs-
burg, als Ludwig Christian Haeusser, am 6. November 1881.
Haeusser ist der Sohn eines Weinbauern. Adam Friedrich
Haeusser hat für seinen Sohn keine Laufbahn als Unterneh-
mer oder Philosoph vorgesehen, sondern Viehhaltung und
Feldarbeit. Und weil der junge Ludwig Bücher mag und ein
hervorragendes Gedächtnis besitzt, muss er erst recht von
vier Uhr früh bis zum Schulanfang und von Schulschluss
bis Mitternacht auf dem Hof schuften. Vergehen bedeuten
Prügel, oft genug wird er in den Schweinestall gesperrt. Zur
Konfirmation gibt es für den jungen Haeusser ein Geschenk:
Der Vater lässt ihn ziehen, zur Kaufmannslehre nach Stuttgart. Mit 17 geht er nach England, gegen den Wunsch der Familie, vom selbst ersparten Geld, und von dort 1900 weiter
nach Paris.

Nun nennt er sich schlicht »Louis« und wird zum Trickser.
Als Chef einer zwielichtigen Firma organisiert er von offiziellen Industrie- und Handelsvertretern nicht legitimierte

Messen, die den vorwiegend russischen Kund:innen und ihren Produkten Pariser Qualitätsmedaillen zukommen lassen. Haeusser wird dafür kurzzeitig verhaftet, aber vor allem reich. 1905 heiratet er und notiert mit Stolz die hochadeligen familiären Verflechtungen der ihm nun angetrauten Gabrielle Grange, abstammend von französischen Königen und verwandt mit dem belgischen Königshaus. 1909 wird sein Sohn Louis Gabriel Robert geboren, die junge Familie lebt nahe der Avenue des Champs-Élysées. Aufsteigerträume, die ihm niemand mehr nehmen soll. Als der Druck der Justiz den Diplom- und Medaillenhandel fast unmöglich macht, gründet Haeusser stattdessen eine eigene Aktiengesellschaft, die freilich nie Aktien ausgab: Der Kommanditgesellschaft *Louis Haeusser & Cie* folgt die *Sekt-AG Louis Haeusser & Cie* beziehungsweise *The French Monopol Champagne Co. La Champenoise.* Gute Geschäfte verzeichnet die Firma im Mittleren Osten, aber auch in Pariser Hotels scheint der Sekt gut angenommen worden zu sein. Er bewarb den »Goût Américain«, den amerikanischen Geschmack, mit einem Seeadler, der Stars & Stripes im Schnabel trägt.

Es war schon ein weiter Weg für den schwäbischen Weinbauernsohn bis hierher. Und ist doch nichts gegen den Weg, den er noch gehen wird: Am Ende dieser Karriere als Sektfabrikant – und Betreiber illegaler Wettbüros in der Schweiz, das soll nicht unter den Tisch fallen – sitzt der zukünftige »Diktator der Vereinigten Staaten von Europa« mit allen Angehörigen und Freund:innen im Casino von Luzern, tafelt prächtig auf und verschenkt sein Geld an die spiellustige Menge. Denn gut zwei Jahrzehnte nach dem rebellischen Lossagen vom väterlichen Joch und einem moralisch zweifelhaften, aber cleveren Aufstieg will Louis Haeusser seinen Reichtum schnellstens loswerden: Die Wahrheit hat gerufen.

IM EWIGEN KOMMEN

Wie die Wahrheit ihn fand? Haeusser war zuvor bereits ein spiritueller Sucher, der sich vom naiven christlichen Glauben seiner Jugendjahre, einem Gefühl, von Gott beschützt und geleitet zu sein, hin zur Überzeugung wendet, er selbst sei dazu bestimmt, die Wege vorzugeben – und das lange vor seinem prophetischen Auftreten. 1912 überkommt ihn auf einer Geschäftsreise in Frankfurt die Vision einer wahren Vernunft, die ganz plötzlich auf der Welt erscheinen könnte. Und wie bei vielen seiner Zeitgenoss:innen entfacht der Kriegsausbruch 1914 auch bei Haeusser ein inneres Feuer. Aber bei ihm ist es weniger eine imperialistische Begeisterung als vielmehr das Gefühl eines Erneuerungsprozesses in Europa, der von ihm, Haeusser, ausgehen wird. Von dieser Rolle erhofft er sich nicht zuletzt Geld und Ansehen. Politisch steht er auf der Seite der Kriegsgegner:innen. 1917 schreibt er dem deutschen Kaiser, er möge zurücktreten, um den Wahnsinn des Mordens zu beenden: »Das entfesselte Volk wird eines Tages mit furchtbarer Faust den Thron zerschmettern, der der Rückkehr des Friedens Widerstand leistet«, formuliert er in *La Paix*, aber mit Flugblättern kann er sich dieser Tage nicht mehr begnügen.

Pathologisch klingen die Berichte von seinem einsetzenden Schreibzwang. Schon nach ersten Skizzen ist klar, dass sein *Le Surhomme de demain* (»Der kommende Übermensch«) ein vierbändiges Werk wird – und das letzte Testament sowieso. Einen Übermensch-Kanzler für Deutschland wünscht er sich darin. Parallel füllt Haeusser eine nie gedruckte Zeitschrift, *La Libération*, die sich als »Organ eines universellen Friedens, gegründet auf der Wahrheit« versteht. 1918 versucht er seinen Zürcher Kund:innen plötzlich Ideen statt Champagner zu verkaufen. Er konnte nicht aufhören zu reden, berichten Zeug:innen in dieser Zeit. Sein letzter Weg führt über Luzern und das opulente Festmahl nach Paris, das den alten Haeusser verabschiedet.

In kürzester Zeit verliert Louis Haeusser jetzt gewaltig an Gewicht, er findet kaum Schlaf. Durch die Nächte spaziert er verloren in Gedanken, am Tag sitzt er in den Suppenküchen Zürichs. Fast belustigt ist er über seinen Wandel, wenn er an seine Familie denkt, die er nicht wiedersehen wird. Im Sommer 1918 kicken die Schlüsselworte durch seinen Aufruf *Friedenschaffende Taten*: Erlösung und Wahrheit, das apokalyptische Finale. »Durch alle Poren schlürfet die eine, die neue, von Knechtschaft befreiende Wahrheit«, schreibt er. »Ihr seid nur eine Handbreit vom Verfall und Untergang entfernt.« Kaum einen Monat später tritt er bereits öffentlich als jener Erlöser auf, von dem er hier noch schwadroniert. Am 12. und 13. September 1918 hält er in der Aula der Höheren Töchterschule seine »Lebensreden« – Collagen aus Thesen, Binsen und Einfällen, die den anwesenden Kritiker der *Neuen Zürcher Zeitung* eher kalt lassen, wenn er auch konstatiert, Haeusser selbst spräche authentisch als von den Zeitläuften gebrochener Mann, mit Leidensdruck und ehrlicher Hoffnung auf eine bessere Zukunft.

Haeusser weiß um die Wirkung von Werbung und Behauptung, seine bürgerlichen Unternehmungen basierten schließlich vor allem auf Urkunden und Etiketten, die wenig mit den Produkten zu tun hatten, auf denen sie klebten. Dass ihm trotzdem die fehlende Gunst des Publikums nahe geht, zeigt sich vielleicht daran, dass er im Herbst 1918 aus der Großstadt flieht. Vielleicht ist es aber auch ein großer Plan, ein Teil der eigenen messianischen Erzählung. 40 Tage war Jesus in der Wüste, wird er später sagen. Er selbst: 40 Tage in Ascona, auf dem Monte Verità bei Gusto Gräser.

Der Versuchung, in sein altes Leben zurückzukehren, lernt er dort zu widerstehen. Zwar betrügt er Gusto Gräser noch um das Haus dessen Bruders Karl im Wert von 40 000 Franken, in dem der mit seiner Familie lebt, aber welche mythische Gestalt ist schon frei von Tadel. Als er Ende 1918 Ascona verlässt, nimmt er Gräsers just fertiggestellte Nachdichtung von Laotses *Tao Te King* mit und wird sie später als die seine ausgeben. Es lehrt, dass das Zurückstellen des Selbst bis zur Selbstaufgabe den:die Einzelne:n vollendet. Und es lehrt, in völligem Widerspruch zu den europäischen Gedankengebäuden, denen Haeusser verbunden ist, nicht die Tat, sondern das Nicht-Eingreifen. Das Buch wird für Haeusser zu einem Eckpfeiler, zu einem Element in seinem eher von Instinkt als Intellekt getriebenen Werdegang. Er ist jetzt Laotse, Nietzsche, Christus in einer Person.

Im Februar 1919 schieben die Schweizer Behörden Haeusser als arbeitslosen Ausländer ab. So taucht er im Mai wieder im Deutschen Reich auf: bei seinem Bruder im badischen Pforzheim, gut vierzig Kilometer von seiner Heimatstadt Bönnigheim entfernt. Dem schenkt er demonstrativ den letzten Wertgegenstand, den er in seiner selbstgewählten Armut noch besitzt: eine goldene Uhr.

Das Deutschland, in das er zurückkehrt, war lange müde und steckt jetzt in einem fiebrig utopischen Traum. Vielleicht so, wie man das kennt, wenn man dringend ins Bett gehen müsste, aber sich stattdessen noch das eine Getränk zuviel bestellt. Ungefähr das hat Deutschland ja auch gemacht. Erst aus bürgerlicher Langeweile an der eigenen Sicherheit heraus einen Krieg angefangen, sich dann ein paar Jahre lang sinnlos in Kämpfe mit Millionen Toten verrannt, dann, als man der Welt endlich gemeldet hat, dass man sich jetzt schlafen legt und bitte ein paar Jahre ruhen will, ballert stattdessen eine Revolution durch das Land und wenig später Schüsse zwischen Sozialist:innen, denen Schüsse von Rechtsextremisten auf Sozialist:innen folgen. Wenn man übermüdet ist, ist Zeit relativ. Dann passt ein Jahrhundert in wenige Wochen, ein Jahrzehnt in wenige Tage. So fühlte sich Deutschland Ende 1918, Anfang 1919 an.

Ein Land, in dem die, die später die Basis des deutschen Faschismus werden, sich erstmals ausprobieren können, als Männer, die sich durch Morde ihrer Männlichkeit versichern. Die Freikorps, die im staatlichen Auftrag den Bürgerkrieg diesen Winters eskalieren, sind Brutstätten des Faschismus, der Lust an Gewalt, an Vergewaltigungen und zynischen Spielen, die mit Kugeln enden. Dass die präfaschistischen Freikorps Deutschland retteten, wird spätestens nach 1933 zum dominierenden Narrativ. »Blut! Blut! Blut! Blut!« wird Haeusser in wenigen Jahren schreiben, es klingt grenzenlos und grausam. Es wirft ein Licht auf die Zukunft. Aber eben auch auf eine Vergangenheit, die in den Jahren 1919, 1920 und 1921 in den Wirbeln der Gegenwart nicht aufgearbeitet werden kann. Die Weimarer Republik trägt seit ihrer Geburtsstunde nicht nur das kollektive Trauma des verlorenen Krieges und des Zusammenbruchs aller Sicherheiten, sondern auch das einer eskalierenden Spirale von Gewalt und

Gräuel, das alle Menschen fest im Griff hält und sich in dem, was auf die Republik folgen wird, Bahn schlägt.

DIE ENTDECKUNG DER VERSALIE

Noch ist Haeusser aber ein bankrotter Typ in einem heruntergekommenen Hotel in Pforzheim. Vielleicht spiegelt er sich tatsächlich in Gusto Gräser, imitiert dessen radikale Besitzlosigkeit. Haeusser zieht nun in Württemberg und Baden umher, predigt auf Straßen und in kleinen Sälen, wird alle paar Tage wegen Nacktheit und dergleichen verhaftet, schläft im Straßengraben und sammelt Anhänger:innen. Das ist der Startschuss von Ludwig Christian Haeussers wahrer Prophetenbiografie. Doch zunächst hat er kaum Erfolg, womöglich steht ihm die Bescheidenheit des Taoismus, die er sich aufzwingt, einfach nicht. Erfolgreicher wird er in den württembergischen Provinzstädten erst, als er seinem narzisstischen Geltungsdrang freien Lauf lässt. Dazu gehört auch, dass er seine Vorträge mehr und mehr zu Spektakeln werden lässt. Die Macht des Wortes: Statt langatmiger Ausführungen über das allgemeine Fünf-vor-Zwölf, spult er nun reife Bühnenprogramme ab, in denen er sich selbst in groteske Höhen lobt und das Publikum beschimpft: »Ich bin der Vollendete und ihr seid Esel, Affen, Säue!«

Dazu entdeckt er, wie zuvor der Wanderprediger Gustav Nagel und kurz nach ihm der Demagoge Hitler, die Macht der Fotografie. Gustav Nagel, der als »neuer Christus« um die Jahrhundertwende mit seiner Prophetenfahne, langen offenen Haaren und wohlgebautem nacktem Oberkörper barfuß durch die Lande zieht, verdiente sein Geld schon im Jahr 1901 überwiegend mit dem Verkauf von Postkarten mit seinem Porträt. Auch die Lebensreformer:innen auf dem Monte Verità sind von seiner Erscheinung beeindruckt und kaufen bei seiner Visite im Tessin fleißig ein. Die Postkarte ist damals auf einem Siegeszug. 1870 von den verschiedenen Postämtern des zerklüfteten Deutschlands zeitgleich eingeführt, wird sie rasch als preiswertes und effektives Medium der privaten wie geschäftlichen Kommunikation geschätzt. Im Sommer 1898 werden täglich zwischen 30 000 und 40 000 Postkarten verschickt, binnen dreier Jahre sind es beinahe 1,5 Millionen. Bis 1902 lässt Nagel 50 000 Postkarten mit sechs Motiven drucken, die er à zehn Pfennig verkauft. Zusammen mit dem Verkauf seiner Schriften erreicht er damit ein Jahreseinkommen, das das durchschnittliche einer bürgerlichen Familie dieser Zeit um das Zehnfache übertrifft. In der zweiten Hälfte der 1920er Jahre wiederum werden es abermals Porträt-Postkarten sein, die das Bild Adolf Hitlers als feurigen Redner festigten, noch ehe die SA die Straßen und die NS-Propaganda den Rundfunk übernehmen. Die als Postkarten veröffentlichte Fotoserie des Münchner Fotografen Heinrich Hoffmann, die Hitler beim Einstudieren von Redner-Posen zeigt, gehört bis heute zu den wirkmächtigsten Bildern des künftigen Diktators. Ein billiges, schnelles Medium, mit dem diejenigen, die auf sich aufmerksam machen wollen, ihr Bild selbst konstruieren und dabei noch Geld verdienen können.

Doch nicht nur die Macht des Wortes und die Macht der Fotografie, Haeusser entdeckt darüber hinaus die Macht der Schrift. Oder besser: die Macht der Typografie. Überraschend modern schaut aus, was er zu seinen Auftritten in Tübingen, Göppingen, in Urach und Stuttgart plakatieren lässt. »ICH BIN«, steht in weißen Versalien auf schwarzem Grund, und darunter, kleiner, weniger puristisch knallend, »der Weg und die Wahrheit und das Leben, der Übermensch und die Auferstehung und die neue Zeit!«, ehe unten ein großer schwarzer Balken wieder mit weißer Versalschrift abschließt: »HAEUSSER«. Oder, zum Auftritt in der Stuttgarter Liederhalle am 27. Januar 1920: »ICH BIN Die Tat HAEUSSER«. Seine Zeitschrift *HAEUSSER* erscheint ab 1922 dann auch in Großbuchstaben, sie wird im Verlauf seiner Karriere sein wichtigstes Sprachrohr. Schon in ihrer Erstausgabe gibt sie die Richtung vor: »Der HAEUSSER muss siegen! Mögen wegen der hohen Druckkosten Zeitungen verschwinden – gut so! Selbstbestimmung – statt Zerstreuung, Selbstdenken statt Nachplappern!«

Bereits im Kaiserreich um 1900 boomt die Tagespresse und verzeichnete hohe Wachstumsraten. Es wird nicht nur in immer höherer Auflage gedruckt, auch die Medienlandschaft wird immer größer. Die Idee überparteilich-neutraler Zeitungen war der damaligen Presse fremd, stattdessen agierten die meisten Organe vor und während des Weltkriegs mit deutlich propagandistisch-patriotischer Schlagseite. Die Papierknappheit der Kriegsjahre machte diesem Boom ein Ende. Als 1919 mit Revolution und Republik die Pressefreiheit nicht nur auf dem Papier existierte, sondern tatsächlich frei geschrieben werden konnte, entstanden binnen kurzer Zeit zahllose neue Titel. Der Aufstieg Louis Haeussers erklärt sich also nicht nur aus der soziokulturellen Lage der Weimarer Republik, sondern ist ebenso ein Ergebnis der damals neuen technischen Möglichkeiten zur Reproduzierbarkeit von Medien.

Die Weimarer wie die Berliner Republik stehen an

Schwellen neuer Formen der Mediennutzung. Es geht jeweils um die Zugänglichkeit von Schriften, die Sender und Empfänger durcheinanderwirbeln, einmal gedruckt, einmal digital. Jeweils bieten sich gigantische Möglichkeiten, die euphorisch ausprobiert werden, jeweils zeigen sich, vor allem für diejenigen, denen andere Formen von Konsum in Fleisch, Blut und Hirn übergingen, gigantische Überforderungen und die Notwendigkeit, Medienkompetenz neu auszubalancieren. »Während man die Macht des Internets von Anfang an ahnte, verstand man mitnichten die Natur dieser Macht: die Fähigkeit des Internets, jeden Anschein einer allen gemeinsamen Realität zu zerschlagen und dabei ganz nebenbei Bürgergesellschaft und demokratische Staatsführung zu unterminieren. Außerdem ermöglicht es das Internet, dass völlig unbekannte Einzelne die Massen erreichen,« schreibt Adrienne LaFrance. Und Julia Ebner schreibt in *Radikalisierungsmaschinen*, dass wir gerade Zeug:innen einer »toxischen Paarung aus ideologischer Vergangenheitssehnsucht und technologischem Futurismus« werden, in dem rechte und islamistische Extremist:innen aus den Möglichkeiten des Internets höchst effiziente Vervielfältigungsapparate ihrer Ideologie schaffen. Wir bewegen uns heute also in einer Zeit medientechnischer Innovation, die durchaus jener ähnelt, die die 1920er Jahre prägte.

Und doch ist diesmal alles neu beschleunigt. »Jahrhundertelang lagen im Schrifttum die Dinge so, daß einer geringen Zahl von Schreibenden eine vieltausendfache Zahl von Lesenden gegenüberstand. Darin trat gegen Ende des vorigen Jahrhunderts ein Wandel ein. Mit der wachsenden Ausdehnung der Presse, die immer neue politische, religiöse, wissenschaftliche, berufliche, lokale Organe der Leserschaft zur

Verfügung stellte, gerieten immer größere Teile der Leser-schaft – zunächst fallweise – unter die Schreibenden«, schreibt Walter Benjamin 1935 in seiner großen Medien-analyse *Das Kunstwerk im Zeitalter seiner technischen Repro-duzierbarkeit*. Jede Lesende ist eine potenziell Schreibende. Jeder Empfänger auch ein Sender, würde Berthold Brecht ergänzen. Es ist nicht nur die neue Weimarer Pressefreiheit: Drucktechniken werden Allgemeingut, geben Menschen die Chance, sich zu äußern, sich im wörtlichen Sinne in Dis-kurse einzuschreiben. Und sie geben ihnen die Chance, diese Diskurse ohne Umwege zu konsumieren. Das hilft dem Fa-schismus, sagt Benjamin. Das würden heutige Beobach-ter:innen der sozialen Medien vermutlich unterschreiben. Damals wie heute amplifiziert die Demokratisierung der Medien Stimmen, die in ihrer Lautstärke und ihrer Wirrnis herausstechen. Die Querdenker:innen, die Incels, die Flat Earther und andere rechte Verschwörungsblasen, vor weni-gen Jahren noch isolierte Einzelspinner:innen, erscheinen nun als mächtige Diskursorgane. So wie Q seine Existenz den Imageboards verdankt, Ex-US-Präsident Trump seine Existenz Twitter und Attila Hildmann die seine Telegram, verdankt Hitler seine Existenz auch den innovativen Ver-vielfältigungsmöglichkeiten seiner Zeit. Und auch ein armer Prediger aus Württemberg hätte ohne billige Drucktechni-ken wohl keine Chance gehabt, sich zu Höherem aufzu-schwingen.

ESOTERISCHES BAUHAUS

Plakate an den Wänden, Flugblätter in den Straßen – und Menschen, die bereit waren, Haeusser zu folgen. Der Hilfsarbeiter Emil Leibold, der wenige Monate zuvor an der Matrosen-Revolution teilnahm, dem die große Liebe abhandengekommen war und der später als »Heiland von Horeb« bekannt wurde, gehörte zu den ersten Jünger:innen. Bereits im Juli 1919 begegnet er dem zukünftigen Star der Inflationsheiligen: »Aber von ihm strahlte eine unsichtbare, elementare, suggestiv-sympathische Kraft auf mich über, die [mich] innerlich so bewegte, dass ich das Gefühl hatte, diesem Mann schon einmal begegnet zu sein«, schreibt Leibold in seinen Erinnerungen. Er schenkt Haeusser kurz darauf seine gesamten Ersparnisse. »Lieber Meister!«, beginnt der Brief, den Leibold dem prallen Couvert mit Bargeld beilegt: »Ich bin ja selber nur ein Proletarier im blauen Arbeitskittel, jedoch schon Jahre auf der Suche nach der Freiheit, einer Freiheit, die, wie ich durch Dich erkannt habe, nicht ist und nie sein wird. [...] Ich will nichts mehr auf Erden als Glauben an dich, lieber Meister, die Kraft finden zum Überwinden, in Dir habe ich den ersten Menschen gefunden, so wie ich ihn schon lange gesucht, und diese kleine Gabe soll das Zeichen meines Willens zum Überwinden, zum Menschwerden sein.«

Doch das Schicksal Haeussers sollte sich nicht in den Provinzen vollenden. Wie zuvor Paris und London den Weinbauernsohn zum neuen, kosmopolitischen Menschen machten, sollten es Auftritte in Berlin oder Hamburg werden, die zur nachhaltigen Sichtbarkeit des Wanderpropheten führten. Laut einer Liste von Anhänger:innen aus dem Jahr 1922 kommt zwar ein Viertel seiner engsten Gefolgschaft aus Württemberg, Hamburg und Altona mit 20 Prozent und Berlin mit 13 Prozent haben aber ebenso bedeutenden Anteil. Und der vergrößert sich noch, als Haeusser seine Basis nach Berlin verlegt. Männer sind zwar in der Mehrheit, sie dominieren aber nicht die Bewegung. Das Kleinbürgertum ist aber recht eindeutig das Milieu, in dem Haeusser seine Anhänger:innen findet: »Die Schicht der ewig an den ›starken Mann‹ Gewöhnten, der ihnen entweder als Bürovorgesetzter oder Schutzmann auf der Straße zugehört, diese Schicht der Ausgewachsenen mit den Kinderhirnen, mußte einen ›starken Vater‹ über sich haben. Ihm sind alle losgelösten Existenzen zugelaufen. Aber er konnte sie nicht erlösen. Die ›Erlösung‹ durch das ›Wort des Meisters‹ oder jene komische ›Tat‹, wobei das Opfer sein Klavier verkaufen mußte, um IHM das Geld zu schicken, ist letzten Endes nur eine Auflösung«, schreibt die linke Zeitschrift der Jugendbewegung *Der Strom* im Jahr 1925.

Doch auch Menschen aus der Bohème und den etablierten Schichten des Bildungsbürgertums bis hin zum Adel ließen sich von Haeusser faszinieren. Zunächst sorgt der Wanderprophet in Weimar für Aufruhr, wo er sich 1920 für zehn Tage aufhält. »Ich mietete einen Saal und schlug die Textplakate an, die von seinen Anhängern gratis und franko geliefert worden waren«, schreibt Harry Wilde, der seinerzeit als Weimarer Jugendherbergsleiter die Kontaktperson für allerlei abseitige Gestalten im Umkreis des *Wandervogels* in der Stadt war. »Zu meiner Überraschung wirkten sie mehr als Bildplakate. Die Menschen standen in Trauben vor den Tafeln und Litfaßsäulen.« Christusgleich sei Haeusser in

Weimar einmarschiert, »mit einem langen schwarzen Man-
tel, Stiefeln und Pelzmütze phantastisch herausgeputzt«.
Schon am Bahnhof, berichtet Wilde, sei Haeusser, der ihn an
Rasputin erinnerte – »nur die Hundepeitsche war ›deutsch‹
oder vielmehr nationalsozialistisch« – von Anhänger:innen
freudig empfangen worden. Dann schritt er Eindruck schin-
dend durch die vornehmen Straßen und ließ sich allseits
bewundern. An seinem ersten Abend hielt er einen Vortrag
mit dem Titel »Goethe und Schiller und der Kosmos«. Wilde
schildert einen Profi: »Nach einer Minute des Schweigens,
während er das Auditorium durchdringend musterte, daß
den Frauen ein Schauer über den Rücken lief, begann er zu
sprechen, und selbst sein erbittertster Feind hätte zugeben
müssen, daß er ein begnadeter Redner war. Er sprach völlig
frei, und dank seines phänomenalen Gedächtnisses flossen
ihm die Goethe- und Schiller-Zitate wie Honigseim aus
dem Mund.« Und Haeusser ist sich seiner Wirkung bewusst.
Seine Gastgeberin wirft ihn zwar nach einer Nacht raus –
unchristlichen Gebarens mit einer Geliebten wegen –, aber
Weimar will ihn nun noch glanzvoller empfangen: Er wird
zu einem Vortrag ans Bauhaus geladen. Walter Gropius' Gedanken bei Ausbruch der Revolution im November 1918, deren Zeuge er als Soldat auf Fronturlaub in Berlin wird, wurde
meiste als Politisierung seines Architektentums gedeutet.
Zu Recht: »Dies ist mehr als nur ein verlorener Krieg. Eine
Welt ist zu Ende. Wir müssen für unsere Probleme eine radikale Lösung finden«, schreibt er. Und ein wenig schimmert
es doch da schon durch die Ritzen, man kann das utopisch-
esoterische Element erahnen.

Das frühe Bauhaus ist auf vielfältige Weise mit der Lebensreform und den Inflationsheiligen verknüpft, sei es,

dass es in seinen Anfängen als Bewegung der Kunst zurück zum Handwerk ähnlich agiert wie Muck-Lamberty mit seiner »Naumburger Werkschar«, einer Drechselwerkstatt. Sei es über die der Lebensreform und der Anthroposophie verwandte Mazdaznan-Lehre, die der Maler und Bauhaus-Lehrer Johannes Itten 1919 dort einführte. In vielerlei Hinsicht ist sie Haeusser und seinem barocken Christus-Imago entgegengesetzt: Itten und sein Kreis setzten auf Strenge und glatte Rasur. Das erste Mazdaznan-Zentrum wurde 1890 in Chicago vom Teheraner Otoman Zar-Adusht Ha'nish gegründet, der eigentlich Ernst Otto Haenisch hieß und gebürtiger Posener war. Ab 1907 fand die Lehre auch in Europa Verbreitung. Die Rassenlehre mit verschiedenen Entwicklungsstufen, an deren Spitze die Arier stehen, wurde in der völkischen Szene willkommen geheißen, die Ernährungslehre hingegen stieß in den Kreisen der Lebensreform auf fruchtbaren Boden. Vegetarismus als entscheidender Grundzug, allerdings keine Rohkost, verweist das Garen doch auf die Zivilisationsstufe, auf Kultur. Während die Schriften der *Mazdaznan-Bewegung* die nationalsozialistische Machtergreifung loben, werden die Nationalsozialist:innen im Gegenzug die *Mazdaznan-Bewegung* schon 1935 verbieten.

In den esoterischen Haufen, den das Bauhaus zu Beginn also darstellt, lädt dessen Gründer nun Louis Haeusser ein. Dass in der Haeusser-Folklore die Anekdote am verbreitetsten ist, wie Haeusser im Hörsaal der Kunstschule verspottet wird, wird dem Eindruck nicht gerecht, den er bei Walter Gropius zu hinterlassen scheint. »Es war alles da, was in der modernen Kunst damals einen Namen hatte, angefangen von Walter Gropius bis Kandinsky, von Schlemmer über

Feininger, Peter Röhl und Klee bis zu den Handwerksmeistern und Schülern des Bauhauses, die das vornehmlich von Pensionisten besiedelte alte Weimar so sehr in Unruhe versetzten«, schreibt Harry Wilde. »Der große Hörsaal war bis auf den letzten Platz gefüllt. Unten drängten sich die Prominenten, auf den Bänken die Schüler, in den oberen Reihen die geladenen Gäste. Haeusser sprach wiederum fast zwei Stunden, und seine Suada schlug auch diese Versammlung Intellektueller in seinen Bann. Als er geendet hatte, herrschte eine andächtige Stille, fast wie in einer Kirche nach der Predigt eines berühmten Gastpfarrers. Einer der Prominenten – sein Name wird heute mit Ehrfurcht genannt – war völlig verzaubert oder besser: völlig ›verhaeussert‹. Ergriffen drückte er dem ›Meister‹ die Hand. Eigentlich hätte jetzt eine Orgel spielen müssen. Aber es war keine vorhanden. Statt dessen tönte in die Stille hinein die schluchzende Frage einer Bauhausschülerin – wie könne sie werden, ist zu wissen ihr Begehren, wie der Meister? Aller Augen richteten sich erwartungsvoll auf Haeusser. Was würde er sagen? War es nicht vermessen, dem ›wiedergekehrten Christus‹ gleich sein zu wollen? Doch der ›Meister‹ ließ sich mit seiner Antwort Zeit. Erst nach einer Pause breitete er seine Arme aus und hob den Kopf, als müsse er auf eine Eingebung von oben warten. Es war sehr attraktiv. Und dann geschah es! Statt Haeusser antwortete ein Schauspieler vom Nationaltheater, der sich irgendwie Einlaß verschafft hatte. Vom obersten Rang her rief er mit rollendem R in den Hörsaal: ›Du willst wie der ›Meister‹ werden? Dann mußt du dir einen Bart wachsen lassen und eine Kutte kaufen!‹«

Nachdem sich Haeusser auf Geheiß des Amtsgerichts Stuttgart im Sommer 1920 für einige Wochen in die Universitätsklinik für Gemüts- und Nervenkrankheiten in Tübingen begibt – die Begutachtung endet mit seiner Entlassung –, sieht sich Gropius kurz nach dessen Abreise bemüßigt, dem damals behandelnden Arzt seine eigenen Beobachtungen mitzuteilen: Vor allem seine Art, Frauen für sich zu begeistern, scheint dem Architekten verdächtig. »Liegt nun in dieser Beziehung etwas gegen Ihn vor? Und wäre es möglich, dass Sie mich angesichts der sehr verantwortungsvollen Lage gegenüber, in der ich mich befinde, mich vertraulich orientieren? [...] Ich muß aber Gewissheit haben, ehe er nach hier zurückkommt, was er einigen versprochen hat.« Zwei Jahre später wird er die Gewissheit haben. Noch ehe 1923 Johannes Itten vom Bauhaus fliegt, versucht Gropius, die Haeusser-Episode an seiner Schule zu vertuschen. Verschämt bestreitet er, ihn je unterstützt zu haben.

Der Tübinger Psychiater Eduard Reiss hingegen, dem der Patient aufgrund seines wiederholt beleidigenden und aggressiven Verhaltens gegenüber Justiz und Polizeibeamten vorgesetzt wurde, analysiert den damals als »Unbedingten, Christus und den neuen Heiland, den Tat- und Willensmenschen« auftretenden Haeusser abschließend mit größer Gelassenheit. Da mag es noch so sehr aus ihm schäumen: »Ihr Heuchler, Ihr Doppelzüngigen Otterngezüchte, Ihr Schlangenbrut, Ihr übertünchten Gräber, Ihr wandelnden Abortgruben, Ihr lebenden Leichname, Ihr stinkenden Gräber, Ihr moderndnen Aschhaufen, Ihr verkörperten Sauställe – Gehet in Euch – Schämet Euch!!!«, beschimpft er beispielsweise das Landgericht Frankenthal, das ihn wegen auffälligen Verhaltens auf der Straße belangt. Nach Reiss ist Haeussers Verhalten im Rahmen des Vertretbaren: »Für ihn bedeutet das ganze Prophetentum nur eine zufällige Form, in der er gerade am günstigsten und am prächtigsten sein hypomanisches Krankheitsgefühl ausleben kann. Daher genügt ihm die rein äußerlich formale Ähnlichkeit.« Kurzum: Haeusser ist nicht Prophet aus innerem Wahrheitstrieb, sondern aus Geltungsdrang, der seine innere Unruhe befriedigt, die sich im Verlauf des Weltkrieges manifestiert hat.

CAMPY CHAMÄLEON

Auch der Dadaist Johannes Baader macht, ehe er sich selbst zum »Oberdada« ausruft, so seine Erfahrungen mit der psychiatrischen Maschinerie. Mit Anfang 20 sagt sich der Stuttgarter von seiner Familie los, reist ziellos umher und unterschreibt Briefe mit »Der Herrgott«, bis sein Vater ihn ausfindig macht und in eine Irrenanstalt stecken lässt. Sein damaliger Geisteszustand war, schreibt er 1905 als 30-Jähriger, »kein Scherz und keine Einbildung. Ich wusste mit klarer Ueberlegung, dass etwas da vordrang, das Wahnsinn sein konnte. Nun denk' ich mein Hirn in der Hand zu haben.« Und weiter: »Was ist hier Wahnsinn und was Vernunft? Alles ist Wahnsinn und alles Vernunft, denn beides ist eins.« Er entwickelt, ähnlich wie Haeusser ein gutes Jahrzehnt später, eine Schreibmanie. In dieser Phase lernt er Raoul Hausmann kennen, der ihn in die Dada-Kreise einführt. Baader liest esoterische Literatur, aber scheint die Esoterik ins Groteske zu überspitzen: Er tritt als Medium Jesu auf und entwirft monumentale Tempelbauten. Sein »Luftschiffhafen« von 1909, entworfen in einem Brief an die von Hermann Hesse herausgegebene Zeitschrift *März*, soll 4000 Meter hoch werden und 800 Zeppelin-Hallen umfassen. Dabei ging es ihm weniger um den Bau als um die Aufmerksamkeit. »1916 war er auf dem besten Weg, der *erste Medienkünstler Deutschlands* zu werden«, resümiert Kunsthistorikerin Pamela Kort. Und der Autor und Übersetzer James J. Conway nennt ihn »the original art punk«.

Gemeinsam mit Hausmann plant Baader mitten im Krieg eine *Christus G.m.b.H.*, die als Auffangbecken für Deserteure konzipiert ist, stattdessen gründen sie die *Unabhängige Sozialdemokratische Partei*, die den Krieg beenden soll. Am 30. Juni 1918, kurz vor dem realen Kriegsende, schickt Baader »acht Weltsätze« an große Zeitungen und fordert seine Auszeichnung mit allen Nobelpreisen – nach der Ausrufung des Dadaistischen Manifests im April 1918 die erste dadaistische Aktion des Berliner Dadaist:innen-Kreises. Baaders künftiger Titel »Oberdada« entstammt der Reaktion einer dieser Zeitschriften. Als solcher gab er bald seine Kandidatur für die nächsten Reichstagswahlen bekannt und gleich vier Zeitungen druckten die Falschmeldung.

Als sich im Januar 1919 auf den Straßen Berlins ein Bürgerkrieg entspinnt, entwickelt Baader eine neue Persönlichkeit. Zwei Wochen nach den Morden an Karl Liebknecht und Rosa Luxemburg, kurz vor der ersten Zusammenkunft der neu gewählten Nationalversammlung in Weimar lässt er ein Flugblatt drucken. Es heißt *Dadaisten gegen Weimar* und kündigt die Ausrufung des »Oberdada als Präsident des Erdballs« an. »Wir werden Weimar in die Luft sprengen. Berlin ist der Ort. Es wird niemand und nichts geschont werden. Man erscheine in Massen!« Stattdessen reist Baader nach Weimar und sprengt mit seiner Ausrufung einer »intertellurischen Diktatur« den festlichen Gründungsakt der Republik. Im April verkündet er dann seinen eigenen Tod, die

Berliner Zeitungen publizieren Nachrufe. Die Szene zeigt wenig Verständnis für die Publicity, die der Außenseiter der Bewegung einfährt, der doch, so Dadaist Richard Huelsenbeck in einem Brief an seinen Fellow Tristan Tzara, »bestenfalls ein verrückter Theosoph ist und den Dadaismus in Berlin so kompromittiert hat, dass ich nicht mehr Notizen in den Zeitungen unterbringen kann.« Johannes Baader, zu dada für den Dadaismus.

Bei einer Andacht im Berliner Dom stört er dann im Herbst 1918 die Predigt: »Was bedeutet euch Jesus Christus? Er ist genau wie ihr – ihm ist alles egal!« Dabei lässt sich vermutlich doch ein Funken Ernst im Spiel nicht leugnen. 1908 glaubt er, Christus in der Straßenbahn zu treffen und darüber selbst zu Zarathustra zu werden. 1914 veröffentlicht er die *Vierzehn Briefe Christi*, in denen er sich selbst als Christus sieht. »Nun sind Himmel und Erde eins geworden«, schreibt er. »Die Menschen sind Engel und leben im Himmel.« Während er sich mit den gesellschaftlichen Vorstellungen von Wahnsinn auseinandersetzt, gilt seine Sympathie den Wanderpredigern seiner Tage. Der linke Schriftsteller Walter Mehring erinnert sich an Baader auch eher als Charismatiker denn als Punk: Ein »gepflegter Täuferbart« sei sein Eigen, und eine Aura, wie sie »von Derwischen, afrikanischen Marabuhs, russischen Staretzin, polnischen Wunderrabbis emaniert.«

Ludwig Haeusser lernt Baader 1920 kennen, vermutlich bei einem Vortrag in der Obstbau-Kolonie Eden. »Ich habe HÄUSSER schon am 12. Oktober 1920 ersucht, ohne Worte in den Reichstag zu gehen und die Regierung anzutreten. Solange er diesem Ersuchen nicht Folge leistet, kann ich ihn nur als Handlanger gebrauchen«, behauptet er 1923. 1920 bewegt sich auch Baader wieder am Rande des Zusammenbruchs. Seine Frau ist im Herbst verstorben, das Bauhaus lehnt seine Bewerbung als Lehrer ab, er ist bankrott. 1922 kontaktiert er Haeusser erneut, wieder etwas dubios, indem er dessen neu gegründeter Zeitung eine Collage zukommen lässt. Und die schafft es auf die Titelseite: »DADA – der Präsident des Erd- und Weltballs grüßt seinen lieben HAEUSSER – Président des Etats Unis d'Europe – und sagt ihm, dass es hohe Zeit – höchste Zeit ist für ihn – Dernière Heure.« Baader lädt zum »WELTGERICHT!!!!!«: »Das Leben im Himmel mit Einschluss der gesamten Hölle tritt die Regierung in Berlin an.« Und er zitiert einen Kabinettsbeschluss: »Alle Menschen sind Schauspieler der Ewigkeit. Alle Menschen zu allen Zeiten. Das Weltgericht ist, daß sie sich dessen bewußt werden. In der Stunde der Hochzeit.«

Die Verknüpfung von Reklame mit religiös verbrämter Manie ist es, die Baader mit Haeusser verbindet, die Dada und Inflationsheilige verbindet. Die Litfaßsäule als wichtigstes Medium, schamloser Sensationalismus, effektheischende Zeilenbrüche und Schriftgrößen kennzeichnen ihre ästhetischen Vorlieben. Was sie trennt, ist nicht weniger offenkundig. Ein Haeusser-Jünger wird die eingesandte Baader-Collage mit den Worten kommentieren, er wünsche Baader, er könne »den Schauspieler, den Regisseur, den ›Macher‹ überwinden und zur Echtheit, Ganzheit, Einheit – zur Wahrheit kommen.« Haeusser, kommentiert Ulrich Linse, erkennt die Lächerlichkeit seiner Christusrolle nicht. Statt die eigene Machtlosigkeit ironisch-spielerisch umzudeuten, bleibt Haeusser im Pathos hängen. In einer Ernsthaftigkeit, die Baader vielleicht tatsächlich auf seinem Feldzug gegen die Autorität aller Staaten zum Werkzeug umdeuten wird.

Baader übernimmt später die Leitung der Burg Ludwigstein, einer Pilgerstätte der deutschen Jugendbewegung. 1924 zieht er dann nach Hamburg und wird Journalist. Von seiner post-ironischen Rolle als Erlöser wird er sich aber nie ganz loslösen: 1930 nimmt er an der »Religiösen Woche« in Hildburghausen teil, längst, wie so viele aus der Bewegung, der völkischen Bewegung nahestehend. Mit seinem Auftritt als »wahrer Christus«, der per Flugzeug auf das Gelände kommt, bringt er jedoch ein dadaistisches Element in die Tristesse der Zusammenkunft der früheren Inflationsheiligen kurz vor dem Durchbruch der Nazis. Ab 1941 arbeitet er wieder als Architekt. Mit 79 Jahren stirbt er 1955 in einem bayerischen Altersheim.

TRAGÖDIE UND FARCE

Geschichte wiederholt sich, sagte Karl Marx bekanntermaßen, zweimal: Einmal als Tragödie und einmal als Farce. So gesehen wiederholt sich auch Johannes Baaders Weltmachtanspruch binnen weniger Jahre zweimal, nur die Reihenfolge ist verändert, fast parallel finden die Wiederholungen statt. Louis Haeusser ist offenkundig die Farce. Die Tragödie trägt den Namen Hitler.

Natürlich ist Haeusser eine tragische Farce. Die vermeintlich witzigen Aspekte kommen aus dem Unterleib, denn Haeusser weiß sehr genau, wie er die Auflösung moralischer Vorstellungen für sich nutzen kann. Für ein ironiefreies Jesus-Chamäleon im Alter von Ende Dreißig mit deutlich beginnender Glatze hat Haeusser eine beträchtliche Anzahl von Frauen um sich geschart, die ihn sexuell begehren. Als er bei einem Auftritt in Hamburg, schon vor seiner Rede hoffnungslos betrunken, wortlos auf die Bühne kotzt, wischen zahlreiche Groupies unterwürfig die Bühne rein, wie der fassungslose Beobachter Harry Wilde schildert. Sex mit ihm, sagt Haeusser, mache rein: »Sein Glied kann in voller Reinheit und Kindlichkeit zum Niederlegen des Samens dienen, ohne daß unlautere Begierde und unreine Wünsche dabei unterlaufen«, behauptet er. Immer mehr rückt bei Haeusser der religiöse Aspekt gegenüber dem politischen in den Hintergrund. Zwar ist schon die Religion eher Behauptung gewesen als durchdachtes System. Seine politischen Betätigungen verdeutlichen jedoch, wie sehr er mit Begriffen wie »Wahrheit«, »Christus« und »Geist« bloße Phrasen konstruiert. Es sind Ausreden, um etwas zu tun. Haeusser erkennt früh, dass das Tor offensteht: aus oberflächlich umgedeutetem lebensreformerischem Denken, aus der Umwertung moralischer wie materieller Werte, politisches Kapital zu schlagen. Es fällt schwer, hinter den verschiedenen Ansätzen den »wahren« Haeusser zu erkennen: Ist die Politik eine weitere Verkleidung seiner manischen Energie? Ein Mittel, zu Ansehen und Reichtum zu kommen? Oder ist es bloß der humorlose, sich selbst nicht als Clown reflektierende Christus, den es auf eine neue Bühne zieht? Fakt ist: Während Deutschland in die Instabilität stürzt, kann der erfahrene Betrüger seine Marke auf hohem Niveau stabilisieren.

Und strategisch mutwillig, intuitiv oder unfreiwillig, erfüllt er dabei eine Sehnsucht, die im europäischen Gedankengut seit Jahrtausenden präsent ist, aber seit dem verlorenen Krieg eine bislang ungeahnte Prominenz entfaltet. In der Weimarer Republik steigert sich diese Sehnsucht nach dem einen autoritären Führer, der mit übermenschlichen Fähigkeiten die Lage der Gesellschaft, der Nation verbessert, zu einer unüberhörbaren politischen Kraft. Die Krise als Geburtsstunde – so, wie es viele der Propheten selbst erleben. Haeusser ist ein Posterboy des deutschen Messianismus.

Im Judentum bedeutet das Erscheinen des Erlösers ein Ende von Gewalt und Unterdrückung, ein Friedensreich soll der Messias errichten – »Gesalbter Gottes« bedeutet das hebräische Wort »Maschiach«. Der Messias des Judentums ist also ein innerweltlicher, ein politischer. Er ist Teil der Geschichte und verwirklicht sich in der realen Gemeinschaft. Im Christentum hingegen wird dieser Aspekt abgelegt. Jesus ist kein König, der mit Armee aufbegehrt, sondern ein unpolitischer Wunderheiler. Die christliche Theologie erfindet so einen neuen Heilsweg in der Transzendenz. Die Zeichnung Jesu als Gekreuzigter ist eine bewusste christliche Abkehr von der Herrlichkeit der jüdischen Tradition, die eine Abwertung nicht nur des Jüdischen, sondern auch des Politischen einschließt.

Absurderweise ist es aber eben dieser jüdische Messiasbegriff, der im frühen 19. Jahrhundert, der kurzen Hochzeit der jüdischen Emanzipation, seinen Weg in die politische Theorie findet. 1831 spricht der Mathematiker und Philosoph Jósef Hoëné-Wroński erstmals von »Messianisme« – als einer Vereinigung von Philosophie und Religion, der Anbeginn einer Epoche der Vernunft. Der frühe Sozialist Wilhelm Weitling verbindet den Messiasgedanken ebenfalls mit einem Fortschrittsglauben: »Ein neuer Messias wird kommen, um die Lehren des ersten zu verwirklichen. Er wird den morschen Bau der alten Ordnung zertrümmern, die Tränenquellen in das Meer der Vergessenheit und die

Erde in ein Paradies leiten«, schreibt er kurz vor der demokratischen Revolution 1849. Dementsprechend ist sein Messias ein »Diktator demokratischer Provinienz«. Aber auch von rechts ist der Messias eine Trendfigur. Die hochmittelalterlichen Kaiser Friedrich Barbarossa und Friedrich II. bieten sich als Projektionsfläche mächtiger deutscher Führer an, die das gespaltene Volk vereinen, Hermann der Cherusker ohnehin. Und auch nach Neuerrichtung des deutschen Kaisertums 1871 entwickeln sich die Monarchen zu messianischen Gestalten: Der »Weißbart« Wilhelm I. ersetzt »Rotbart« Friedrich. Vor allem aber wird Otto von Bismarck offen als »Erlöser« tituliert. Der Sieg über Frankreich und die Reichsgründung wird heilsgeschichtlich verstanden: »Oh Bismarck, steig vom Himmel nieder, ergreif des Reiches Steuer wieder, wo du bist, da ist Deutschland«, singt ein Hymnus nach seinem Tod.

In einer solchen konservativ-restaurativen Lesart ist der Messias eine große Person, die den Idealzustand herstellen kann. Geschichte ist dann eine Abfolge großer Männer und ihrer Heldentaten. In revolutionär-utopischen Messiastheorien hingegen ist es oft das Volk, das als Kollektiv messianisch agiert und sich selbst in eine große Zukunft schießt. Warum sind in der Zeit der Säkularisierung die politischen Diskurse so von religiösen Metaphern durchdrängt? Eine »Aura des Erhabenen« sollen sie um die profanen Ziele der Politik legen, schreibt der Historiker Klaus Schreiner in einem Essay zum Messianismus.

Wiederum das Judentum ist es, das in der Entstehungszeit der Nationalismen das diskursive Vorbild liefert. Alle wollen plötzlich Israel sein: Frankreich ein »besonderes Volk«, England als »Elect Nation«, die Vereinigten Staaten als »Neues Zion«. In Deutschland hebt nach dem Ersten Weltkrieg der Hype um einen politischen Messias erst so richtig ab. Die Dauerkrise der Republik eröffnet die Sehnsucht nach einer außerweltlichen Rettung. »Deutschland ist frei! Es rufe, er kommt!«, bringt sich zunächst der exilierte Wilhelm II. selbst erfolglos für einen zweiten Anlauf als Erlöser in Stellung. Die Fiktion einer Einzelperson, die mit purem Willen und Autorität schafft, was das demokratische Konsenstheater nicht zu schaffen imstande ist, blühte. Der Berliner Literaturwissenschaftler Gustav Roethe schreibt in dieser Zeit von einem »schier hoffnungslosen Elend«, aus dem »unser durch und durch unreifes Volk endgültig wieder der Einzelne« retten wird. Das könne »König, Feldherr, Staatsmann, Dichter« sein. »Noch sehen wir ihn nicht, noch scheint er weit entfernt. Aber kommen wird er als der große Einzelne, die echte Geburt deutscher Sehnsucht und Eigenart.« Der Ökonom Othmar Spann schwärmt von einem Führer, der dann erfolgreich sein wird, wenn ihm das Volk unbedingten »Verehrungs- und Gefolgschaftswille« entgegenbringt. Wo Liberale die demokratische Führerlosigkeit loben, müsse der Deutsche dem »nationalen Geist der Nation« vertrauen, der »gerechter verfährt als ein Wahlausschuß und die Mehrheit der Wahlberechtigten in der Demokratie«. Statt durch Parteien zu gehen, muss der Führer berufen sein: Der »Führer macht sich selbst, indem er die Geschichte seines Volkes begreift, indem er sich als Führer weiß und will.« In der Jugendbewegung sehnte man sich hingegen nach einem Führer »als Träger göttlicher Schicksals- und Gnadengewalt«, der den »Thron der Alten« stürzen kann und der keine »selbstischen Beweggründe« hat – außer, dass er »Führer sein muss, weil er es ist von Natur [...]

Der Führer ist radikal, er ist ganz, was er ist, und tut ganz, was er tun muß.« Elite und Arbeiterklasse, Konservative und Progressive, Alte und Junge warten in der Weimarer Republik.

Sie erwarten, noch ohne es zu wissen, Adolf Hitler. Der künftige Führer verabschiedet sich bald von seiner Rolle als Wegbereiter eines großen Mannes, die er noch 1923 spielte: »Ist die geeignete Person da? Unsere Aufgabe ist es nicht, nach der Person zu suchen. Die ist entweder vom Himmel gegeben oder ist nicht gegeben. Unsere Aufgabe ist, das Schwert zu schmieden, das die Person brauchen würde, wenn sie kommt. Unsere Aufgabe ist, dem Diktator, wenn er kommt, ein Volk zu geben, das reif für ihn ist.«

LOUIS L'ETERNEL

Louis Haeusser ergreift die Macht selbst, sieht sich zum Führer berufen. 1922 erscheint seine Zeitschrift *HAEUSSER* erstmals. Sie trete, schreibt er früh, »mit eiserner Faust, mit unerbittlicher Konsequenz für ein gewaltiges, starkes, ›Herrschendes Deutsches Macht-Volk‹ ein«, sie »fordert mit Donner und Blitz einen Frieden des höchsten deutschen Kraftbewusstseins«. Und in einem Brief im gleichen Jahr: »Ich will – oh! Du Mein Wille – Du – In Mir Du Heiliger – Ich will ein Großes und ein Starkes und Gewaltiges – ein Saube-res – Stolzes – Kühnes – Frohes – Freies --- Volk --- ein Volk aller Völker, ein Volk – Herr – über Völker! – Und Ich – Ich will diesem Volke Führer sein!« Seine Erlösung ist eine Rei-nigung, die Reinigung des verderbten Deutschlands. »Und wer dieses Meer aus Scheiße trinkt – in ihm geboren wird –

sich herauswindet – das Weltscheißhaus überwindet – der ist wahrhaft groß – so groß, daß es nicht Wunder nehmen darf, wenn es die Arschlöcher nicht fassen noch glauben können«, schreibt er – und unterzeichnet mit neuem Titel: *Louis l'Eternel*, der Ewige. Weitere Titel, die er sich dieser Tage zulegt: »Oberster Kriegsherr der Wahrheitsarmee«, »Präsident der Vereinigten Staaten von Europa« und »Louis le Christ, Roi d'Allemagne et Empereur du Monde«.

Während Hitler noch einem anderen den Weg bereiten will, ist er scheinbar angekommen. Und bleibt dabei doch ein Suchender. Haeusser will eigentlich einen autoritären Anarchismus, einen monarchistischen Anarchismus. »Ich will Herrenmensch werden, nicht der Herr über Menschen, sondern über mich selbst«, verkündet er, und sieht ein »Volk von Geist-Monarchen« entstehen, ein Deutschland »von Fürsten und Fürstinnen, an deren gesunder Art die Menschheit gesunden kann.« Einen Staat also, der aus Menschen besteht, die sich selbst beherrschen, die als Individuum eine Revolution durchlaufen haben. Dementsprechend zielen Haeussers Manifeste nicht auf das Kollektiv, sondern auf die individuelle Freiheit.

Im November 1922 ernennt er sich aus dem Gefängnis heraus selbst zum »Volkskaiser«. Und im Dezember erlässt er in dieser Funktion seine erste Proklamation: »1. Allgemeine Amnesie für alle Vergehen und Verbrechen ohne Ausnahme. 2. Alle Strafanstalten, Erziehungs- und Zwangsanstalten jeglicher Art inkl. Irrenhäuser und Krankenhäuser sind zu öffnen. 3. Jeglicher Zwang hat aufgehört.« Allerdings führt ausgerechnet diese anarchische Zwanglosigkeit in eine ähnliche Fantasie der Gewalttat, wie sie wenig später der autoritäre Faschismus in der Realität hervorrufen wird.

Als sechsten Punkt nennt er: »Jeder echte deutsche Mann soll Freund und Bruder heißen. Wer gegen diesen Hauptgrundsatz sich auflehnt, wird als unheilbarer Sünder dem Schafott anvertraut.« Und siebtens: »Mit dem Tag der Proklamation tritt eine zehntägige allgemeine Arbeitsruhe ein! Streikbrecher sind hinzurichten!« Und der Armeebefehl, der die Proklamation ergänzt, wird noch expliziter in seinen Fantasien.

Wenige Tage zuvor hat Haeusser eine Partei gegründet, die *Christlich-radikale Volkspartei*, schon behauptet er im *HAEUSSER*, sie zähle zwei Millionen Mitglieder und 200 Ortsgruppen. Er kündigt eine öffentliche Versammlung an, wird zuvor aber inhaftiert. Ist es die Erfahrung der Machtlosigkeit, die aus den Gewaltfantasien spricht, die Sehnsucht nach einer Tat, irgendeiner? Und ist seine Gewaltfantasie nur Spektakel? »Sofort nach Ausrufung meiner Person als Volkskaiser des Reiches sind in allen Gefängnishöfen und allen öffentlichen Plätzen Guillotinen zu errichten – Jeder Widerstand, in welcher Form er sich auch manifestieren mag, wird unnachsichtig durch die Guillotine gesühnt«, schreibt er. Er beschwört Blutströme jenseits des Vorstellbaren, weil er die Grenze des Vorstellbaren niederreißen will, vermutlich nicht zuletzt für sich selbst. Doch sie lösen eher Mitleid aus. 84 Gefängnisse und Irrenanstalten habe er bereits durchschritten, behauptet er in einer Mitteilung im *HAEUSSER*, nun gehöre er eben in den Reichstag. Der ewige Haeusser, die tragische Farce, scheint selten so nah wie in den ungeschminkten Momenten seiner maximalen Unausstehlichkeit. »Blut! Blut! Blut! Blut! Blut! Blaues Blut! Schwarzes Blut! Rotes Blut! Blut in allen Farben! Blut bis zum Weiß-Bluten! Nur Blut! Nichts als Blut! Nochmals

Blut! Wieder Blut! Kaltes Blut! Fließendes Blut! Heißes Blut! Blut!«

Ob Haeusser diese Zeilen wieder im Zuge eines Schreibzwangs zu Papier bringt, wie schon vor kaum einem halben Jahrzehnt in der Schweiz, lässt sich nur vermuten. Damals begann seine Prophetenkarriere, nun seine Führerkarriere, die ähnlich ziellos sein wird, ähnlich frei flottiert. »Blut soll fließen, Blut muß fließen, Blut wird fließen! In allen Rinnsteinen wie nach einem Wolkenbruch wird das Blut sich anstauen! Denn wir haben bald Metzelsuppe! Ein Schlachtfest, bei dem Schweine in Menschengestalt zu Millionen abgeschlachtet werden, steht vor uns! Die Saat ist überreif! Tage nur trennen uns noch vom Jüngsten Tag. Das Jüngste Gericht – das Reich Gottes – die Herrschaft des Geistes – die Diktatur der Wahrheit – ist nahe herbeigekommen!«

Die »Deine Gewalt ist nur ein stummer Schrei nach Liebe«-Romantik kriegt allerdings schnell Risse. Denn er kann ja tatsächlich Menschen für sich einnehmen, sammelt Anhänger:innen. »Häusser ist eine Herrschernatur, welche, gepaart mit Intelligenz, sich die Aufgabe gestellt hat, die Welt wie ein zweiter Napoleon zu erobern. [...] Häusser besitzt eine große hypnotische Kraft und übt auf seine Anhänger eine große Suggestion aus, welche sie fast mehr oder weniger zu willenlosen Werkzeugen macht«, urteilt Oscar Schellbach, der mit seinen reformpädagogischen Ausführungen in *Mein Erfolgssystem* 1927 einen Bestseller landet.

DIE PARTEILOSE PARTEI

Haeusser ist entschiedener Anti-Parlamentarier, er spricht, wie später fast wortgleich Donald Trump, von »Dämon-Kratie«. Und seine Entscheidung, in die Parteipolitik einzusteigen, wird gerade von dem religiös-schwärmerischen Publikum, das er seit über zwei Jahren anzieht, kaum goutiert. Sein engster Kreis ist eher anarchistisch als messianisch. Die *Christlich-radikale Volkspartei*, die er gründet, ist, und das verbindet sie mit zahllosen Parteien der neuen spirituellen Querfront, eine »parteilose Partei«. Ihr einziges Ziel besteht nicht darin, an die Macht zu kommen, sondern die demokratische Macht an sich zu zerstören. Im Parteiprogramm steht, sie seien eine Gemeinschaft von »Selbstherrschern«, die ihr Leben der Wahrheit gewidmet haben und »Kompromiß-Politik« verurteilen. Haeussers Strategie ist, ähnlich wie seine messianische Performance, der Zeit durchaus voraus: Seine potenzielle Kernwählerschaft sieht er in den Splittergruppen rechts wie links. Berührungsängste hat er dabei kaum, aber doch deutliche Antipathien. Sich »Hakenkreuzlerkommunist« nennen ist vermutlich einfacher, als einer zu sein. Er abonniert zwar *Die Rote Fahne*, das Zentralorgan der KPD, interessiert sich jedoch nicht für deren Revolution, weil sie nur auf die ökonomischen Bedingungen ziele, nicht auf ein metaphysisches Sein. Nach rechts, vor allem zum *Deutschvölkischen Schutz- und Trutzbund*, hat er persönliche Kontakte. Und viele seiner dröhnenden Deutschland-Phrasen passen in die völkische Bewegung. Andererseits verachtet er deren Antisemitismus: »Wo ist denn der Beweis, daß der Jude schlechter, gemeiner und

wertloser ist als Du«, wirft er dem beim *Schutz- und Trutzbund* aktiven Vater seiner zweiten Frau Olga Lorenzen vor.

Mit seinem politischen Engagement geht ein völlig verän-
derter Habitus einher. Statt mit Kutte nun im Anzug tritt
Haeusser in dieser Phase seiner bizarren Biographie als Kapi-
talist und Dandy in Erscheinung. Eine Postkarte dieser Tage
zeigt ihn mit Blick in die Ferne aufrecht sitzend, mit würde-
vollem und außerordentlich vollem Bart und glänzender
Glatze, die langen Haare längst gefallen oder gestutzt, in seinem eleganten schwarzen Dreiteiler mit Einstecktuch und
einer Gerte als Insigne. Vielleicht berühren sich hier zum
ersten Mal wieder: der Pariser Haeusser und der Bönnig-
heimer Heiland. Die Gerte ist ein Geschenk aus hochadligen
Kreisen. Bei einem Vortrag in Oldenburg knüpft er enge
Bande zum Grafen Adolf August Moritz von Bothmer, der
bald auf dem Cover des *HAEUSSER* posiert und sich laut-
stark für den »Wahrheitsmenschen« einsetzt. Wie schon bei
seiner Ehe in Paris schmückt Haeusser sich mit seinen Verbindungen zum höheren Adel. Er verlobt sich öffentlich-
keitswirksam mit Bothmers Schwägerin Hetty von Pohl,
Tochter des Admirals Hugo von Pohl, dem Chef der Hoch-
seeflotte im Ersten Weltkrieg. Und kurz macht es den Eindruck, als könnte aus dem Wanderprediger ein ernsthafter
politischer Protagonist werden. Die Verlobung wird allerdings von Hetty von Pohls Mutter auf Drängen des Adels-
vereins und des Marineoffiziersverbandes gelöst und Hetty
in eine Anstalt verbracht, wo sie vor Haeussers hypnoti-
schen Fähigkeiten geschützt sei.

Ein wenig zu sicher fühlt er sich aber womöglich im
Stammland der von Bothmers. Schon immer hatte Haeusser
Ärger mit der Justiz, schließlich wurde er aufgrund seiner

Beleidigungen psychiatrischen Untersuchungen unterzogen; die Anzahl seiner Anzeigen wegen Nacktheit in der Öffentlichkeit und anderen Unsittlichkeiten ist kaum nachzuvollziehen. Vielleicht richtet sich sein grenzenloser Zorn und Vernichtungswillen auch deshalb gegen Beamte und andere Vertreter staatlicher Gewalt. Er veröffentlicht Listen von Richtern, die ihn verklagt hatten, und kündigte ihnen die Todesstrafe bei seinem Machtantritt an. Als er die Regierung des Landes Oldenburg offensiv beleidigt, sieht diese erneut die öffentliche Ordnung gefährdet und verhängt ein Versammlungsverbot über die Haeusser-Bewegung. Wie ein »Arschwisch« werde man jenes behandeln, verkündete Haeusser darauf prompt. Im folgenden Prozess werden einige Missetaten – darunter ein Einbruch im Hause Bothmer, den der Graf zuvor nicht angezeigt hatte – zusammen verhandelt. Am Ende stehen ein Jahr und neun Monate Haft und 100 000 Mark Geldstrafe an. Das ist eine andere Dimension als die bisher eher symbolisch verhängten Strafen. Im Gefängnis wird Haeusser depressiv und entwickelt wieder eine manische Schreibphase. 2413 Seiten lang ist sein Tagebuch, zusammengeschrieben auf Toilettenpapier und gesammelten Zetteln. Im Mai 1923 will er gar die Haeusser-Rolle ganz an den Nagel hängen: »Ich tauche unter im Alltag«, kündigt er an.

ENTFÜHRT!

Die Monate im Gefängnis sind lang und die Wanderprophetenjahre, die Nächte im Straßengraben, der Hunger haben an seiner Gesundheit gezehrt. Haeusser hört auf zu essen.

Wie ein Marquis de Sade ohne Abstand zu seiner Rolle ernährt er sich nur noch vom eigenen Sperma, trinkt seinen Urin. Seine Beine sind zunehmend gelähmt. Man diagnostiziert: Hysterie. In seinem Selbstbild aber stellt sich das ganz anders dar: Er ist ein Lamm Gottes, das die Sünden der Welt auf sich nimmt. Sterben muss er, denkt Louis l'Eternel dieser Tage, verurteilt zum Tode ob des Unglaubens seiner Anhänger:innen. Im Oktober 1923 wird er ins Gefängnislazarett gebracht, er schwebt in Lebensgefahr.

Im *HAEUSSER* wird kurz darauf vermeldet, nur fingerbreit unter dem damaligen Motto der Zeitschrift – »Das Organ des kraftvollen deutschen Führers« –, Haeusser sei entführt worden: aus dem Krankenlager im Sanatorium ins Gefängnis. »Haeusser war Haft- und Transportunfähig geschrieben und den Oldenburger Behörden dringlichst, wegen Lebensgefahr, da ›H.‹ täglich ein Pfund Körpergewicht verlor, die Strafvollzugaussetzung anempfohlen. Heimlich bei Nacht, halbtot oder tot, so muss indirekt der Haftbefehl gelautet haben, wurde ›H.‹ nach Vechta entführt, wo er schon einmal an den Rand des Grabes gebracht worden ist, und es diesmal schon glücken wird, ihm den Rest zu geben.«

Seine Bewegung droht, in seiner Abwesenheit zu zerfallen, aber geschlagen gibt er sich nicht. Die Wahlliste »Haeusser« zu den Reichstagswahlen im Mai 1924 steht unter dem Motto »Wahrheit gegen Lüge«, ein politisches Programm, das sich von Rechts-links-Gegensätzen loslösen will, während der Namenspatron tüchtig daran arbeitet, Extremist:innen beider Lager auf seine Seite zu ziehen. Doch noch vor den Reichstagswahlen löst er die *Christlich-radikale Volkspartei auf*. Als neue Partei der »geistrevolutionären Bewegung« fungiert nun der Hamburger *Haeusser-Bund*, Haeusser bekannte sich zur »anarchistischen Monarchie« und als »deutschvölkischer Kommunist«. Im Januar 1924 gibt der *Bund der Kommunisten* tatsächlich eine Wahlempfehlung für Haeusser ab. »Die Zeit der starken Kost – die Zeit der Erfüllung – das Reich Gottes, – Mein Reich ist nahe herbeigekommen! Überall fragt man nach Mir!!!«, feiert Haeusser. »Ich fühle die Stunde nahen, wo Alle, ihrer Ohnmacht überführt, von selbst abtretend sich freuen werden, wenn ich sie ablöse und die Regierungsgeschäfte übernehme.« Und er glaubt das. Mit mindestens hundert Abgeordneten rechnet er zu dieser Zeit, nach Haeusser'scher Wahlarithmetik könnten es durch Listenverbindungen sogar 230 werden. »Die Kompromißmittelparteien werden gegen Schwarz-weiß-rot, d.h. ›Völkisch-Wahrheit-Kommunistisch‹, nur einen winzigen Bruchteil ernten«, jubelt er bereits im Februar. Erste anvisierte Amtshandlung ist ein »Ermächtigungsgesetz«, das das »Volk« wieder an die Macht bringt und Beamte und Abgeordnete zum Arbeiten zwingt.

Harry Wilde vermittelt einen Eindruck vom Wahlkampf. Gemeinsam mit seinem früheren Schüler Leonhard Stark, der dem *Stark-Bund* vorsteht und eine Zeitung namens *Stark* herausgibt, die in der Titelzeile sowohl Hammer und Sichel als auch ein Hakenkreuz führt, und dem konkurrierenden Messias Franz Kaiser, Herausgeber der Zeitschrift *Kaiser*, soll Haeusser in der Aula der Schule in der Berliner Weinmeisterstraße auftreten. Die Schule ist längst inoffizielles Zentrum der Inflationsheiligen, in der bereits der unweit entfernt wohnende Filareto Cavernido und später Max Schulze-Sölde ihre Momente hatten und haben werden. Nur Kaiser sagt zu, zu dem Kanzlerduell avant la lettre, zu dem es dann aber gar nicht kommt: »Die Anhänger der beiden ›Heilande‹ beschimpften sich auf eine rüde und handgreifliche Weise, wie man es neuerdings von den Geistlichen zweier Konfessionen in der Jerusalemer Grabeskirche hörte«, schreibt Wilde. »Es war ein Gaudium sondergleichen«, aus dem die Anhängerschaft Haeussers als Sieger hervorgeht, »nicht nur wegen der Hundepeitsche des ›Meisters‹, sondern auch wegen des stärkeren Organs des ›schwäbischen Heilands‹. Die Kraftausdrücke, die der ›wiedergekommene Christus‹ dabei gegen Franz Kaiser schleuderte, hätten selbst in einem Kegelklub von Reisenden in Damenunterwäsche Aufsehen erregt.« Auf dem viel größeren Schlachtfeld des echten, des landesweiten Wahlkampfs steht Haeusser hingegen von Beginn an mit dem Rücken zur Wand. Dass die geplanten Listenverbindungen mit allerlei Splittergruppierungen platzen, bedeutet schon vor der Wahl eine Niederlage. Auch der Antrag an den Kriegshelden Hindenburg, er möge für den Bund antreten, der ein Jahr später tatsächlich zum Reichspräsidenten wird und die messianischen Sehnsüchte nach autoritärer Führung ausreichend bespielt, scheitert.

Die Reichstagswahl 1924 steht noch ganz im Zeichen der sich anhäufenden Krisen. Weimar wurde geboren in einer Revolution, die in einem Bürgerkrieg mündete, mit geschlagenen Utopien und wirtschaftlich mit dem Rücken zur Wand. Aber das Jahr 1923 hatte noch einmal ein ganz neues Katastrophenlevel zu bieten: Die Hyperinflation und die Okkupation des gesamten Ruhrgebiets durch französische und belgische Truppen, verschiedene Putsche, die Reichsexekutionen in Sachsen, bei der die Reichregierung unter Gustav Stresemann die Regierungskoalitionen der SPD mit den Kommunist:innen mit Unterstützung der Armee absetzen ließ, bereiteten den großen liberal-demokratisch-bürgerlichen Parteien keinen fruchtbaren Boden. In der Makroperspektive wird die Mai-Wahl 1924 ähnlich geklungen haben wie das Schreiduell zweier Heilande in Berlin-Mitte. Der zweite Reichstag, der bei der Wahl zustande kommt, wird schon im Dezember 1924 abgelöst. Dabei waren die ganz harten Zeiten da bereits überstanden. Die Inflation klingt ab, die Stabilisierung bringt soziale Härten, aber solche, die demokratisch debattiert werden.

Ganze 25 000 Stimmen erhält der Haeusser-Bund schließlich. Noch weniger werden es bei der Neuwahl im Winter. Bei den Präsidentschaftswahlen 1925 will er antreten – »Wählt Haeusser zu eurem Präsidenten. Ohne ihn könnt ihr nichts tun« –, erreicht aber nicht das Quorum für die Wahllisten. Die SPD und die bürgerlichen Parteien gehen aus der zweiten Wahl der neuen Republik geschwächt hervor, die größten Zuwächse verzeichnet die KPD und die Nationalsozialistische Freiheitspartei. Die NSDAP ist bei dieser Wahl verboten, ebenso wie Haeusser ist ihr Führer in Haft. Dennoch bedeutet die Wahl einen Triumph für die extremen Rechten: Ein Viertel der Wähler:innen stimmt für rechte Parteien, die die Republik abschaffen wollen.

Auch wenn Haeusser die Zeichen der Zeit richtig liest, sein Stern ist bereits im Verschwinden begriffen. Als er im Juli 1925 aus der Haft entlassen wird und in Hamburg Quartier bezieht, ist er körperlich am Ende. Der *Haeusser-Bund* wird ein eingetragener Verein, den er mit letzter Kraft organisiert. In einer erneuten Verwandlung lässt der Prophet auch noch den Bart fallen: Glattrasiert an Kinn und Stirn scheint Haeusser bereit für einen letzten Angriff. Im Herbst 1926 geht der Bund ein ernsthaftes Kommunenprojekt an. Er will ein Rittergut südwestlich von Berlin erwerben und dort eine Obstkonservenfabrik errichten, einen heruntergekommenen märkischen Gutshof bei Dahme mit fast 350 Hektar Land. Ergänzt werden soll der ökologisch-ökonomische Betrieb um eine gigantische Stadt, einer Zentrale seiner Bewegung, einen spirituellen Mittelpunkt der Republik. Die finanziellen Mittel für dieses Abenteuer reichen allerdings nicht mehr. So mietet Haeusser am Ende in Berlin eine Wohnung für eine städtische Kommune an. Mit acht seiner engsten Anhänger:innen zieht er in die Hallesche Straße 19 in Kreuzberg, in der Nähe des U-Bahnhofs Hallesches Tor.

Heute geprägt von Nachkriegsarchitektur, war die südliche Friedrichsstadt damals ein barockes Juwel, in der Nachbarschaft säumten die alten Palais hochrangiger Beamter und Höflinge die Wilhelmsstraße. Um die Ecke lag das Zeitungsviertel, das Jahre zuvor noch Hauptschauplatz des eher fantasierten Spartakusaufstands war, und das berühmte Kaufhaus Wertheim, einst das größte Europas. Die Hallesche Straße selbst mündete fast ins Regierungsviertel: »Wilhelmsstraße« war bis 1945 ein Synonym für die Regierung selbst. Hier lagen Reichsjustizministerium, Reichskolonialamt, Kultusministerium, das Reichsamt des Inneren und das Auswärtige Amt in direkter Nachbarschaft. Und auch die Reichskanzlei, die Schaltzentrale der Macht, Ort der Kongokonferenz und bald Standort des Führerbunkers.

Das Umfeld scheint angemessen. Die geräumige Wohnung nennt er »Haeusser-Reichskanzlei« und arbeitet von hier aus noch einige Monate intensiv an der Konsolidierung seines imaginierten Reichs. Am 9. Juni 1927 stirbt er mit nur 45 Jahren an einer Herzmuskelentzündung. Der Beerdigung in Berlin-Neukölln wohnen hunderte Anhänger:innen bei.

»Dieses große ICH, welches wir verehrt haben, kann nicht vergehen und im Grabe verfaulen. Es hat früher gelebt, es lebt gegenwärtig und wird künftig leben«, heißt es in der Grabrede seines Anhängers Fritz Loechl. Die Inschrift auf dem Grabstein liest sich, die letzten Jahre des erfolglosen Volkskaisers fast persiflierend: »Ich bin das Glück.«

ÜBERALL FRAGT MAN NACH MIR!

Oft wurde behauptet, die damals moderne Verhältniswahl habe dafür gesorgt, dass in Weimar zunehmend fragmentiertere, zunehmend radikalere Parteien entstanden. Die Abschaffung der Mehrheitswahl war über Jahrzehnte vor Weimar ein Hauptthema der Sozialdemokratie, die erste Revolutionsregierung verkündete sie so rasch per Dekret, dass bei der verfassungsgebenden Nationalversammlung 1919 das Wahlrecht kaum debattiert wurde. Zumal auch die konservativ-bürgerlichen Parteien auf diese Linie schwenkten, eine unberechenbare Dominanz der SPD fürchtend. Wäre die Republik, besagt eine politikwissenschaftliche These aus den frühen Tagen der Bundesrepublik, auf die Mehrheitswahl umgeschwenkt – die NSDAP hätte keine Chance gehabt. Pure Spekulation. Die Bundesrepublik gab sich selbst ein Verhältniswahlrecht. Aber mit der Fünf-Prozent-Klausel auf Bundesebene auch eine fragwürdige Stabilisierung der parlamentarischen Arbeitsfähigkeit. Weil die Macht der größeren Parteien dadurch zementiert wird, wird ihre Verfassungskonformität immer wieder in Zweifel gezogen. Zuletzt war das 2013 der Fall, als über 15 Prozent der Zweitstimmen verfielen. Für die Wahlen zum Europaparlament hat das Verfassungsgericht sie 2011 kassiert, weil sie gegen die Chancengerechtigkeit der Parteien verstoße. Und momentan ist eine neue, wesentlich niedrigere Zwei-Prozent-Hürde auf dem Weg, EU-Wahlrecht für Deutschland zu werden.

Die deutsche Parteienlandschaft zeigt allerdings auch, dass diese Hürde Menschen nicht davon abhält, neue Parteien zu gründen. Konnte man sich vor ein paar Wahlkämpfen noch über die grotesken TV-Spots der *Partei Bibeltreuer Christen* amüsieren, präsentierte sich *Die PARTEI* vor einem Jahrzehnt hingegen durchaus ein wenig anspruchsvoller denn nur als sexistischer Jungsgag. Heute sind es vor allem Parteien aus dem Umfeld der *Querdenken*-Bewegung, die als Shootingstars auffallen. Vielleicht kein Zufall, dass sie, wie einst die diversen Haeusser-Gründungen, sich selbst schnell aufblähen, um dann zu kollabieren. Zwei Millionen Mitglieder und 200 Ortsgruppen wollte Haeussers erste Unternehmung, die *Christlich-radikale Volkspartei*, schon nach drei Tagen ihrer Existenz vorweisen. Dass eine Bewegung, die Demos mit wenigen Zehntausend Besucher:innen auf potenzielle Millionen aufbläst, da mithalten kann, versteht sich von selbst.

Die erste Partei, die aus den Coronaprotesten hervorging, hieß *Widerstand 2020*. Über den Telegram-Kanal der Gruppierung liefen Informationen zu entführten Kindern und Bill Gates. Der prominente Kopf der rechtsextremen *Identitären Bewegung*, Martin Sellner, sprach sich für eine Zusammenarbeit aus. Ein Parteiprogramm gab es nicht, etwas ziellos gab man als Ziel irgendwas mit Freiheit aus und schwang sich durch Liebes- und Achtsamkeitsrhetorik. Finanzieren sollte sich die Partei ausschließlich aus anonymen Spenden – und weil das parteispendenrechtlich schwierig ist, nur aus Spenden in einer Höhe von bis zu 200 Euro. Und von Sachsen aus wollten zu *Widerstand 2020* übergelaufene Ex-AfD- und Ex-Republikaner-Mitglieder die Forderung ins Programm nehmen, in Ostdeutschland wirkende Richter:innen und Journalist:innen aus dem Westen wieder in ihre »Heimatländer« abzuschieben.

Aus dem Stand heraus größer als Linke und AfD: 100 000 Mitglieder will *Widerstand 2020* binnen weniger Wochen gesammelt haben. Die Gründer:innen Victoria Hamm, Ralf Ludwig und Bodo Schiffmann bleiben allerdings nicht lange an Bord. Mitte April 2020 stellt Hamm eine Webseite unter dieser Flagge online, mit dem Erfolg der Hygienedemos und den ersten Aktionen von *Querdenken* wird sie zur Basis einer von den Medien breit wahrgenommenen Organisation. In dem Anwalt Ludwig, der gerade in Baden-Württemberg das Demonstrationsrecht für die *Querdenken*-Bewegung erstritt, und dem HNO-Arzt Schiffmann findet sie szenebekannte Mitstreiter. Und wie immer in solchen Situationen dauern auch hier manche Jahre nur drei Tage: Anfang Mai wird die selbsterklärte Partei in den Medien präsent, Mitte Juni ist der Spuk vorbei. Die erste Parteichefin tritt nach einer Woche im Amt zurück, gewählt auf einem kleinen Parteitag, an dem sich die 35 bestätigten Mitglieder unter den 100 000 Anmeldungen beteiligen konnten. Dass Anonymous nachweisen konnte, wie Algorithmen die große Anzahl der Mitglieder leicht fälschen konnten, hat dem Ruf der Partei ebenfalls nicht gutgetan.

Bodo Schiffmann, das prominenteste Gesicht von *Widerstand 2020*, wurde mit Youtube-Videos bekannt, in denen er Corona mit der Grippe vergleicht und höhere Sterberaten leugnet. Stars der Szene wie Ken Jebsen werden im Frühjahr 2020 auf ihn aufmerksam. »Ein gesunder Organismus würde Viren und Bakterien selbst eliminieren, und das wollen wir mit dieser Partei erschaffen«, sagt er mit deutlichem Nachhall des völkischen Volkskörpers. Der Widerstand wolle »eine Einheit werden.« Auch er verlässt bereits nach wenigen Wochen die Organisation. Und gründet im Juli mit *WiR2020* schon die nächste. Diesmal lässt er sich, damit es nicht, wie bei *Widerstand 2020*, zu internen Querelen kommt, gleich selbst in die Satzung schreiben: »Der Parteiidentitätshüter (PIH) Dr. Bodo Schiffmann ist als Gründungsvater ein bis zum 31.12.2025 befristetes besonderes Mitglied mit Sonderrechten im Sinne des § 10.14.1 WirBS.« Noch im Sommer verabschiedet er sich tatsächlich aus dieser Unternehmung, die seitdem ebenfalls von internen Streitigkeiten dominiert wird.

Die bislang erfolgreichste Unternehmung des Spektrums wiederum heißt *Basisdemokratische Partei Deutschlands*, bekannt als *dieBasis*. Nach dem Kollaps von *Widerstand 2020* im Frühsommer 2020 ließ der einzig übriggebliebene Gründer Ralf Ludwig die verbliebenen Mitglieder gemäß der Idee der Schwarmintelligenz über einen neuen Namen für die Partei abstimmen. Im Juli 2020 wurde die Partei dann offiziell neu gegründet. *DieBasis* unterscheidet sich im Auftreten von *Widerstand 2020*, sie fokussiert sich nicht nur auf den Protest gegen die Coronamaßnahmen, sondern auch auf Basisdemokratie. Mit »Nachhaltigkeit« und »Achtsamkeit« bringt sie zwei Schlagworte der grünen Bewegung unter. Dementsprechend sind die ersten Übertritte von Politiker:innen aus diesem Spektrum zu verzeichnen. Auf der *Querdenken*-Demo, bei der Reichsbürger:innen, *QAnon*-

Anhänger:innen und Nazihools den Reichstag stürmen wollten, hielt etwa der Flensburger Grüne David Claudio Siber eine Rede, flog dafür aus seiner Ratsfraktion und fand bei *dieBasis* eine neue Heimat. Bei Parteitagen wird meditiert, ein »morphogenetisches Feld« soll die Anwesenden verbinden. Parteivorsitzende sind die Naturheilkundlerin Diana Osterhage und der Ingenieur Andreas Baum. Das Auftreten der Partei ist bewusst freundlich. Bei Gesetzesentwürfen, so fordern sie, sollen auch spirituelle Auswirkungen berücksichtigt werden.

Dass bei dem ganzen Gerede von Basisdemokratie und Überwindung von rechts und links trotz grünem Habitus die Rechtsneigung überwiegt, ist angesichts der notorischen rassistischen, antisemitischen Schlagseite der Esoterik in Deutschland zu vermuten. Konkreter aber zeigt es der Blick in die Telegram-Kanäle: Da wird mit »WWG1WGA – Where We Go One We Go All« der Wahlspruch der *QAnon*-Bewegung geteilt, ein Landesvorsitzender ist dort mutmaßlich durch Forderungen aufgefallen, Listen von Personen zu führen, die den »Corona-Faschismus« unterstützten, um ihnen zukünftig Jobs oder Kund:innen vorzuenthalten, sowie Politiker:innen und ihre »Helfershelfer« vor Bürgergerichte zu stellen. Bei den Bundestagswahlen erreichte die Partei aus dem Stand 1,4 Prozent und damit ausreichend Stimmen, um von der Parteienfinanzierung zu profitieren. Allerdings ist selbst in Baden-Württemberg das Ergebnis von 1,9 Prozent weit davon entfernt, die massiv sichtbare Wahlkampagne widerzuspiegeln. *DieBasis* wurde schnell und breit bekannt, ob Provinz oder Großstadt, gewählt wurde sie aber nicht.

Gemeinhin gelten die Grünen als erste deutsche »Antipartei«, also als Partei, die sich dem Bild und der Wirkungsweise, die Parteien in diesem System haben, konstruktiv entgegenstellt. »Nicht rechts, nicht links, sondern vorne« zu sein, war zu Gründungszeiten in den frühen 1980ern ihr Selbstbild. In diesem Zusammenhang erscheint Louis Haeusser in seiner Herangehensweise an das Konzept »Partei« aus purer Parteienfeindschaft als ein vergessener Wegbereiter, ein Pionier des Parteiensystems. Es mag ein fruchtloser Weg sein, der meist ins Rechtsaußen führt, aber auch den modernen Partei-Experimenten ist zu eigen, dass sich ideologisch und ideengeschichtlich kaum inhaltliche Tendenzen ausmachen lassen – jenseits einer Monothematik, die sie eher populistisch als realpolitisch angehen. Wie Haeusser arbeiten sie mit Phrasen und versuchen den Eindruck zu vermeiden, selbst eine Partei zu sein. Sie wollen »parteilose Parteien« sein. Oder, wie *dieBasis* zur Bundestagswahl 2021 plakatierte, keine Partei, sondern eine Bewegung. Oder, wie die Partei des Querfront-Typen Jürgen Todenhöfer, früher konservativer CDU-Abgeordneter im Bundestag, ein »Team« – das *Team Todenhöfer*. Sie trennen zwischen »oben« und »unten«, sind der »Elite« der »Politiker« gegenüber negativ eingestellt und lehnen das Rechtslinks-Schema als Mittel der Spaltung des Volkes durch die Machthaber:innen ab. Und beide Parteien haben einen Hang zum prophetischen Führerkult, der vor allem Schiffmann, aber auch anderen prominenten Figuren aus der Szene wie Attila Hildmann, Ken Jebsen, Xavier Naidoo oder Michael Ballweg entgegengebracht wird. Die sind, so die Lesart, durch ihre Konfrontation mit Staatsmacht und großen Medien die kaum hinterfragbaren Guten. Allerdings stehen sie damit ebenso in einer Linie mit neueren Bewegungen des linken Spektrums. Heute ist es etwa die *Extinction Rebellion*, eine apokalyptisch-religiösen Struktur gegen das weltweite Artensterben, die angesichts der Bedrohungslage ebenfalls rechts und links für irrelevant halten und mit tendenziell schwierigen Phrasen wie »Sagt die Wahrheit« agieren.

Das bedeutet nicht, dass rechts und links im Zweifelsfall gleichermaßen menschenverachtend agieren. Es macht vielmehr deutlich: Corona wie Klimawandel sind zwei umwälzende, beinahe alle Menschen berührende Katastrophen, die beide offenkundig apokalyptisch-messianisches Gedankengut, Weltrettungsfantasien und die Hoffnung auf ein Heilserleben in Gruppen nach sich ziehen. Ähnlich, wie es einst der Zusammenbruch des Ancien Regime und die Hyperinflation gewesen sein müssen. Die Vorstellung, dass es eine Wahrheit hinter den Lügen gibt – die nur aus der Finsternis herausgezogen werden muss, dass man nur Aufwachen muss und dann liegt alles offen dar und kann objektiv angegangen werden, jenseits aller gesellschaftlichen Gräben –, ist angesichts der Hoffnungslosigkeiten der Gegenwart nachvollziehbar. Sie hat jedoch, das zeigt die Geschichte, als häufigste Konsequenz politische und soziale Ausschlussmechanismen zur Folge. Vor allem in der antisemitischen Tendenz und der Selbstwahrnehmung als Opfer unter der Beeinflussung abgeschlossener politisch-medialer Eliten gleichen sich diese Bewegungen. Wer sich – wenn auch nur aus strategischen Gründen – nicht vom Rechtsextremismus abgrenzen will oder kann, läuft Gefahr, dessen Position zu stärken. Wer alles einem jedem Diskurs entzogenen, fast jenseitigen Ziel unterordnet, wie es »Liebe«, »Freiheit« oder »Wahrheit« sind, folgt letztlich einem faschistischen Affekt.

DER ARIER-GERMANEN-CHRIST

1927 ist Haeusser tot. Sein früherer Schüler Leonhard Stark versucht, die Bewegung zu übernehmen, scheitert aber. Stark, der Mann mit dem Hakenkreuz, dem Hammer und der Sichel im Logo seiner Zeitschrift, wird nach seiner Zeit als Frontsoldat, während der er Depressionen erleidet und zwischenzeitlich Sprache und Gehör verliert, zum Lehrer. Und beschäftigt sich in der Zeit der Revolution vor allem mit sich, liest Nietzsche, die Bibel und Rousseau. 1920 bricht er mit dem bürgerlichen Leben und schließt sich Haeusser an. »Ich Bin Mein Vater, Ich Bin Mein Himmel, Ich heilige Meinen Namen, Ich errichte in Mir das Reich. Mein Wille geschehe im Geiste und im Fleische!«, betet er in seinem neuen Vaterunser. Er sitzt in Psychiatrien und Gefängnissen. Er nennt sich »Diktator der Christusregierung Deutschlands« und vergleicht sich mit Laotse und Jesus. Er ist die übersteigerte Version, er hat ein großes Publikum, aber wie Haeusser verliert er mit der Stabilisierung der Republik bald weitgehend Rückhalt: ein Obdachloser, der erfolglos zu Wahlen antritt. Er ist aber auch der Einzige unter den Inflationsheiligen, der tatsächlich Kontakt zu Adolf Hitler aufnimmt. Er will die »gemeinsam verfochtene Wahrheit« erkunden. Der Briefwechsel: leider verloren. Ab 1930 arbeitet er in Hamburg als Journalist, seine Frau beim Rundfunk, beide verlieren 1934 ihre Arbeit und gehen ins Exil, nach Holland, schließlich nach Dänemark und Schweden. Dort wird er nach dem Krieg Hausmann, schreibt weiter Bücher, die seine Lehre vertiefen, die er als »Zweite Reformation« versteht. Politisch bleibt er damit in der BRD der Fünfziger-

und Sechzigerjahre isoliert, auch wenn er zu Akteur:innen der Linken wie der extremen Rechten Kontakt aufnimmt. Er stirbt in den 1980er Jahren. Am Ende seines Lebens verstand er sich als die Avantgarde der 68er – als Vorreiter der Revolte der Jugend, der der »Verlogenheit des deutschen Lebens auf allen Gebieten die Maske« herunterreißt.

Der »Heiland von Horeb« hingegen, Emil Leibold, versucht noch ehrgeiziger, Haeussers Erbe zu sichern. Er trifft sich 1944 mit Joseph Goebbels persönlich, um ihm den »Arier-Germanen-Christ-Haeusser« nahezubringen. Anschließend kaschiert er die Erfolgslosigkeit mit einem mutmaßlich gefälschten Brief Goebbels, in dem der das Haeussertum zur einzig richtigen Religion des kommenden Deutschlands erklärt. Nach dem Krieg existiert der *Haeusser-Bund* als Kleinstgruppe. In Württemberg werden kleine Auflagen alter Flugblätter verteilt, in Berlin trifft sich 1954 noch einmal der verbliebene Kreis. »Ich habe das Panier der Wahrheit ergriffen und trage es weiter bis an mein Lebensende«, schreibt einer seiner letzten Getreuen, der Brauereidirektor und Haeusser-Grabredner Fritz Loechl. Und glaubt an eine Reichseinigung, die Parteien und Klassen hinter sich lässt, das Haeusser'sche Reich des Geistes unter den Farben Schwarz-Weiß-Rot. »Deutschland«, verkündet er noch in den 1960er Jahren, »ist berufen, der ganzen Welt den Stempel des Geistes Gottes aufzudrücken.« Als Deutschland der Welt das erste Mal den Stempel so richtig aufdrücken wollte, lebte Haeusser in Paris. Als Deutschland das zum zweiten Mal versuchte, war er bereits tot. Es bleibt Spekulation, wie der »Diktator der Vereinigten Staaten von Europa« auf die reale Regierungspräsenz eines echten Diktators reagiert hätte. Es bleibt Spekulation, wo Haeusser gestanden hätte.

Feindschaft zu den Nazis bedeutet nicht zwangsläufig Antipathie gegenüber völkischen Gedanken. Jede Bewegung der spirituellen Querfront muss sich die Frage stellen, wie ihr Verhältnis zum organisierten Rechtsextremismus ist, über kurz oder lang, forciert oder freiwillig. 1930, drei Jahre nach Haeussers Tod, treffen sich die letzten Inflationsheiligen, um eine völkische Meta-Religion zu gründen und auszubaldowern, wie sie sich gegenüber der neuen, ganz anders spirituellen Konkurrenz der Nazis verhalten müssen. Der Christ-Revolutionär und Sonnenkreuzler Max Schulze-Sölde tritt an, Hitler und Thälmann abzulösen.

4
HILD
BURG
HAU
SEN

Oh, wie ist das schön! – Die Acker-Bohème –
Rote Armee Fraktion – Max Schulze-Sölde
sucht ein Zuhause – Nordische Beleuchtung –
Linke Leute von rechts – The Center Won't
Hold II – Wege ohne braune Flecken

Mit:

Hans-Georg Maaßen (*1962), *Politiker (CDU)*

Tommy Frenck (*1987), *Neonazi, Politiker (Bündnis Zukunft Hildburghausen)*

Alexander W. (2001–2021), *Student, Opfer rechter Gewalt*

Max Schulze-Sölde (1887–1967), *Maler, Messias, Christ-Revolutionär, National-Kommunist*

Gusto Gräser (1879–1958), *Natur-Apostel*

Heinrich Vogeler (1872–1942), *Maler, Kommunist*

Hugo Hertwig (1891–1959), *Schriftsteller, Lebensreformer*

Walther von Lüttwitz (1859–1942), *General, antidemokratischer Putschist (Kapp-Putsch)*

Karl Strünckmann (1872–1953), *Psychiater, Naturheilkundler, Christ-Revolutionär*

Ernst Niekisch (1889–1967), *Nationalbolschewist*

Friedrich Muck-Lamberty (1891–1987), *Jugendführer, Inflationsheiliger, Handwerker*

Karl Otto Paetel (1906–1975), *Journalist, Nationalrevolutionär*

Otto Strasser (1897–1974), *Nationalrevolutionär*

Siegfried Bublies (*?), *Politiker (NPD), Agraringenieur, Verleger*

Janosch (*1931), *Autor*

Jürgen Elsässer (*1957), *Journalist*

Und dann stehe ich in Hildburghausen. Es ist Ende September 2021, es ist sonnig und kalt. Herbst ist es geworden, während ich schrieb. Wenn es ein letztes Aufbäumen des Sommers geben sollte, herunter von den Bergen des Thüringer Waldes, kündigt es sich hier auf Plakaten an: »HiBu leuchtet«, Hashtag »Heimatshoppen«, ein Volksfest mit Schlagercovern, Gaballier in Regenbogenpailleten und Hölle, Hölle, Hölle. Andere Plakate: Übermorgen ist Bundestagswahl, der Direktkandidat der CDU im südtthüringischen Wahlkreis heißt Hans-Georg Maaßen. Zuletzt machte ihm einer der bekanntesten Neonazis Deutschlands seine Aufwartung und empfahl ihn zur Wahl. Maaßen sagt, er will der AfD Stimmen abjagen. Er spricht von einer »Neuen Weltordnung« und »Wirtschaftsglobalisten«, die das Volk sich totalitär untertan machen würden. Er hängt an der Zufahrtsstraße, er hängt neben der Open Stage. Hildburghausen hat ihm nicht mal einen Hitlerbart verpasst.

Vier Tage ist es her, dass im pfälzischen Idar-Oberstein ein Mann aus dem Umfeld der *Querdenken*-Bewegung einen 20-jährigen Studenten erschossen hat, der sich seinen Führerschein mit Nachtschichten in einer Tankstelle finanzierte. Der 49-jährige Täter kam ohne Maske in den Tankshop, wurde auf die geltenden Regeln hingewiesen und verließ die Tankstelle mit einer Drohgebärde. Zwei Stunden später kam er zurück, setzte seine Maske beim Bezahlen seines Sixpacks Bier ab, holte sich den Hinweis ab, den er provozierte, und schoss daraufhin dem Kassierer aus nächster Nähe in den Kopf. Der Täter stellt sich, behauptet, die Coronamaßnahmen lasteten schwer auf ihm, er habe keinen anderen Ausweg gesehen, als den 20-Jährigen zu erschießen, er sei in der Verantwortung für die Gesamtsituation gewesen. Unabhängig davon, wie belastend die Situation für alle ist: Dass der Täter es wagt, damit zu argumentieren, dass man Verständnis mitbringen müsse für Menschen, die Corona nicht ernst nehmen, zeigt, wie stark der Diskurs abermals auf rechte Außenseiterpositionen eingeht.

Verständnis für *Pegida* und den *NSU*, für AfD-Wähler:innen und Menschen, die Brandsätze auf Geflüchtetenunterkünfte werfen – eine lange Tradition des Zuhörens, die die Radikalisierung nicht unterbricht oder verhindert, sondern zu befeuern scheint. Am Tag nach der Tat veröffentlicht CDU-Kanzlerkandidat Armin Laschet einen Wahlwerbespot, der ihn als verständnisvollen Zuhörer zeigt, als im Wahlkampf in Thüringen ein Fremder seine Bühne stürmt. Laut Spot: ein Mensch mit kritischer Haltung. Laut Faktencheck: einer, der die Coronamaßnahmen mit dem Holocaust vergleicht, »Listen« führt und »Rassenmischung« verurteilt. Eine Woche zuvor versuchten Unbekannte im Vogtland nachts ein Impfzentrum in Brand zu stecken. Die erste Bombe aus dem Umfeld der Coronaleugner:innen ist da fast schon ein Jahr her: Im Oktober 2020 explodiert eine selbstgebaute Bombe in der Berliner Invalidenstraße, keine Verletzten, aber ein Bekennerschreiben: Die Regierung solle zurücktreten, alle Maßnahmen enden. Noch am selben Tag flogen Molotow-Cocktails auf eine Außenstelle des Robert Koch-Instituts in Berlin-Tempelhof, keine Verletzten, ein Security-Mitarbeiter konnte den Brand löschen, ehe Schaden entstand.

Vor ein paar Wochen stellte mich eine Freundin zwei englischsprachigen Bekannten vor: »He is writing a book on right-wing Germans«, und das ist ja auch wahr, aber, wenn ich ehrlich bin, kriegt in diesem Buch bislang kaum jemand so viel ab wie Grüne. Und ich weiß nicht, ob das fair ist, einseitig die Linke dafür zu kritisieren, wie offen sie für rechte Tendenzen ist, statt die Rechte für ihre Menschenverachtung zu kritisieren, ihren Rassismus, den Terror, den sie stiftet. Zum Beispiel, wenn sie beginnt, sich bei Telegram darüber auszutauschen, wie sehr ein 20-jähriger Student, der in einer Tankstelle jobbt, es doch verdient hat, erschossen zu werden, wenn er bei dem Spiel mitmacht, das Sozialdemokrat:innen und Grüne und ebenso in der CDU die meisten Solidarität nennen würden. Ich weiß nicht, ob und ich habe Angst, dass auch dieses Buch, mit dem lieben Arsch Gusto Gräser und dem spektakulär gescheiterten Maniker Louis Haeusser, die ich hier als Vorläufer der Querdenker:innen vorstelle, die Gefahr verharmlost, letztlich nur weitererzählt, was die Corona-Protestbewegung vielleicht als Verteidigung selbst einmal gebrauchen wird: Wir waren doch nur harmlose Bekloppte! Ein paar verkleidete Irre, die gern Ton, Steine, Scherben gehört und halt an Jesus und an Yoga geglaubt haben. Wir wussten doch nicht, was das für Fahnen waren und was für Menschen!

Und ja, dieses Buch funktioniert nicht ohne Ambivalenzen und Komplexitäten, aber sie dürfen nicht den Blick darauf verstellen, dass eben am Ende doch sowas von sowas kommt. Damit will ich sie nicht durchkommen lassen. Am Ende sitzt auch der eigenbrötlerische Guru Gusto Gräser 1930 bei der »Religiösen Woche« in Hildburghausen mitten unter denen, die bald versuchen, sich anzuschließen an die neue Zeit, die mit Stiefelschritten im Takt durch die Dörfer zieht. Und wer mit ihnen zu spielen gedenkt, wird sich verbrennen.

OH, WIE IST DAS SCHÖN!

Im Herbst 2020 war Hildburghausen noch nicht wegen eines CDU-Direktkandidaten mit rechtsextremen Tendenzen bundesweit im Blick, sondern wegen der höchsten Corona-Inzidenz der Republik. Der Ort, an dem die spirituelle Querfront von Völkischen, Germanentum, Katholik:innen, Buddhist:innen und Kommunist:innen zusammenkommt, bei der »Religiösen Woche« 1930, an diesem Ort also erreicht die zweite Welle ihren ersten Scheitelpunkt. Als sich Ende November die harte zweite Coronawelle mit ihrem unendlichen Lockdown abzuzeichnen begann, ihren Geschichten von Dörfern im Erzgebirge, in die täglich Krankenwagen und Bestatter:innen eindringen mussten, war Hildburghausen eine Stadt mit so brutal hohen Ansteckungsraten, dass das Robert Koch-Institut dafür eine neue Farbe auf seiner Palette der Landkreisinzidenzen finden musste. Zu den Maßnahmen, die zur Eindämmung ergriffen wurden, gehörten Ausgangs- und Kontaktbeschränkungen, Maskenpflicht im öffentlichen Raum, geschlossene Schulen und Kindergärten. Und Hildburghausen reagierte darauf mit einer bald bundesweit bekannten und verachteten Demo. »Friede, Freiheit, keine Diktatur«, skandierten 500 Coronaleugner:innen. Und sie sangen: »Oh, wie ist das schön!« An Abstandsregeln oder die Maskenpflicht hielt sich dabei niemand. Die Inzidenz stieg weiter und der Landrat erhielt Morddrohungen, sodass er Ende November unter Polizeischutz stand. Aufgerufen zum »Spaziergang« unter dem Motto »Du trägst die Verantwortung für die Zukunft deiner Kinder – Unternimm was« hatte ein Bündnis namens *Hild-*

burghausen 2.0, hinter dem niemand anderes mit die Fäden zog als Tommy Frenck, Jahrgang 1987, einer der bekanntesten Neonazis der Republik. Die Hamburger Morgenpost titelte: »Zufall? Höchste Inzidenz Deutschlands – Corona-Zahlen explodieren in Neonazi-Hochburg«.

Es wird seit Jahren darüber geredet, wie Nazis jetzt stylo und urban sind und eigentlich aussehen wie linke Hipster, sodass man sie gar nicht mehr erkennt in ihren Hausprojekten in Halle und mit Septum-Piercing in der Nase. Sicher richtig, aber in Frencks Gasthaus Goldener Löwe gibt's noch Schnitzel zu 8,88 Euro am Führergeburtstag, »National Befreite Zone« in seinem Geburtskaff Schleusingen, sein eigener und mittlerweile verbotener Fußballverein hieß *SV Germania Hildburghausen* und sein Festival *Rock gegen Überfremdung*. Sein Online-Versandhandel verkauft Ku-Klux-Klan-Kutten. Verurteilt ist er wegen gefährlicher Körperverletzung. Und trotz dieser ganzen maskulinistisch-pubertären Nazi-Klischees sitzt er eben auch im Kreistag: für ein rechtsextremes *Bündnis Zukunft Hildburghausen*. Früher, mit Anfang 20, war er Kreisvorsitzender der NPD, ehe deren Kreisverband Hildburghausen aufgelöst wurde. Und heute empfiehlt er, siehe oben, den Kandidaten der CDU zur Wahl in den 20. Deutschen Bundestag. Tage vor der Wahl zieht auch die AfD-Fraktion im Stadtrat des benachbarten Suhl nach: Vielleicht geht die Strategie des Mannes, der mit kaum verhohlenem Antisemitismus rechts Stimmen fangen will, schlussendlich auf.

Hildburghausens Exportschlager in die Medien des Landes ist Nationalsozialismus. Das wird auch mit den Corona-Aktionen noch einmal deutlich und hat eine gewisse Tradition. So besaß etwa der Vorsitzende der NSDAP im Jahr

1932, als er zu den Reichspräsidentenwahlen antreten sollte, noch nicht die deutsche Staatsbürgerschaft. Ein gescheiterter Versuch, sie zu erlangen, führte ihn wie zufällig über Hildburghausen, wo der thüringische Innenminister Wilhelm Frick, NSDAP – ja, das Land Thüringen hatte die erste Nazi-Regierung in Deutschland –, dem staatenlosen Hitler eine niedere Beamtenstelle verschaffte. Mit der Berufung zum Beamtentum war damals die Staatsbürgerschaft verbunden. Hitler lehnte freilich ab, Gendarmeriekommissar in Hildburghausen schien dem zukünftigen Führer nicht angemessen. Er wird sich die deutsche Staatsbürgerschaft schließlich mit einer Stelle als Regierungsrat im Freistaat Braunschweig erschleichen, die er nie antrat.

Heute steht die Kleinstadt Themar im Landkreis Hildburghausen mit ihrer rechten Hegemonie und Rechtsrock-Events wie den »Tagen der Nationalen Bewegung« ähnlich symbolhaft für die gegenwärtige Nazi-Szene wie in den Baseballschlägerjahren der frühen Neunzigerjahre, in denen an zahlreichen Orten vor allem in Ostdeutschland Gewalttaten und Terror gegen Andersdenkende, Andersliebende, Frauen oder nicht-*weiße* Menschen fast an der Tagesordnung waren. Die Mehrheitsfraktion *Pro Themar* im Stadtrat scheint zwar nicht so rechtsextrem zu sein wie der Rest der *Pro-Bewegung*, lässt aber durchblicken, dass sie Nazis im Zweifel so schlimm nicht findet. In Schleusingen etablierte sich in den Nuller Jahren eine bis heute ungebrochene Tradition von rechten Fackelmärschen, die als Drohungen gegen CDU-Bürgermeister und SPD-Bundestagsabgeordnete ihren Anfang nahmen. In Frencks Gaststätte im Dorf Kloster Veßra gibt es nicht nur Schnitzel, sondern auch Sozialisierungsangebote für die Dorfjugend. Auch der NSU hat sich zu seiner Zeit im »Untergrund« in dieser Region wohlge-fühlt, ein goldenes Dreieck für Nazis, das sich zwischen Jena, Südthüringen und dem westlichen Sachsen auf-spannte. Weiter im Thüringer Südosten, in der Kleinstadt Greiz, wurden die untergetauchten Rechtsterroristen Uwe Mundlos und Uwe Böhnhardt etwa auf einem Fußballplatz gesichtet, bei einem »Rudolf-Hess-Gedenkturnier«. Und, nicht zu vergessen: Der bekannteste Thüringer Opposi-tionspolitiker ist immerhin der Faschist Björn Höcke.

Und in die andere Richtung, nach Westen, liegt von hier aus die Stadt Schmalkalden. »Seit vier Wochen ist alles Liebe«, hat mir mein erster Querdenker vor gut einem Jahr im Wald erzählt. Ob sie gewachsen ist, frage ich mich, oder ob aus der Idee, barfuß zu laufen und ein Adler zu sein, ein Mindset geworden ist, das Masken als eine solche Demüti-gung empfindet, dass Mord zu einer Option wird. Ich versu-che, Kontakt zu ihm herzustellen, aber ich dringe nicht durch über die Hebel, die ich in Bewegung setzen kann.

Andere Kreise werden in diesem Kapitel geschlossen. Es wird ein paar Wiedersehen geben und einige Abschiede – und dafür springen wir zurück an den Anfang. An einen Hof im Wald, wo bärtige Männer einen Eselkarren besteigen, um im ganzen Deutschen Reich Flugblätter mit Gedichten in Bucheckernschrift zu verteilen, derweil andere Gemüse für die Reformhäuser der Hauptstadt ernten: Grünhorst vor den Toren Berlins, die Siedlung, die Gertrud Gräser mit ihrem Mann gründete. Und der Ort, an dem ihr Vater Gusto mit einem Mann zusammenrasselt, der wie er lange durch die Lande zog: Max Schulze-Sölde. Denn Grünhorst ist auch das nie vollständig aufgerichtete Zentrum einer merkwür-digen Gruppierung, die sich anschickte, die Synthese aller widerstrebenden Strömungen ihrer Zeit zu sein. Und zwar diesmal aber so richtig.

DIE ACKER-BOHÈME

Es streiten sich da im Wald zwei Juristensöhne. Gräsers Vater ist Provinzrichter. Schulze-Söldes hingegen: General-staatsanwalt. Gräser wird Waise, Schulze-Sölde schon als Jugendlicher berentet, und zwar üppig. Gräser wird Hand-werker, Schulze-Sölde Jurist. Als Künstler verstehen sie sich allerdings bald beide. Max Schulze-Sölde, Jahrgang 1887, wächst überaus privilegiert in Hamm auf. Er studiert Jura, erreicht das Staatsexamen, bricht aber 1910 sein Referenda-riat ab und wechselt an die Kunstakademie – offenbar ohne Konflikt mit seiner Familie, die ihn weiterhin großzügig unterstützt. In Düsseldorf studiert er Malerei. Die Avantgar-den, die wenig später von der Akademie ausgehen sollten, sind noch verpuppt. Zwei Jahre vor Kasimir Malewitschs *Schwarzem Quadrat auf weißem Grund* malt Schulze-Sölde harmlose impressionistische Landschaften: Neblige Moraste mit einsamen Häusern und schwarzen Baumsilhouetten in herbstlichem Graubraun, Öl auf Holz. Aber der bald ton-angebende Galerist der Moderne, Alfred Flechtheim, er-kennt sein Talent und stellt die Werke des 27-Jährigen im Jahr 1914 erstmals aus. Die Ausstellung wird ein großer Er-folg und ermöglicht die herbeigesehnte Abreise nach Paris: Max Schulze-Sölde will raus dem Reich, Frankreich und den Süden erleben. Und bricht auf. Zum Ausbruch des Weltkrie-ges weilt er an der Côte d'Azur und wird er als ziviler Ange-höriger der Feindmacht interniert. Vier Jahre wird er auf

Korsika festgehalten und erst 1918, kurz vor der Revolution, nach Deutschland ausgeliefert. Er klemmt sich die im Lager bemalten Leinwände unter den Arm, als er in seine Heimatstadt Hamm einrollt.

Und da passiert etwas mit ihm, etwas gerät aus dem Gleichgewicht. Vielleicht ist es die Realität der Gesellschaft des Kriegsverlierers Deutschland. Wie beim Self-Made-Man Louis Haeusser gibt es auch bei Rich Kid Max Schulze-Sölde eine Verwerfung. Es ist, als hätte sich ihm binnen Tagen ein Schleier von den Augen gehoben. Erstmals erblickt er Armut und Elend, im Land und in der Landschaft, hungernde Massen, den Strom der Soldaten. Beinahe augenblicklich, beschreibt er es später, wird er Sozialist. Während seine Eltern sich verbarrikadieren und die Rote Flut der Revolution fürchten, strotzt der junge Maler mit einem Mal vor Kraft: »Mich beglückte das Außerordentliche des Geschehens, der frische Wind, der dahinfegte, die Fülle der Möglichkeiten, die sich auftaten, und dann – ich war ja doch bis oben geladen mit Energien, die sich gestaut hatten in mehr als vier langen Jahren. ich wollte etwas schaffen, mittun, mich hinein stürzen in den Kampf der Geister. Der Krieg hatte mich doch nicht umsonst aufgespart«, schreibt er am Ende seines Lebens in seiner apologetischen Autobiografie *Ein Mensch dieser Zeit.*

Seinen Höhepunkt findet das im Januar 1919. Als im fernen Berlin Karl Liebknecht erschossen wird, eröffnet im Städtischen Museum Hamm eine Schulze-Sölde-Ausstellung. Der Künstler darf vortragen, er redet von großen Dingen, Kunst und Religion und dem deutschen Wesen. Und bei einem Besuch eines befreundeten Kunstsammlers erzählt er, der gekreuzigte Jesus sei ihm erschienen, er sei der gemordete Liebknecht, Sozialismus und Christentum also eins, und wie könne man das nun in Malerei ausdrücken, wie könne er also, als Maler, beitragen, als Schöpfer, die Ideen der neuen Zeit denken, wo die Ideen der Materialist:innen gescheitert und in den Feldern Nordfrankreichs erschossen wurden. Der Kunstsammler führt ihn ins Nebenzimmer. Dort sitzt Heinrich Vogeler, Maler wie er, und auf der Flucht. In Bremen hat er sich am Putsch beteiligt, an der Gründung der Räterepublik.

Wie kurz darauf in München entsteht Mitte Januar in der Hansestadt eine sozialistische Republik, regiert vom Rat der Volksbeauftragten. Weniger prominent als bei der Münchner Räterepublik, bekannt und verklärt als Utopie der Anarcho-Bohème, ist auch Bremen ein politisches Versuchsfeld, auf dem Kunst und Politik ineinander übergehen, mit Schriftsteller:innen und Maler:innen in wichtigen Positionen. Gemeinsam mit dem Spartakusaufstand in Berlin wollen die Räte Friedrich Ebert zum Rücktritt bewegen, die Revolution erneut entfachen und zu ihrem Sieg führen. Anfang Februar, Bremen hungert längst, bieten die Räte dem sozialdemokratischen Heer-Verantwortlichen Gustav Noske die Auflösung der Republik an. Der lässt dennoch intervenieren. Die Republik endet mit der militärischen Niederschlagung, 83 Toten, darunter 29 Zivilist:innen. Am Rathaus weht bald wieder Schwarz-Weiß-Rot statt des Rots der Sozialist:innen.

Bevor Heinrich Vogeler Revolutionär wurde, war er Maler und Gründer des Barkenhoffs, ursprünglich ein Bauernhof im niedersächsischen Dorf Worpswede, den er 1895 mit Anfang Zwanzig erwarb und zu einem Jugendstilgebäude umbaute. Hier liegt die Keimzelle der Künstlerkolonie

Worpswede, die die deutsche Kunstszene des frühen 20. Jahrhundert mitprägte. Schon einige Jahre zuvor versuchte er, seine Frömmigkeit, sein mystisch geprägtes Christentum mit sozialistischen Idealen zu verbinden. Dennoch meldet er sich 1914 freiwillig zum Krieg, er soll in den Karpaten Zeichnungen der potenziellen Schlachtfelder anfertigen. Früher als Schulze-Sölde ist er desillusioniert. Als Defätist wird er 1918 in Bremen in eine Anstalt eingewiesen, als Pazifist, Anarchosyndikalist und Feminist kehrt er nach Worpswede zurück.

1919 verwandelt er den Barkenhoff, bis dahin ein ruhiger Außenposten der lebensreformatorischen Innerlichkeit, in eine kommunistische Utopie. Die Neue Arbeitsgemeinschaft zieht Bremer Linksradikale an, wie die 1917 wegen Hochverrat inhaftierte Marie Griesbach, bekannt als »Die rote Marie«, in Norddeutschland eine laute Stimme der Frauenbewegung und der Arbeiterjugend. Wie leben in einer Kommune, fragt sich die Großstadtjugend. Und: Wie als Künstler Erlöser werden, fragt sich Vogeler 1918 in Hamm, als er auf Schulze-Sölde trifft. Die beiden verstehen sich.

Schulze-Sölde lernt bald einen neuen Mäzen kennen: Karl Ernst Osthaus, Gründer des Museum Folkwang in Essen. Er lädt ihn ein, bei freier Kost und Logis in seiner Künstlerkolonie in Hagen zu leben. Das von Osthaus erdachte Konzept »Folkwang«, der Glaube, dass Kunst und Leben in eins gehen können, prägt die Hagener Bohème in der Künstlerkolonie. Kommunismus ist hegemonial in der Gemeinschaft, auch Schulze-Sölde bekennt sich mittlerweile offen. Sein Galerist Flechtheim stellt seine Werke im Sommer 1919 zum zweiten Mal aus. Statt der väterlichen Rente fließt nun Geld direkt aus dem Herzen der Avantgarde.

Und große Veränderungen kündigen sich an. Nicht nur zeitgeschichtlich, nicht nur künstlerisch. Die Revolution hat Schulze-Sölde in einen mit starkem Strich arbeitenden Expressionisten verwandelt, statt Landidyll nun abstrakte Porträtzeichnungen, ein »Theosoph« und ein »Christuskopf« entstehen in diesen Monaten. Und neue Menschen treten in sein Leben: Ernst Fuhrmann etwa, der an gleich zwei neuen Theoriesystemen arbeitete, der »Biosophie« und der »Weltwende«. Und Hugo Hertwig, dessen Schüler und zeitweise Bewohner des Barkenhoffs. Der Staat sei gescheitert, die Revolution sei gescheitert, weil das kollektive Bewusstsein der politischen Möglichkeit hinterherhinkt. Also sollen überall Staaten en miniature entstehen, Kommunen, in denen ganzheitlich vom beackerten Humus zur Apfelbaumzucht zur Literatur zur Wissenschaft ein neuer Gesellschaftsgedanke sich Bahn bricht. Während die Städte nur mühsam den Puls des längst verlorenen Kapitalismus am Leben halten, könnte doch auf dem Land in neuer Schlichtheit ungeahnte Freiheit warten.

Schulze-Sölde bricht seine Zelte in Hagen ab, packt einen Rucksack mit Kleidung und zieht als Landarbeiter über die Höfe der Börde, die er vor fünf Jahren malte. Mehrere Monate lebt er bei einem Bauern in Windrath bei Wuppertal. Auf den Äckern sucht er die Bewusstseinsrevolution. Sein Konto bleibt freilich gut gepolstert. Im Frühjahr 1920 kauft er gemeinsam mit Hugo Hertwig einen Bauernhof in Holstein, zwischen Itzehoe und Brunsbüttel, nördlich der Elbe. Eine kommunistische Siedlung soll entstehen, mit Leben gefüllt von Erb:innen großbürgerlicher Vermögen. Ein schöner Name ist schnell gefunden: Lindenhof. Schwerer fällt es, das Land zu bestellen. Autarkie und Aufbruch erhoffte sich Schulze-Sölde – und bekommt *Schwarzwaldhaus 1902*: überforderte Wohlstandskinder, die tapfer Bauer spielen, bis das Essen ausgeht. Nach wenigen Monaten brechen die motivierten Großstädter:innen das Experiment ab. Kurz darauf schlägt der Blitz in den Hof ein und ein Feuer vernichtet alle Spuren des Kommunismus in der Wilstermarsch.

Im Grunde liegt der nächste Zug ja nahe. Und nach Achtundsechzig haben das so einige gemacht: Als privilegierte Mittelschichts-Maoist:innen und andere Nischen-Kommunist:innen in die Fabriken gehen, gemeinsames Schuften mit dem Proletariat, Basisarbeit in der Kantine mit dem Ziel, die Arbeiter:innen für die Revolution zu gewinnen. Joschka Fischer 1971 bei Opel, das ist Teil der kollektiven Erinnerung der West-Linken. Im Grunde genommen eine Parallelbewegung: Ihnen hat die ja eher am Umsturz gescheiterte Jugendrevolte um 1968 gezeigt, dass das revolutionäre Subjekt einfach nicht aus dem Bürgertum kommen kann. Es braucht die Arbeiter:innen. Eine Revolution ohne Proletariat ist keine. Genau das denkt auch Max Schulze-Sölde 1920, als er den Lindenhof verlässt: »Ich sagte mir, daß, wer die Sache des Proletariats zu der seinen machen wolle, erst selbst zum Proletarier werden müsse und daß man der Masse nur helfen könne, wenn man sich nicht scheue, mitten in sie unterzutauchen.«

ROTE ARMEE FRAKTION

Als wäre 1918 oder 1919 nicht genug los gewesen. 1920 ist das Jahr der *Roten Ruhrarmee* und das Jahr, in dem irreguläre Truppen mit Kreidehakenkreuz auf dem Stahlhelm ins Regierungsviertel einziehen. Im Januar trat der Versailler Vertrag in Kraft. 100 000 Soldaten stark durfte das Heer nur noch sein. Die überwiegend nationalistischen Freikorps, die 1919 die Aufstände in Berlin, die Münchner und andere Räterepubliken niederschlugen, wurden vor erst einem Jahr als Brigaden in die reguläre Reichswehr, die Armee der Weimarer Republik, integriert, schon sollten die meisten von ihnen wieder entlassen werden. Nicht unbedingt zur Freude der sozialdemokratischen Regierung: Noch Mitte Januar 1920 ließ sie die aus Freikorps bestehende »Sicherheitspolizei« eine weitgehend friedlich demonstrierende Menschenmenge vor dem Reichstag mit Maschinengewehren und Handgranaten beschießen. Und im umkämpften Osten der Republik standen sie gegen polnische Nationalist:innen und die Rote Armee noch mit Duldung der Alliierten im Feld. Dennoch löst der zum Reichswehrminister aufgestiegene Gustav Noske im Februar vertragskonform die große Marinebrigade Ehrhardt auf. Sodann organisieren geschasste Generäle einen Putsch. Ehrhardt hält erstmal eine große Parade ab. Weniger symbolträchtig führt der Kommandant der ostelbischen Verbände, Walther Freiherr von Lüttwitz, den Widerstand an, die politische Führung liegt bei Wolfgang Kapp, Gründer der *Deutschen Vaterlandspartei*, einer der ersten Parteien eines »modernen« Rechtsextremismus, völkisch, antisemitisch, nationalistisch. Anfang März spricht Lüttwitz mit den Republikfeind:innen im Parlament, stößt aber mit seinen Forderungen nach Neuwahlen von Reichstag und Reichspräsident und Rücknahme des Auflösungsbefehls auf taube Ohren. Auch Reichspräsident Ebert lässt sich nicht von den Putschdrohungen beeindrucken und fordert den General zum Rücktritt auf. Stattdessen gibt Lüttwitz der Brigade Ehrhardt den Marschbefehl nach Berlin. Kapp soll sich bereithalten, am 13. März die Regierung zu übernehmen.

In der Nacht zum Samstag marschiert die Brigade in voller Ausrüstung von Döberitz im Havelland aus durch Brandenburg – und um halb sieben in der Früh mit Gesang durchs Brandenburger Tor. Als Zeichen der völkischen Gesinnung tragen viele Soldaten ein Hakenkreuz auf dem Helm. Nur wenige Minuten zuvor sind die meisten Minister aus der Reichskanzlei in der Berliner Wilhelmsstraße geflüchtet, Autos standen im Hof bereit. Zurück bleiben der Vorsitzende der *Zentrums-Partei* und der Justizminister von den Nationalliberalen. Die sozialdemokratischen Minister unterzeichneten zuvor einen Aufruf zum Generalstreik, dann machen sie sich auf den Weg nach Dresden. Fast werden sie dort in Schutzhaft genommen. Sie landen schließlich in Stuttgart, wo sich das Militär ruhig verhält. Die Reichwehr weigert sich, einzugreifen und den Putsch niederzuschlagen. Am Morgen wird Wolfgang Kapp von den Putschist:innen zum Reichskanzler erklärt. Seinen Namen wird der Putsch tragen, obschon seine Rolle eine passive bleibt.

Im Laufe des 13. März tritt das Reich in seinen weitreichendsten Generalstreik, der Pressechef der Reichskanzlei verbreitete den Aufruf der SPD-Minister, dem sich zahlreiche Gewerkschaften und am folgenden Sonntag auch die KPD anschließen. Selbst der eher konservative *Deutsche Beamtenbund* schließt sich dem Streik an. Der Kapp-Putsch hat eine Regierung übernommen, ohne Regierungspersonal mitzubringen. Kapp sitzt in der Reichskanzlei, angewiesen auf einen sozialdemokratischen Regierungsapparat, der sich gleich weigert, auf die Soldforderungen der Brigade einzugehen. Sonntags trifft der Streik mit voller Wucht Berlin. Die Telefonist:innen verschalten keine Leitungen, der Eisenbahnverkehr fällt aus, nicht einmal Straßenbahnen fahren. Montags gibt es keine Post und keine Zeitungen, alle Geschäfte, Behörden und Fabriken bleiben geschlossen. Bald sitzt Kapp in einer Stadt ohne Strom, Gas und fließendes Wasser. Am 17. März, fünf Tage später, flieht er nach Schweden. Lüttwitz versucht sich einige Stunden als Militärdiktator, dann zieht auch er von dannen. Nicht ohne Forderungen, nicht, ohne zuvor die Sicherheitspolizei mit Bomben gegen Streikende einzusetzen. Die Streikenden fordern nun ihrerseits Reformen, etwa die Enteignung von Großgrundbesitzer:innen und der Grundstoffindustrie und die konsequente Verfolgung der Putschist:innen. Viele erwarten ein Durchgreifen der Reichsregierung gegen die reaktionären Kräfte. Nichts geschieht, nur der selbst in der sozialdemokratischen Arbeiterschaft verhasste Noske muss zurücktreten. Am 23. März wird die Arbeit im Reich wieder aufgenommen.

Doch der Generalstreik hatte bereits gewaltige Dimensionen angenommen, vor allem in Thüringen. In Erfurt stellten sich am 13. März bewaffnete Arbeiterbrigaden putschenden Militärverbänden entgegen, die Reichswehr führte das Standrecht ein, es gab zahlreiche Tote. Je deutlicher sich in Berlin die Niederlage abzeichnete, desto brutaler gingen die Putschist:innen vor: Maschinengewehrfeuer in friedliche Mengen und Brandschatzungen. Vorübergehend war die Reichswehr auf dem Rückzug. In Schmalkalden rufen Arbeiter:innen eine Räterepublik aus, in Suhl, Greiz und Gera übernehmen Arbeiterwehren die Macht. Von überall aus dem Thüringer Wald strömen Arbeiter:innen in die strategisch wichtige Stadt Gotha, seit dem 17. März nennen sie sich die »1. Volkswehrarmee«, 5000 Menschen stark, sogar einige Panzerfahrzeuge sind in ihrem Besitz. Angeführt werden sie von Vertretern der USPD, aber der linke Flügel der SPD ist beteiligt. Bei der Einnahme der Stadt sterben 110 Menschen.

In Eisenach aber vereinigen sich derweil Reichswehr und Freikorps, um im Auftrag der wieder eingesetzten Reichsregierung für Ordnung in Thüringen zu sorgen. Die linke Landesregierung plädiert am 23. März für die Waffenniederlegung. Bis in den April hinein bleibt Ostthüringen in der Hand von Arbeiterbataillonen. In den kontrollierten Gebieten aber kommt es zu Racheaktionen und Lynchmorden an vermeintlichen »Spartakisten«. Ein Studentenkorps aus Marburg verübt ein Massaker an 15 von örtlichen Bauern denunzierten Arbeitern und verstümmelt sie. Auch Gutsbesitzer, die Enteignungen fürchten, greifen zu den Waffen.

Der bürgerliche Mob übte in diesen Tagen des Ausnahmezustands ein, was ein gutes Jahrzehnt später zum Alltag werden sollte: rechtsfreier rechter Straßenterror, geduldet und gefördert von der Staatsmacht. Die an Massakern beteiligten Mitglieder der Erfurter Bürgerwehr wurden später von der NSDAP-Regierung als »Kämpfer der nationalen Erhebung« anerkannt. Dass ausgerechnet hier zum ersten Mal die Nazis als akzeptable Koalitionspartner erschienen, hat seine Gründe. Dass im Februar 2020 der Thüringer Landtag wieder in den Blick geriet, weil sich der FDP-Politiker Thomas Kemmerich mit Stimmen der AfD zum Ministerpräsident wählen ließ, ist kein Zufall. Der gesellschaftliche Aufschrei war groß, er hielt sich nur wenige Tage an der Macht.

Die Thüringer Märzgefallenen sind im kollektiven Gedächtnis der Region kaum verankert. Zwar finden sich auf vielen Thüringer Friedhöfen Mahnmale, aber zu deutlich sind sie mit der späteren SED-Zeit assoziiert, um Identifikationsmöglichkeit zu sein. Hildburghausens Nachbarstadt Suhl wurde unter anderem deshalb in der DDR zur Bezirkshauptstadt, weil die örtlichen Arbeiter:innen im Kapp-Putsch kurzen Prozess mit den die Stadt besetzenden Reichswehrtruppen machten – eine frühere Held:innenstadt, heute in tiefer rechter Hegemonie. Gerade in Zeiten eines aufsteigenden Rechtspopulismus, ist es wichtig aufzuzeigen, dass linke Kraft nicht nur utopisch ist, selbst in einem Deutschland, das immer wieder aufs Neue in seine rechte Komfortzone strömt. Die Hundert-Jahr-Feiern zum größten Generalstreik der deutschen Geschichte fielen 2020 ins Wasser, stattdessen verkündeten die Nachrichten die Schließung von Schulen. Wieder versinkt das Land in Stille und Stillstand, aber ohne die Energie, die der grotesk gescheiterte Kapp-Putsch auf Seiten der Linken auslöste.

Im Ruhrgebiet, wo sich Max Schulze-Sölde im März 1920 aufhält, liegt das eigentliche Zentrum der Aufstände, die aus dem Putsch entstehen. In Wuppertal vereinbaren SPD, USPD und KPD, den Kampf für die Diktatur des Proletariats wieder aufzunehmen. Auch die *Freie-Arbeiter-Union Deutschlands*, die sich den Anarchosyndikalismus auf die Fahnen geschrieben haben, schließen sich dem Bündnis an. Spontan bilden sich Vollzugsräte, die in vielen kleineren Städten ohne Widerstand die Macht übernehmen – in Hamm, wo Schulze-Sölde bis kurz zuvor lebte, sind es Bergleute aus der Zeche Radbod. Vor allem bildet sich aber ein heute kaum vorstellbares Gebilde in historischer Einmalig-keit: Irreguläre Verbände, etwa die Freikorps, waren zwar in der Gewaltgesellschaft der frühen Weimarer Republik eine fast normale Erscheinung. Genauso, dass zahlreiche ehema-lige Frontkämpfer im Chaos des Systemwechsels im Winter 1918 in voller Bewaffnung nach Hause kamen und so in vie-len Haushalten Kriegsgerät zur Einrichtung gehörte.

Es war also vielleicht nur eine Frage der Zeit und des Anlasses, dass sich binnen Tagen ein riesiges proletarisches Heer bildete: die *Rote Ruhrarmee*. Etwa 50 000 Menschen stark, schaltet sie in kürzester Zeit die Ordnungskräfte im Ruhrgebiet aus. Am 17. März besetzt sie Dortmund, am 20. März ruft sie in Essen die Räterepublik aus. Die wieder mit Macht ausgestattete Reichsregierung verhandelt erfolg-los. Ein erneuter Generalstreik lässt Ende März auch Städte wie Düsseldorf in die Hand der Räte fallen. Die größtenteils kriegserfahrene Armee bezieht Sold von den Räten und ist zumeist in kleineren Gruppen unterwegs, die auf eigenen Fahrrädern an die Front fahren und dadurch flexibel sind. Ihr Ende erfolgt durch die Hand jener Soldaten, die zuvor am Putsch beteiligt waren und nun wieder auf Seiten der Re-gierung die bürgerliche Ordnung herstellen sollen. Anfang April sterben bei der berüchtigten »Schlacht von Pelkum« bis zu 300 Arbeiter und Arbeitersamariterinnen, bei einem Toten auf Seiten der Militärverbände, bestehend aus Frei-korps, aber auch aus Vertreter:innen des rechten Bürger-tums, Studenten und Gymnasiasten.

Anders als die *Rote Ruhrarmee* scheitert Max Schulze-Sölde Monate später an der Mobilisierung der Massen. Nach-dem der Maler als Bauer versagt, versucht er es als Bergmann, nahe dran an der Keimzelle der erhofften Revolution. In einer Duisburger Zeche findet er Anstellung und in der *Arbeiter-Union*, die den Ruhraufstand mitgetragen hat, Zugang zum Anarchosyndikalismus. Dessen Ziel ist die Organisation von Lohnabhängigen auf der Basis von Solidarität und Selbstbestimmung, nicht nur im Betrieb, sondern überall. Das Proletariat soll in die Lage gebracht werden, eine echte Gegenmacht zu Staat und Kapital zu sein. Hier fühlt Schulze-Sölde sich aufgehoben, schon sein agrarkommunistisches Experiment in den Elbmarschen zielte schließlich auf eine ganzheitliche Erneuerung der Gesellschaft.

Seine ersten Auftritte vor Bergarbeiterkollegen sind kaum besucht. Ähnlich wie Louis Haeusser zur gleichen Zeit im Süden versucht er, mit Provokationen die Aufmerksamkeit des Publikums zu generieren. Doch hier im Westen geht es Schulze-Sölde eher philosophisch an: Ihr seid doch Spießbürger, ruft er seinen Hörer:innen zu, die Teil eines blutigen Bürgerkriegs um die Macht im Ruhrgebiet waren, während er mit dem Geld seines Vaters Landwirtschaft gespielt hat. »Es muß über Euch kommen wie ein gewaltiger Rausch, wie eine neue Religion«, ruft er aus. 1921 verfängt es schließlich doch: Auf seine Initiative hin schließt sich seine Zeche einem Generalstreik an, der den Mitteldeutschen Aufstand im heutigen Sachsen-Anhalt unterstützen sollte. Eine weitere kurzfristige Erhebung des Proletariats, diesmal aber kaum von der Masse getragen und nicht gestützt von den Parteien, aber ebenso blutigem Ausgang: 180 Tote, bei weitem überwiegend Arbeiter:innen. Diesmal ist die Linke der Republik nachhaltig geschwächt. Und Schulze-Sölde wird am 1. April 1921 wegen seiner Beteiligung am Streik entlassen.

Er selbst kann über den gescheiterten Aufstand bald lachen. Ein paar Stunden riss er die Massen mit, aber weit und breit schloss sich keine andere Zeche dem Streik an. Mit dem Proletariat ist die Revolution also auch nicht zu machen, schließt er aus dem Misserfolg. Sein neuer Plan heißt Querfront: »Die äußerste Linke und die äußerste Rechte müssen sich finden. Hier finden sie ganz allein das, was nötig ist: den Kampf um die Sache, um die Idee und die Bereitschaft zum höchsten Opfer«, schreibt er. Außerdem malt er nun wieder, Landszenen mit abstrakten, expressionistischen Elementen, aber ebenfalls starke Bäuer:innen, die säen, ernten und pflügen. »Siedlung!« überschreibt er da noch einen Artikel im anarchosyndikalistischen Blatt *Syndikalist*, das zuvor schon einige seiner Reden abgedruckt hat. Auch hier geht es um Opfer – das Leiden der proletarischen Jugendlichen in den neu zu gründenden Selbstversorger-Gemeinschaften sei es, was die bürgerlichen Elemente in ihren Seelen vernichte. Er liefert dabei eine sozialistische Theorie zu den direkten Aktionen der Lebensreform. Es sei gerade nicht reformistisch, konkret zur Tat zu schreiten. Während die *Arbeiter-Union* den Weg nicht mitgehen will und weiter auf Klassenkampf als Instrument der Systemüberwindung setzt, springt die syndikalistische Jugend durchaus auf die neue Denkrichtung an. Er selbst wird sie nicht weiterverfolgen. Sein politischer Weg führt nun dorthin, wo es notorisch um das höchste Opfer geht: Der malende Kumpel wird Christ.

MAX SCHULZE-SÖLDE
SUCHT EIN ZUHAUSE

Kurz nach seinem Rauswurf aus der Zeche landet ein Traktat in Schulze-Söldes Briefkasten. *Der Christ-Revolutionär* heißt das Organ der *Christ-Revolutionären Bewegung.* »Da macht einer den verwegenen Versuch, Christus in den Mittelpunkt einer deutschen Revolution zu stellen, und mit der Duldsamkeit des überlegenen Standpunkts die Bindung zu schaffen zwischen den Seelen aus allen Lagern und Parteien«, schreibt er im Rückblick seiner Autobiografie angetan. »Mit allen schien er Fühlung zu haben: Syndikalisten, Sozialisten, Jugendbewegung, Nationalisten, Buddhisten, Kommunisten, Katholiken – alle kamen zu ihrem Rechte und alle schien er in dem großen Brennpunkt ›Jesus von Nazareth‹ sammeln zu wollen. Ein Seelenfischer! Ein Weiser! Einer vom Geschlecht der Priester! Ein politischer Kopf ersten Ranges!« Was daran irritiert, ist weniger die fehlende Reflexion, dass sich Katholizismus, Nationalismus, Buddhismus nur unter gigantischen Ausklammerungen verbinden lassen, nämlich durch Betonung einzelner Aspekte. Bei den Christ-Revolutionären ist das ein völkisch reines Deutschland. Vielmehr irritiert, dass Max Schulze-Sölde nach dem Zweiten Weltkrieg, nach dem Zusammenbruch des NS-Regimes einen Mann in höchsten Tönen lobt, der vor seinem Engagement als Christ-Revolutionär aktiv in der nationalistischen *Deutschen Vaterlandspartei* war, gegründet vom gescheiterten Putschkanzler Kapp, und in der Zeit des Nationalsozialismus nicht nur prominenter Kopf der »Neuen Deutschen Heilkunde«, sondern auch Gründer einer neuen germanisch-paganen Religion, die das Christentum hinter sich lassen wollte. Kurz: einen Mann, der sich massiv am Aufbau eines potenziell allumfassenden nationalsozialistischen Systems beteiligte.

Karl Strünckmann war eigentlich Psychiater und leitete im Laufe seines Lebens mehrere Sanatorien. Als Mediziner war er einer der Pioniere der Autosuggestion als Heilmethode und ein Verfechter der Reformhausbewegung. Mit *Frischkost – Rohkost – Sonnenkost* veröffentlichte er 1929 einen der populärsten Ernährungsratgeber seiner Zeit. Dabei ging es immer auch um ein spezifisch deutsches Element, das als germanische Heilpraxis mit der krankmachenden Schulmedizin synthetisiert werden sollte. Im Nationalsozialismus war er damit ganz auf Linie des *Nationalsozialistischen Deutschen Ärztebunds* und veranstaltete regelmäßig seine »Biologischen Wochen«. Auch auf religiösen Wegen führte sein Weg aus dem Umfeld der Lebensreform zügig nach rechts. 1902 bekannte er sich erstmals öffentlich als Christ, war aber parallel vom Buddhismus fasziniert und leitete zeitweise eine Gesellschaft, die sich der Verbreitung buddhistischer Texte in Deutschland widmete. Mit dem Ersten Weltkrieg begann er sich als Christ zu begreifen und gleichzeitig eine deutlich völkische Richtung einzuschlagen. Die querfrontige *Christ-Revolutionäre Bewegung* in den frühen 1920ern ließ er rasch hinter sich. Im Nationalsozialismus war er aktiv in der *Deutschen Glaubensbewegung*, die einen neuen, dabei vor allem aber wahrhaftig arischen Glauben finden wollte. Sein 1935 erschienenes Buch trägt den Titel *Das letzte Ziel: Ein Volk! Ein Glaube! Eine Kirche!*

Im Jahr 1921 ist Strünckmann allerdings verzweifelt. Er geht damals auf die fünfzig zu, für einen charismatischen

Revolutionsführer ist er zu alt. Also castet er einen »Deutschen Christus«. Wer bloß könnte die Jugend anführen auf dem Weg zum völkischen Christentum, das alle Grenzen von Religion und Politik sprengt? Zunächst scheint niemand diese Aufgaben übernehmen zu wollen. Der Maler und Kommunarde Heinrich Vogeler schickt eine Absage. Der spätere Chronist der Inflationsheiligen Harry Wilde wäre zwar gekommen, aber Strünckmann weigert sich, ihm die Fahrkarte zweiter Klasse für den Nachtzug nach Stuttgart zu zahlen. Auch der Prediger und spätere Schriftsteller Theodor Plievier steht der Bewegung nicht als Messias zur Verfügung. Auf den spirituell suchenden Schulze-Sölde ist Strünckmann schon in dessen kommunistischer Phase im Frühjahr 1919 bei einem Vortrag aufmerksam geworden – und seine Bemühungen um den als Arbeiterführer gescheiterten Mittdreißiger haben Erfolg. Im Juni 1921 reist Schulze-Sölde nach Stuttgart, um bei der »Christrevolutionären Tagung« zu sprechen. Er ist schockverliebt in die Bühne und seine neue messianische Rolle. Mehr noch: Als Louis Haeusser auftaucht, ist er wenig beeindruckt. Im Gegenteil, die seiner Meinung nach fehlende Vollkommenheit Haeussers sieht er nun in einer Vision in sich selbst ruhen. Ist es Wahnsinn oder Berufung? Schulze-Sölde weiß es nicht. Doch gut vier Monate nach seiner gescheiterten privaten Märzrevolution in Duisburg, ist er überzeugt: »Ich bin ein großes Gestirn und viele Sterne werden ihre Bahnen um mich ziehen«, schreibt er an seinen alten Bauernkollegen Hertwig.

Im Laufe des Sommers wächst er in das völkische Strudeln unter dem sozialistischen Antlitz hinein. Er predigt, »nur mit Hose und Gürtel bekleidet, die große Gestalt ein wenig nach vorn gebeugt, im tiefen Ringen mit sich selbst«, berichtet Strünckmann von einem Auftritt in Schulze-Söldes Heimatstadt Hamm, nun als »Johannes der Jugend«. Er predigt von einem Friedensreich, dem kommenden Friedensfürst und inneren Neuanfängen. Das kommt an, bei der Arbeiterjugend, bei anarchistischen Jugendgruppen. Auf Abstand bleibt allerdings die organisierte linke Jugendbewegung, mit Skepsis verfolgt sie, wie frei flottierende Kommunist:innen und die Christ-Revolution sich einem charismatischen Redner annähern. Schulze-Söder hält das kaum aus, zu langsam, zu wenige: »In mir lodert ein brennendes Feuer, am liebsten zöge ich durch die Lande, und schleuderte die Brandfackel in alle Herzen, auf daß endlich das Wunder geschähe, auf dass wir alle warten.« Es wird 1921 ausbleiben. Die Bewegung zerfällt nach einem intensiven Sommer voller Jugendpredigten und Massen christlich bewegter Kriegstraumatisierter. Das Momentum bleibt ein Fantasieprodukt, der Tonfall aber gesetzt.

Kurz vor Weihnachten 1923 ist er daher konsequenterweise dabei, als in der Nähe von Zwickau eine ganz ähnliche Bewegung ihren Anfang nimmt. Eine revolutionäre Gewerkschaftsbewegung auf religiöser Basis will sich aus der sächsischen Arbeiterschaft heraus gründen, geplant als Keimzelle einer christ-sozialistischen Volksgemeinschaft. Das Ziel der Christ-Sozialisten war dabei die Ablösung und Erfüllung eines anderen missverstandenen Sozialismus: des Nationalsozialismus, der in diesem Jahr durch einen erfolglosen Putsch in München im ganzen Reich für Aufsehen sorgte. Im Selbstverständnis der Gruppe verschränken sich hier zwei Religionen: Der Sozialismus steht als Religion des Proletariats dem auf die Figur Jesus fokussierten Christentum gleichrangig gegenüber. In Schulze-Söldes Traktat

Aufgaben und Ziele der Christ-Sozialisten von 1924 ergänzen sich rechte und linke Positionen zu einem antisemitisch-sozialistischen Gemisch, das kaum Impulse in die Gegenwart sendet, obwohl die Probleme sich ja nicht auflösten: Klassenkampf überwinden, Grundbesitz abschaffen, eine internationale Währung jenseits der Banken aufrichten, um die »Zinsknechtschaft« zu brechen, den Zwischenhandel ausschalten, das römische Recht aus dem Rechtsstaat streichen und zu germanischen Rechtsformen zurückkehren, den Siedlungsgedanken gegen die Städte und das Handwerk gegen die Industrie stärken, Alkohol verbieten, die Reichswehr zur Friedensarmee umrüsten. Interessant ist, dass die Kriegsschuld und die Beteiligung des Proletariats am Weltkrieg, dass also der Pazifismus die bestimmende Rolle im Manifest einnimmt – auch in der Linken keine einfache Position. Der Christ-Sozialismus soll alles durchdringen, schreibt Schulze-Sölde: »Das Reich Gottes auf Erden ist eine politische Angelegenheit! Wir wollen religiöse Politik!«

Es gibt viele Momente in diesem Buch, an denen sich ein Vorhang lüftet, vergessene Utopien aufschimmern und sich als für einen kurzen Moment lebbar zeigen, Räterepubliken und anarchistische Kommunen. Es deutet sich da eine andere Gesellschaft an, die auch möglich gewesen wäre. Das ist dann nicht kontrafaktische Geschichtsschreibung, nur das Setzen eines anderen Schwerpunkts, der die faktische Geschichte in ein anderes Licht rückt. Mit den Christ-Sozialist:innen lässt sich das nicht anstellen. Einerseits stabilisiert sich 1924 die Lage in der Republik weitgehend und nimmt den Privatideologien charismatischer Extremist:innen, Prophet:innen und Exzentriker:innen ihre Anziehungskraft in der Krise – eine Erfahrung, die Haeusser bei seinen Versuchen macht, sich als politisches Schwergewicht zu etablieren. Andererseits war selbst in der höchsten Verwirrung, in den Highspeed-Zeiten der frühen Republik 1918 bis 1923, nicht jedes ambitionierte Projekt zum Erfolg verdammt. Mancher Quatsch sorgt für Aufsehen. Manchmal sitzen aber auch nur ein paar christliche Sozialist:innen mit schwieriger Schlagseite in einer sächsischen Kleinstadt und entwerfen größenwahnsinnige Flugblätter, die niemand interessieren. Wäre Max Schulze-Sölde kein Maler von Rang gewesen, der über seine Verbindung zum Galeristen Alfred Flechtheim bis heute Teil des erweiterten Avantgarde-Kanons ist, wäre sein Leben weniger exzentrisch verlaufen und wäre dieser Max Schulze-Sölde auf seiner Suche nach seinem Platz auf Erden und im Himmel nicht zufällig dabei gewesen, wäre die Bewegung vermutlich heute nach Minuten vergessen wie jeder eine große Mehrheit hinter sich behauptende Tweet aus der Impfgegner:innenblase.

Schulze-Sölde ist verheiratet. Schon 1920 hat er die jugendliche Arbeiterin Franziska Krischer kennengelernt und bald darauf geheiratet. Vielleicht ist auch das nicht zu unterschätzen, als Bruch: Seine großbürgerliche Familie ist über die unstandesgemäße Ehe empörter als über seine Polit-Eskapaden. Zugleich verbindet er sich über diese Beziehung tatsächlich mit der Arbeiterklasse, von der er bislang eher schwärmte. 1924 ist ihr Sohn Widukind drei Jahre alt. Schulze-Sölde deutet die kleine Gemeinschaft aus Papa, Mama, Kind, na klar, als Heilige Familie, die als Preis für ihren Platz im göttlichen Erlösungsplan Elend auf Erden erleiden muss. Franziska macht da nicht mehr mit. Sie verlässt den stetigen Revolutionär. Der durchfastet den Sommer und beugt sich dann ihren Bedingungen. Die sind vermeintlich hart: 1926 wird er Zeichenlehrer im Deutschen Landerziehungsheim in Haubinda, im Süden des Thüringer Waldes, wenige Kilometer südlich von Hildburghausen – eine reformpädagogische Einrichtung, die bis heute existiert.

Die Arbeit in der Schule macht dem Mann zu schaffen, ihm fehlt die Revolution, so sehr die auch nur im Schreiben von Flugblättern für Splitterfraktionen mit Weltherrschaftsanspruch bestand. Statt in querfrontig-sozialistischen Gruppen sitzt er nun allein im einem Weiler im Mittelgebirge und schreibt Briefe an alte Freunde. Schulze-Sölde, das wird immer deutlicher, ist mittlerweile vollends ins völkische Lager gewechselt. Unter die Arbeiter:innen will er sich noch immer mischen, schreibt er 1927 an seinen christrevolutionären Mentor Strünckmann, aber diesmal nicht als anarchischer Aufwiegler, sondern als Verkünder einer völkisch-reinen Bürgerlichkeit. Noch immer will er den stetig an Einfluss gewinnenden Nationalsozialismus überwinden, nicht hin zum Ende aller Herrschaft, sondern zur Vollendung. Als erste Stufe erscheint er ihm bloß, der weitere folgen müssen: Eine völkische Bruderschaft, ein neuer Orden, der die Tat über die Theorie setzt. Er beschäftigt sich mit Nationalbolschewismus und nationalrevolutionärem Denken. Entscheidende Impulse gibt ihm der völkische Revolutionär Ernst Niekisch. Wie die Christ-Sozialist:innen hält der den Klassenkampf für einen historischen Fehler, plädiert für einen starken Preußischen Staat ohne Parteien, angelehnt an das sich gerade entfaltende Sowjetrussland. Wo der Marxismus die Weltrevolution propagiert, will der Nationalbolschewismus von Klassengegensätzen befreite Volksgemeinschaften, die den Blick nicht über die Grenzen legen und diese, das kapitalistische Umfeld fürchtend, entsprechend hochziehen. Einen dritten, einen preußischen Weg sieht Niekisch, der den westlichen Kapitalismus und den östlichen Bolschewismus durch den vermeintlich egalitären eigenen Nationalcharakter hinter sich lässt. Selbst die KPD machte sich bisweilen für solche Positionen stark. Den Aufstand im Ruhrgebiet gegen die völkische Rechte und den Kapitalismus vermarktete sie vor Ort auch als Aufstand gegen den Versailler Vertrag und suchte so nach Unterstützer:innen in der nationalistischen Arbeiterschaft. Ebenso gab es innerhalb der NSDAP zahlreiche nationalbolschewistische Parteigänger:innen. Einige davon werden Schulze-Sölde noch über den Weg laufen. Zunächst aber klingt in seinen Briefen vor allem der Frust an, statt als messianischer Erlöser nun als Hilfslehrer in einem Provinz-Internat dem Volke zu dienen.

NORDISCHE BELEUCHTUNG

Egal ob man Max Schulze-Sölde für einen privilegierten Oberschichtenjüngling mit aufgesetzter Ghandi-Attitüde hält, für einen zeitweise falsch abgebogenen Verfechter grüner Landkommunen, für einen Sozialisten oder einen Prä-Faschisten – es läuft darauf hinaus, dass es ihm immer dann besonders gut ging, wenn die Wege der Gesellschaft bergab führten. Während sich Weimar ab 1924 einigermaßen stabilisiert hat, ist Schulze-Sölde, dem die Odyssee zur Komfortzone geraten ist, höchst unzufrieden in Lohn und Brot. Doch die Zeitläufte bescheren ihm noch ein paar Knalle. 1929 ist nicht nur Deutschlands Jahr der Wirtschaftskrise.

Die amerikanische Realwirtschaft befindet sich ab dem Sommer im Sinkflug. Die Stahlproduktion geht zurück, es werden kaum neue Wohnungen gebaut. An der Börse entwickelte sich in den letzten Jahren bereits eine realwirtschaftlich kaum gedeckte Spekulationsblase. Am 24. Oktober, dem Schwarzen Donnerstag, platze sie. Da ein großer Anteil der finanziellen Mittel der Weimarer Wirtschaft in Form von Investitionen und Krediten aus amerikanischen Unternehmen existierte, die nun plötzlich ausstiegen, bricht fast über Nacht auch das deutsche Wirtschaftssystem zusammen. Schnell steigt die Arbeitslosigkeit an und bald ist allen klar, wie es um das Bankensystem stand. Das kam nicht nur Schulze-Sölde bekannt vor. Im Sommer 1930 ist er wieder als Prediger auf Thüringer Landstraßen anzutreffen und wirbt für anarcho-kommunistische Dorfgemeinschaften ohne privaten Besitz an Produktionsmitteln oder Böden. Und für die Versöhnung aller Religionsgemeinschaften, für Religion als Urgrund der Politik – Christentum als wahrer Kommunismus.

Konkret werden seine Pläne im April 1930. Der nationalsozialistische *Völkische Beobachter* des Kreises Hildburghausen erkennt schon früh, was da auf die Partei zurollt: Eine Metabewegung, die zwar auf die Macht der nationalsozialistischen setzt, aber diese hinter sich lassen will. Im Grunde also eine völkisch gewendete, weitere Stufe des Christ-Sozialismus. Schulze-Sölde behauptet, dass »auch unsere Führer, wenn einst der Tag gekommen wäre, wo sie die Macht in Händen hätten, nicht wüßten, was sie anfangen sollten, und daß darum keine Besserung der Verhältnisse eintreten könne«, schreibt die Zeitung. Die »Religiöse Woche« in Hildburghausen, die Schulze-Sölde in der rechten jugendbewegten Zeitschrift *Die Kommenden* ankündigt, lässt erwarten, dass es um die Grundsteinlegung einer neuen völkisch-religiösen Sammelbewegung gehen soll. Aber das Selbstverständnis geht weit darüber hinaus: Die Teilnehmenden sollen das spirituell-religiöse Gerüst erkunden, das die neuen Machtverhältnisse, so sie eintreten, substanziell tragen wird. »In unheimlicher Weise mehren sich die Anzeichen des drohenden Chaos in unserem Volke. Zersetzung, Auflösung und Parteiung greifen immer mehr um sich. Es bleibt nur die eine Hoffnung: daß wir, von der Not zusammengeschmiedet, die große Einheit im Inneren finden, die Synthese der deutschen Volksseele, die neue Bindung (religio) und damit den Weg zur inneren und äusseren Freiheit. Solche Bindung kann aber nur wachsen aus der Kraft religiösen Erlebens«, heißt es in der Ankündigung, die von Schulze-Sölde und Strünckmann unterzeichnet ist. »Nun muß es sich zeigen, ob die verschiedenen, von der Revolution ausgelösten Bewegungen und Strömungen, die auf eine Wiedergeburt unseres Volkes abzielen, ›echt‹ sind oder ob auch in ihnen die Ich-Betonung, die Neigung zur Sektiererei, die pharisäische Ausschließlichkeit, die päpstliche Unduldsamkeit den Willen zur Einigung ersticken.«

Das Line-Up ist irre. Alle sind gekommen, ein letztes Schaulaufen der Inflationsheiligen und der Lebensreform: Friedrich Muck-Lamberty, Gusto Gräser, der längst völkisch agierende »Oberdada« Baader, und auch der tote Haeusser wird vertreten. Und laut Anzeige im Kreisblatt steht einiges auf der Agenda, es werden »die nordische Weltanschauung, die katholische Ur-Idee, die indische Gedankenwelt, das Christentum und der Bolschewismus behandelt«. Der Tagungsort, das damalige Herzögliche Lehrerseminar, ist heute die Regelschule »Joliot-Curie«. Ein wenig abseits des historischen Stadtkerns gelegen, ist es ein typisch deutscher Klinkerbau, einer Residenzstadt angemessen: Nicht zu popelig, nicht zu protzig, mit dem Charme wilhelminischer Neorenaissance. Bemerkenswert damals wie heute: Die Aula mit prächtigem Stuck. Hier eröffnete am Ostersamstag 1930 besinnliches Orgelspiel das Treffen. Und danach erzählen die Teilnehmenden, was sie gerade bewegt und wohin sie ihr Lebensweg treibt. Dann hält Karl Strünckmann den Festvortrag. Deutschland beschreibt er als zerrieben zwischen vier Polen: Einem roten, das ist Moskau, einem schwarzen, das ist Rom, einem goldenen – New York – und einem weißen: Indien. Nur der letzte dieser Pole könne Deutschland retten, dessen Rolle die der Vermittlung sei zwischen West und Ost, Kapital und Geist.

Den Ostersonntag bestreitet man mit der Feststellung, wie grausam das Christentum den Nordischen aufgezwungen wurde, einer Vergewaltigung des Germanischen gleich. Der Überlegung des Dozenten Georg Groh, dass es wenig bringe, das Jüdische aus den schriftlichen Religionen zu treiben, weil einem entstehenden arischen System der Schriftreligionen dann jedes Fundament fehle, wird mit dem Argument begegnet, Jesus sei schließlich doch kein Jude, sondern Arier gewesen und damit genug Urgrund. Montags berichtet ein Studienrat aus der Siedlungsbewegung von der katholischen Ur-Idee eines alles durchdringenden Kosmischen, die dem heldischen Protestantismus entgegengesetzt sei. Aus Protest reist am nächsten Morgen der Vertreter des Breslauer Haeusser-Kreises ab, noch ehe die völkisch-antifeministische Autorin Maria Groener in ihrem Vortrag »Das indische Weistum in nordischer Beleuchtung« über eine Reform der Geschlechterbeziehungen durch indisch-protestantische Spiritualität referiert. Der Mittwoch der Tagungswoche gehört schließlich dem Bolschewismus. Auf einen begeisterten Bericht aus der Sowjetunion hin springt ein erregter Friedrich Muck-Lamberty auf und widerspricht: Wenn »heute der Bolschewismus sich ins Positiv-Schöpferische verwandele, so verdanke man das der unverwüstlichen Urkraft des russischen Volkes, nicht aber dem Bolschewismus selber. Wir Deutschen müssten unsere Rettung ganz allein im eignen Volkstum suchen und müssten uns hüten, die revolutionären Methoden eines anderen Volkes auf uns zu übertragen.« So fasst es Schulze-Sölde nach der Tagung für Karl Strünkmann zusammen. Abends gibt es ein »Liebesmahl für die Armen der Stadt« und dazu ein Märchenspiel. Dann, zu später Stunde, kommt Muck-Lamberty, ein Solo-Auftritt vor vollem Hause.

Eigentlich sollte er gemeinsam mit dem Chefredakteur der *Kommenden* sprechen: Karl Otto Paetel. Dieser kommt aus der *Bündischen Jugend*, den rechten Nachfolgeverbänden des *Wandervogels*, er wird in den frühen 1930ern zu einem exponierten Vertreter des Nationalbolschewismus. Noch im Herbst gründet er die *Gruppe Sozialrevolutionärer Nationalisten*, die sich der Nation als letztem Ziel verpflichtet sah, sich gleichermaßen zu Volk und Sozialismus, zum Klassenkampf und der Nationalisierung aller Betriebe bekannte und die Sowjetunion als natürliche Verbündete verstand. In der Zeit der NS-Herrschaft wird Paetel rechter Oppositioneller, erhält Schreibverbot, versucht, eine nationalbolschewistische Unterwanderung der Hitlerjugend durch *Bündische* zu organisieren und landet schließlich im Exil. Noch bis in die 1970er hinein arbeitet er daran, mittlerweile amerikanischer

Staatsbürger, die Rolle seiner Gruppe als antifaschistischen Widerstand prominent zu machen.

Paetel wird erst am nächsten Tag in Hildburghausen sprechen, über die *Bündische Jugend* und ihr revolutionäres Begehren, vor einem Beitrag zu Okkultismus und Karma. Am Mittwoch, den 23. April 1930, spricht Muck allein. Er hält eine dieser Reden, die uns heute unendlich lebensfremd erscheinen. Nicht, weil der frühere Messias der *Neuen Schar* dem Nationalsozialismus tatsächlich am meisten vertraut, die Errettung des deutschen Volkes durchzusetzen. Sondern, weil er in seiner Gegenüberstellung von alten und neuen Menschen ganz unverbrüchlich daran glaubt, dass ein Neustart einfach möglich ist, dass da eine Generation aus dem Trauma des Krieges wächst, die qua magischer Beschwörung eben neu ist und Neues tut und daher notwendigerweise eine neue Gesellschaft hervorbringen muss. Die Jugendbewegung, sagt Muck, ist ein kosmisches Ereignis, das die Welt heilen kann. Die Jugend ist die Kraft, die den neu zu schaffenden Staat durchfluten muss.

Friedrich Muck-Lamberty wird in wenigen Jahren die Nähe der NSDAP auskundschaften. Letztlich bleibt er zu elitär: Die Massen sind für ihn nichts, er will bloß Scharen. Dass die von ihm unterstützten Gruppierungen, wie die bald gleichgeschaltete Siedlungsbewegung der *Artamanen*, selbst stramm rechts und völkisch sind, lässt ihn trotz seiner Distanzierung in keinem guten Licht dastehen. Die NSDAP sieht in einem Schreiben des Naumburger Kreisleiters von 1937 einen »sattsam bekannte Wirrkopf« in ihm, der »versucht, für allerhand andere selbst erfundene politische Richtungen Propaganda zu machen,« lässt ihn aber in Ruhe seine »Werkschar« aufbauen, die er wiederum in Rücksprache mit der Partei mit ihren Gegner:innen, alten Lebensreformer:innen und früheren KZ-Insass:innen auffüllt.

Und dann, ganz am Ende der Woche, »kam endlich Gusto Gräser zu Wort. Ich hatte es in den vergangenen Tagen nicht fertig gebracht, ihn, den Einsamen, den ganz und gar in sein Ich und seine Traumwelt Versponnenen, einzubauen in den Rahmen unserer Tagung. Er fühlte sich deshalb ständig von mir zurückgesetzt«, berichtet Max Schulze-Sölde. »Nun aber hatte sich nach einer gründlichen Aussprache am Nachmittage alles glücklich gelöst, so dass er am Abend wunderschön in dichterischen Worten und Gleichnissen zu uns zu sprechen vermochte.« Es wird nicht die letzte Aussprache der beiden gewesen sein.

Die Tagung ist kein Erfolg. Zwar sind alle Teilnehmenden begeistert und beseelt. Und der nordischgläubige Georg Groh sieht am Ende einen Christus, der jeden inneren, echten Gott verdrängt. In der Tat ergeben sich aus der Zusammenkunft aber keine Konsequenzen. Revolutionäres Christentum findet weder innerhalb der kommunistischen Strömungen noch in der Konservativen Revolution je gewichtige Unterstützer:innen. Eine Einigung, eine echte spirituelle Querfront unter dem Prophetenbanner eines christlichen Kreuzes bleibt aus. Der Nationalsozialismus wächst auch ohne den geistigen Funken von Hildburghausen, das christlich-radikale-buddhistisch-protestantische Element zu monströser Stärke heran. Das Jahrzehnt zwischen der Hochphase der Prophet:innen und der bevorstehenden Machtergreifung Hitlers hat die Welt doch mehr verändert, als das die meisten Anwesenden glauben wollen. Nun sprachen sie deutlicher von Volk und weniger von Innerlichkeit, aber der Habitus anarchistischer Erlöser passte nicht in die totalen Bewegungen der Zeit. Kurz gesagt: Einige Anwesende wären gerne willfährige Helfer des neuen Regimes geworden. Aber das Regime hatte ihre Hilfe nicht nötig.

LINKE LEUTE VON RECHTS

Die »Religiöse Woche« zu erzählen, fällt gar nicht so leicht. Denn die Quellenlage ist überschaubar: Briefe, Lokalzeitungen aus Hildburghausen. Und wer über sie berichtet, tut das meist kaum verhüllt parteiisch. Neben einer Zusammenfassung bei Ulrich Linse gibt es vor allem populärhistorische Aufarbeitungen. Am ausführlichsten berichtet ein Naumburger Lokalhistoriker über die »Religiöse Woche«, der sich an anderer Stelle im Netz als Verteidiger von querfrontigen Friedensbewegungen und Wladimir Putin präsentiert. Und dann schreibt 1990 noch ein Blatt namens *Wir selbst* eine nahezu hymnische Betrachtung.

Wir selbst findet sich in einem Niemandsland aus Nationalbolschewismus, Umwelt- und völkischer Bewegung und kommt aus den Reihen des in den späten 1970ern im Aufbau gescheiterten grünen Flügels der NPD, Pionierland der Neuen Rechten. Die »Religiöse Woche« wird im Heft mit dem Titelthema »Die deutsche Neurose. Ein Volk auf der Suche nach Identität« betrachtet, in dem auch die renommierte *Stiftung Europäisches Naturerbe* oder die *Gesellschaft für bedrohte Völker* werben. »Der Erste Weltkrieg ist vorbei, die erste Etappe des deutschen Passionsweges durch das 20. Jahrhundert abgeschlossen. Gedemütigt durch den Vertrag von Versailles, ausgeplündert durch Reparationen und Besatzerwillkür, gepeinigt durch Inflation, Arbeitslosigkeit,

Massenelend und Hunger, aus der gespreizten Behäbigkeit der wilhelminischen Epoche plötzlich in die hereinbrechenden Sturzfluten der westlichen Moderne geworfen, sucht ein Volk den Weg in eine bessere Zukunft. Der Sowjetstern mag sie verheißen — oder das Hakenkreuz? Marschblöcke formieren sich, Sprechchöre schleudern ihre Parolen als Schreie nach ERLÖSUNG an die hochragenden Wände der Mietskasernen. Rot sind die Fahnen, die von rechts und links her über den grauen Kolonnen geschwenkt werden. Ein ganzes Volk träumt vom kommenden Morgenrot eines neuen Aufbruchs, nicht ahnend, daß sein Leidensweg noch lang und bitter sein wird — bis in unsere Tage«, fasst in groteskem Wehleid der rechte Volkskundler Peter Bahn die Lage der Nation zum Eingang seines Textes »Die Kommenden« über die Tagung zusammen. In einem Tonfall, der die Selbstviktimisierung der Rechten, die heute auch zu den Kernkompetenzen von *Querdenken* gehört, schon in einem Umfeld einbringt, das sich damals, vor gut dreißig Jahren, noch als tatsächliche Front mit Erfolgsaussicht wahrnimmt.

Der Artikel versucht eine Aneignung vorzunehmen, die die Szene der Nationalbolschewist:innen und der rechten, völkischen Lebensreform von Verbindungen zum Nationalsozialismus freispricht und sie als eigentliches Fundament der Neuen Rechten versteht. Bahn versucht hier als positive Geschichtsschreibung, als leuchtendes anderes Deutschland zu beschreiben, was dieses Buch als gefährliche Tendenzen hinter exotischem Anachronismus zeichnet. »Schwärmer, Freibeuter, Sucher, Querdenker, Feuerköpfe und Visionäre«, allesamt »linke Leute von rechts«, beschwört er herauf und stellt sich selbst letztlich in diese Traditionslinie, die deutsche Verbrechen, deutsche Schuld aus der eigenen Identität ausklammert. Kann man es den Studienrät:innen, Doktor:innen und Theolog:innen in Hildburghausen zum Vorwurf machen, wer sie sich in die Ahnengalerie hängt?«Daß nicht wenige von ihnen nach 1933 inhaftiert, ermordet oder ins Exil getrieben wurden, während die heutigen Vertreter ihrer Ideen sich dem haßerfüllten Nazismus-Vorwurf seitens der gesamten Linken ausgesetzt sehen, spricht mehr als alles andere für die Einzigartigkeit (und erfrischende Unbequemlichkeit) ihrer Ideen ...«

Ja, Max Schulze-Sölde kann man den Vorwurf machen. Er hat den Kontakt in die Szene selbst gesucht. Die Gruppe der sozialrevolutionären Nationalisten um Paetel, die einen sozialistischen Nationalismus suchten und rechts und links zu einer Front der Jugend zusammenbinden wollten, fasziniert ihn, sie kommt aus dem Umfeld der *Kommenden*, in der auch sein Aufruf zur »Religiösen Woche« erschienen ist und für die er bald zu arbeiten beginnt. Zu Ostern 1931 geht er nach Berlin. Seine Frau Franziska, sein Kind und seine Lehrstelle hat er da bereits seit ein paar Monaten hinter sich gelassen. Seine neue Geliebte lebt in der Siedlung Eden bei Oranienburg, nördlich von Berlin, und er pendelt zwischen den Siedlungen Eden und Grünhorst. Wie Gräser versucht er, seinen Lebensunterhalt durch den Verkauf von Sinnsprüchen zu gestalten. Ansonsten lebt er von Arbeitslosengeld. Und gründet einen Orden: den Orden vom Sonnenkreuz.

Treffpunkt der Vereinigung ist die gleiche Schule in der Berliner Weinmeisterstraße, in der sich ein gutes halbes Jahrzehnt zuvor Franz Kaiser und Louis Haeusser ein derbes Duell um die Reichskanzlerschaft geliefert haben. In der Sophienschule deutet Schulze-Sölde die Evangelien. Eine »Gemeinschaft der Freien« soll entstehen. In einem Rundbrief, versendet als Antwort auf gnadenlose Streitigkeiten in der Gemeinde, bittet er um Toleranz: »Gelingt es uns, durch Liebe und Demut die negativ-religiösen Kräfte der Dämonien ins Positive zu verwandeln, so werden sie uns dienen und uns bis in die höchsten Höhen der Erkenntnis hinein steigern. Sie, die unsere werdende Gemeinschaft am meisten stören, ringen am tiefsten um sie. Kommt also alle wieder! Helft, den Erlöser erlösen!!!« Aber die Dämonen werden 1931 woanders dringender gebraucht und überlassen den Orden bald sich selbst. Und Gusto Gräser ist noch immer der Patriarch von Grünhorst und verbittet sich, dass dort, wo er selbst seine Basis nahm, ein multipel gescheiterter Heiland seinen eigenen Vatikan errichtet. Das Sonnenkreuz flatterte nie über Grünhorst.

1932 sucht Schulze-Sölde gemeinsam mit Strünckmann den Kontakt zu Otto Strasser. Dieser gehörte bis kurz zuvor einer Partei an, die selbst ein in der religiös-mythischen Ikonografie beheimatetes Kreuz als Symbol gewählt hat. Das Hakenkreuz, auf dessen Bedeutung als hinduistisches Symbol für den Kreislauf des Lebens heutige Nazis immer gern pochen, war schon vor der NSDAP das Zeichen der völkischen Bewegung, seit es im 19. Jahrhundert von der neu entstehenden Ethnologie als weltweit verbreitetes Zeichen einer »arischen« Rasse gedeutet wurde. Schulze-Söldes Sonnenkreuz taucht vor allem in der nordischen Mythologie auf – ein gleichschenkliges Kreuz, umgeben von einem Rad, auch als Radkreuz bekannt. Es symbolisiert den Lauf der Sonne und die vier Jahreszeiten. War es im Mittelalter und im Christentum als Weihekreuz verbreitet, wird es heute vor allem in neonazistischen und faschistischen Kreisen verwendet, auch in heidnischen Gruppierungen und im

Wicca-Kult. Für Schulze-Sölde stellt es noch in den frühen 1940ern die Vollendung des Hakenkreuzes dar. Während der Lauf des Lebens beim Hakenkreuz unterbrochen ist, dreht sich das Sonnenkreuz harmonisch. Im Grunde hat er seine in den frühen 1920ern begonnene Mission, den Nationalsozialismus zu überwinden und geistig zu vollenden, nie aufgegeben. Dass er dabei mit einem tatsächlichen Nazi wie Strasser arbeitete, widerspricht jeder Deutung, er sei ein unpolitischer, im Grunde stets der Lebensreform verhafteter Vorläufer der grünen Bewegung gewesen – auch wenn er mit seinen prophetisch-religiösen Unternehmungen im Hitler-Reich keinen Erfolg verzeichnete. Die schwarze Fahne mit dem Sonnenkreuz sahen er und sein alter Genosse bald schon flattern. »Es wäre schön, wenn es die weiße Fahne wäre. Aber das ist viel zu früh. Dafür sind die Menschen gar nicht reif«, schreibt Strünckmann.

Die schwarze Fahne ist das Symbol der *Schwarzen Front*. »Ich begreife, besonders auch unter dem Eindruck der Unterredung mit Strasser, daß die staatliche Parallele zur christrevolutionären Kirche die Schwarze Front ist. Ich hoffe, daß Irma recht bald die neue Fahne sticken wird. Vorläufig hat sie allerdings noch keine Lust dazu«, schreibt Schulze-Sölde an Strünckmann. Ein absurder Moment, in dem die ganze Tristesse des Lebens zusammenprallt, die Alltäglichkeit der Abhängigkeiten, die der im Leben scheiternde Schulze-Sölde so anhäuft – seine Lebensgefährtin Irma hält ihn im Grunde seit seinem Umzug nach Berlin aus und am Leben, während sein Geist schon die Machtergreifung im Deutschen Reich plant und er jetzt tatsächlich davon spricht, mit den Nazis zusammenzuarbeiten. Was für Typen, er und Strünckmann, Max Schulze-Sölde, der nur Messias geworden ist, vierter

Wahl wohlgemerkt, weil Strünckmann dem Messias erster Wahl keine Fahrkarte zweiter Klasse aus Weimar finanzieren wollte, muss jetzt also mit der Machtergreifung warten, bis seine Frau die Nadeln auspackt.

Otto Strasser war ein Nazi der zweiten Stunde. 1920 trat er der SPD bei, beim Kapp-Putsch führte er eine sozialistische Widerstandsgruppe. Aus Protest gegen die sozialdemokratische Regierungspolitik verließ er aber bereits kurz darauf die Partei wieder. Er blieb Kolumnist ihrer Zeitung, der *Vorwärts*, wo er allerdings oft schon braune Töne einstreute. Ab dem Einzug seines älteren Bruders Georg 1924 in den Bayrischen Landtag für den *Völkischen Block*, der die nach dem gescheiterten Hitler-Putsch verbotene NSDAP ersetzte, wurde er tatsächlich aktiv in der völkischen Bewegung. Im November 1925 trat er in die NSDAP ein und organisierte in der Partei mit seinem Bruder und Joseph Goebbels einen sozialistischen Flügel, der sich mit Streiks der Sozialdemokratie und der Sowjetunion solidarisierte. Die Strassers waren keine Marxisten, weil der in ihrer Anschauung dem kapitalistischen Liberalismus zu nahe stand, traten aber gegen die Strategie Hitlers ein, sich mit dem Unternehmertum zu verbünden, um an die Macht zu kommen. Während Goebbels loyal gegenüber Hitler blieb, bauten die Strassers eine innerparteiliche Konkurrenzsituation mit starker medialer Präsenz auf, ihr eigener »Kampfverlag« verfügte über elf Wochen- und drei Tageszeitungen. Allesamt versuchten sie sich an einem genuin deutschen »National-Sozialismus«. Realpolitisch blieb das ohne Resonanz. 1930 entmachtete die Parteiführung die Berliner Brüder und ihre Anhänger:innen. Im Juli 1930 tritt Otto aus der Partei aus und schreibt den Essay »Die Sozialisten verlassen die

NSDAP«, in dem er etwa die fehlende Solidarität der Nazis mit Ghandis Freiheitskampf in Indien beklagt. »In dieser Erklärung wurde die NSDAP in aller Schärfe angegriffen, weil sie durch die Preisgabe des Arbeiterstandpunktes ihre Prinzipien nun auch für jedermann erkennbar verraten habe, und weil die ›Treue zur Idee‹ über jeder möglichen Treue zu irgendeinem Führer oder irgendeinem Apparat stehe. Damit wurde Hitlers manipulierend-dezisionistische, prinzipienlose, nur auf Machterwerb gerichtete Führungsstellung grundsätzlich abgelehnt«, schreibt der marxistische Politologe Wolfgang Abendroth zur Bewertung Strassers, aus heutiger Sicht erdrückend apologetisch.

Die *Schwarze Front* entstand als Kleinpartei aus diesem linken Flügel der NSDAP, der ja dennoch primär eine Nazi-Unternehmung war. Dass Strasser nicht ganz so antisemitisch war wie andere – er will Jüd:innen als »nationale Minorität« immerhin unter grundsätzlichen Rechtsschutz stellen – macht das Projekt nicht besser. Schon gar nicht, wie so oft behauptet: wirklich links. Strasser blieb streng nationalistisch und völkisch, er blieb in der Konservativen Revolution verhaftet, sein Sozialismus hat keinerlei Momente eines Internationalismus, keine Momente der Überwindung aller Hierarchien für alle Menschen überall auf der Welt. Sein Bruder Georg, am Ende »Reichsorganisationsleiter« der NSDAP, wurde 1932 parteiintern entmachtet, als herauskam, dass er mit Reichskanzler Kurt von Schleicher Geheimverhandlungen führte, die die Partei zu spalten drohten und Hitler von seiner Position und seinen Ambitionen auf die Regierung verdrängen sollten. 1934 wurde er im Rahmen der Morde an der SA-Führung um Ernst Röhm umgebracht. Otto war damals bereits im Exil in Tschechien, wo die Gestapo mehrfach erfolglos versuchte, auch ihn umzubringen. Vom Ausland aus arbeitete er an der Entmachtung Hitlers und für eine Rückkehr zu den echten nationalsozialistischen Werten, die der Führer egomanisch verraten hätte. Nach dem Krieg erfand er sich als genuiner Widerstandskämpfer neu: Sein Buch *Hitler und ich* erschien 1948, *Mein Kampf. Eine politische Autobiographie* im Jahr 1969.

Aber während seine tatsächlichen Unternehmungen in der bundesrepublikanischen Politik allesamt im Sand verliefen, füllte sich posthum genau der Mythos, an dem Strasser immer bastelte, tatsächlich mit Leben. Die Neue Rechte sieht in ihm ein Vorbild, das einen Nationalsozialismus ohne Belastung durch den Holocaust denkbar macht. Der Bezug auf Strasser erlaubt, ein Nazi ohne Schuld zu sein. Der Fokus auf das Soziale wiederum, der die NPD nach dem Beitritt der DDR im Osten Deutschlands für viele Jahre so erfolgreich machte, ist in weiten Teilen strasserianisch. Die Szene der Nazis dieser Tage ist jenseits müder Provo-Gags à la Führerschnitzel für 8,88 deutlich entscheidender durch das Denken Otto Strassers geprägt als durch das Adolf Hitlers.

THE CENTER WON'T HOLD – PART II

Und nicht nur das verdanken wir der *Schwarzen Front*, den rechten Genoss:innen des früheren Acker-Bohèmiens, Malers und sozialistischen Christen Max Schulze-Sölde: Auch die sogenannte Hufeisentheorie, die besagt, dass die Enden des politischen Spektrums, das ganz extrem linke und das ganz extrem rechte, sich näher stehen als eine fiktive, sich von jeder Ideologie freisprechende Mitte, kommt aus dieser Ecke. Genau die Ausrede also, die nicht versteht, dass es einen großen Unterschied macht, ob man internationale Großkonzerne zerschlagen will oder eine Kellnerin of color, die nach Feierabend noch eine Pizza für ihre Kinder abholen will. Genau der deutsche Reflex, gleich zu fragen, was mit den Linksextremen in der Rigaer Straße ist, wenn irgendwo Gelder für Projekte gegen rechte Anwerbungen in der Provinz genehmigt werden. »Stellt man sich die deutschen Parteien und Strömungen in Gestalt eines Hufeisens vor, an dessen Biegung das Zentrum und an dessen Endpunkten jeweils die KPD und die NSDAP lagern, so liegt der Raum der ›Schwarzen Front‹ zwischen den beiden Polen des Kommunismus und des Nationalsozialismus. Die Gegensätze von ›Links‹ und ›Rechts‹ heben sich auf, indem sie eine Art Synthese eingehen unter einmütiger Ausscheidung des ›Bürgerlichen‹«, schreiben 1932 zwei nationalsozialistische Soziologen. Das Hufeisen war also eigentlich eine affirmative rechte Selbstbeweihräucherung. Von dort aus wanderte es in den Sprachgebrauch der Neuen Rechten, die sich als intellektuelle Vorhut sahen, die das Klischee der Nazi-Dumpfbacke im Bierzelt hinter sich lässt. Und da holte es wiederum der konservative Flügel der Politikwissenschaft ab, der es in den populären medialen Diskurs einspeiste, wo heute zahllose rechte Twitter-Trolle, die sich freilich selbst als völlig neutrale bürgerliche Mitte sehen, nur darauf warten wieder zu fragen: »Und was ist mit den Linken?«

Aber es ist ja so mit dem Hufeisen: Zwar sind rechts und links grundsätzlich völlig unterschiedlich – bloß sind Menschen nicht immer dazu in der Lage, die blinden Flecken ihres Denkens zu erkennen. Und da sind die modernen Coronaleugner Anselm Lenz oder Jürgen Elsässer ebenso gute Beispiele wie Max Schulze-Sölde oder Friedrich Muck-Lamberty. Die Linke will Ungleichheit abschaffen und betont die Gleichheit aller Menschen – was nicht zwangsläufig bedeutet, wie die Rechte ihr häufig vorwirft, alle gleich zu machen. Die Rechte hingegen affirmiert die Ungleichheit und die Hierarchie, was sich, wie im Falle einer liberalen Rechten, bisweilen als Feier des Unterschieds versteht und sich bisweilen als blanker Faschismus manifestiert. Innerhalb dieses Spektrums sind diverse Habitus möglich, die oft wie politische Unterschiede aussehen. Revolutionen kann man jedenfalls mit einer Verschiebung des revolutionären Subjekts von rechts wie von links machen.

Und da sind wir wieder bei *Wir selbst*. Das Magazin ist schon im ersten Kapitel aufgetaucht, heimlich. Im Verlag des NPDlers Siegfried Bublies erschien 1988 die Autobiografie *Das Stigma* des Widerstandskämpfers und Edelweißpiraten Paulus Buscher – von ihm erfährt man von der Eselwagenfahrt von Gusto Gräser als Friedenskämpfer. Bublies versuchte ab den späten 1970ern, von rechts auf die grüne Bewegung einzuwirken. Damals Landesvorsitzender der rheinland-pfälzischen *Jung-Nationaldemokraten*, der Jugendorganisation der NPD, gründete er in Koblenz eine »Grüne Zelle« mit eigenem Mitteilungsblatt: *Grüne Fahne*. Die Stoßrichtung des Projekts war dabei eher nationalrevolutionär als ökologisch. Kurz darauf verlassen die Mitglieder der Zelle die NPD und gründen eine Zeitschrift: *Wir selbst. Zeitschrift für Nationale Identität*, wobei dem Untertitel bald ein »und internationale Solidarität« angehängt wurde. Nicht nur den dritten Weg zwischen Kapitalismus und

Kommunismus will die Zeitschrift gehen, wie die Bezüge zu den Nationalbolschewist:innen und anderer »Querdenker« zeigen.

Im Grunde ist *Wir selbst* nämlich auch ein Vorläufer der *Identitären Bewegung*. Ethnopluralismus statt Vermischung. Kein Universalismus, stattdessen Eigenheiten und Identitäten von Kultur und Traditionen, die gleichgestellt in ihrem jeweiligen Ort auf der Erde Berechtigung besitzen. Dass dieser Ethnopluralismus Hand in Hand mit traditionellen linken Bewegungen wie antiimperialistischen und antikolonialen Kämpfen gehen kann, macht die Einordnung für die Zeitgenoss:innen schwer. Das grundsätzliche Ziel, an die neu gegründete Partei *Die Grünen* anzuschließen, war nicht nur strategisch, sondern vermutlich ebenso ideologisch bedingt. Für das Hauptthema »Regionalismus«, sei es als Unabhängigkeitsbewegung unterdrückter Minderheiten oder als Aufruf zur lokalen Ökolandwirtschaft, begeistern sich bis heute Linke wie Rechte. Das »Freie Franken« kommt dabei genauso vor wie das Baskenland. 1980 besucht man gemeinsam mit einem anarchistischen Berliner Hausbesetzerprojekt den libyschen Diktator Muhammad Gaddafi und verlacht die Grünen, die die Einladung ablehnten.

Mit der Angst vor dem von Amerika auf deutschem Boden entfesselten Atomkrieg und der Friedensbewegung wird in den Achtzigerjahren auch im Verständnis vieler Linker Deutschland zu einer zu befreienden Kolonie. *Wir selbst* hatte die Zeit auf ihrer Seite, die Zeitschrift lieferte die heimelige Portion Nation, die den neuen Bewegungen gefehlt hat. Einen Anker. Der Habitus der Texte ist jedoch klar rechts. Die germanistische Fachzeitschrift *Sprachreport* spricht 1989 von der »Enttabuisierung des Nationalismus für ein linkes Publikum«. Im Bublies-Verlag erscheinen klar rechte Publikationen, zahlreiche NS-Funktionär:innen publizierten hier, während *Wir selbst* anarchische Bilder von der Großstadtguerilla zeigte. Natürlich mit dabei in der Bibliografie: Biografien der Querfront-Helden Ernst Niekisch und Otto Strasser.

Umso schockierender ist die Autor:innenliste, die sich bis zum Ende der Zeitschrift 2002 einfand. Grüne Rechte wie Baldur Springmann und frei flottierende DDR-Dissidenz wie Rudolf Bahro und Siegmar Faust erwartet man beinahe. Siegmar Faust wurde zuletzt nach einem langen Weg nach rechts durch den öffentlichen Bruch mit seinem ehemals engen Freund Wolf Biermann wieder ins Zentrum der Aufmerksamkeit gespült – was Rassismus und Islamfeindlichkeit nicht erledigte, schaffte nun Fausts Coronaleugnung. Nicht einmal der spätere *ZEIT*-Feuilletonchef Jens Jessen als Autor lässt die Augen reiben. Dass Joseph Beuys früh zum Covermodel wird? Geschenkt. Aber die antifaschistische jüdische Philosophin Agnes Heller? Oder wurde sie etwa gelinkt, wie Hans Magnus Enzensberger, ikonischer Publizist der 68er, dessen Text in Zweitverwertung erscheinen konnte, weil *Wir selbst* sich als unpolitische Jugendzeitschrift ausgab? Wirklich unangenehmste Überraschung im Reigen der Autor:innen ist aber der Kinderbuchautor Janosch.

Angesichts der humanitären Katastrophe im Kosovo und der Bombardierung Belgrads stellte die Redaktion 1999 ein Dossier zusammen, das die Vertreibung des unschuldigen kleinen Mannes und der kleinen Frau in den Vordergrund rückte und damit, mal wieder, das Leid deutscher Schlesier:innen und Sudetendeutscher zu enttabuisieren suchte.

Tenor: Immer ist es das Volk, das darunter leiden muss, was die große Politik verbockt! »Insgesamt geht es darum, der herrschenden Perspektivenverzerrung entgegenzuwirken. Die herrschenden Medien zeigen, wenn es um die Aktionen im Kosovo geht, vorzugsweise Diktatoren und andere Staatsführer, Militärsprecher und Kriegseinsätze. Das Volk ist zunehmend aus dem Bild gedrängt. Aber da sind die Vertriebenen. Der Opfer-Aspekt steht zwar nicht für die ganze Geschichte, aber das Bild ist brisant genug. Der alternative Blick geht darum zurück zum Volk als dem Subjekt von Demokratie und Selbstbestimmung. Zu dem Vertriebenen von 1945/46, zum Tabu der westdeutschen Staatsräson, zur Subversion der historischen Erinnerung«, heißt es im Editorial.

Und Janosch, von der Redaktion angefragt, macht das Zweitbeste. Das Beste wäre vermutlich gewesen, die Anfrage zu ignorieren, der Rechten nicht das Futter zu geben. Das Zweitbeste war, die Redaktion zu trollen. »Meine ›ostische‹ Herkunft ist die Wurzel meines polnischen Denkens. Meine Großeltern sprachen polnisch, dachten polnisch und verhielten sich polnisch«, schreibt Janosch. »Meine polnische Meinung für die Zukunft ist und war immer schon, dass es keine Grenzen geben sollte. Schon gar nicht in der Zukunft. Da Sie das Wort ›Vertreibung‹ einsetzen, kann ich mich in Ihre Frage nicht so recht hineindenken, weil ich mich nicht vertrieben fühle, wir hätten auch bleiben können«, geht es weiter. »Die sogenannte Vertreibung war einer der größten Glücksfälle meines Lebens, genau wie jener, daß Deutschland den Krieg ›verlor‹. Es existiert eine Rede Hitlers, in welcher er für den Fall des Sieges ›polnischstämmigen Volksgruppen‹ die totale Vernichtung zusichert. Das waren wir. Vielleicht graust es Sie jetzt vor dem, was ich hier sage. Aber nichts läge mir ferner, als etwas zu sagen, was ich nicht denke, nur um irgendwem zu gefallen.« Die Redaktion grauste es vermutlich nicht, denn sie hatte einen Janosch-Text, und zwar einen schönen, und kriegt daher auch hier viel Raum. Vermutlich klopft sich die Redaktion über so viel Meinungsvielfalt auf die Schulter. Mit Rechten reden, es bleibt kompliziert.

Manchmal ist das, was kompliziert erscheint, aber auch ganz einfach. Der *Compact*-Chefredakteur Jürgen Elsässer zum Beispiel schrieb lange für Blätter der Linken, vor allem der antideutschen Linken wie der *Jungle World*, als einer deren Gründerväter er angesehen wird – wobei er sich heute von der Parole »Nie wieder Deutschland« deutlich distanziert. Sein politisch-biografischer Bruch verläuft entlang den USA. Ist Amerika für die antideutsche Linke eher der gute Retter, für die antiimperialistische Linke der böse Imperialist, ging Elsässer zunächst nach dem 11. September 2001 innerhalb der Linken zu antiamerikanischen und anti-israelischen Positionen über. In der Finanzkrise Ende der Nuller Jahre schreibt er eine Volksfront herbei, die deutlich antisemitische und rassistische Züge trägt und, obschon sie sich kapitalismuskritisch gibt, doch die Teilnahme deutsch geführter, privater Industrieunternehmen begrüßt. Sein Antisemitismus, der statt eines Klassenkampfs zwischen Kapital und Arbeiterklasse nun eine von Bankiersfamilien unterdrückte Nation den Befreiungskampf führen lässt, ist mittlerweile offenkundig. Elsässer ist kein Strasserianer, er ist eher Nationalbolschewist. Er ist willkommener Gast bei Veranstaltungen der Neuen Rechten. Und sein verschwö-rungstheoretisch-völkisch-antisemitisches Querfront-Magazin *Compact* ist zugleich eines der Kernorgane einer

Querdenken-Szene, die weiter darauf pocht, eine Mitte zu repräsentieren: »Liebe und Revolution«, überschreibt das Heft sein Special zu den Querdenker:innen, »Tage der Freiheit« heißt eine Publikation zu den Demonstrationen im August 2020.

WEGE OHNE BRAUNE FLECKEN

Um das noch einmal zusammenzubinden am Ende: Es gibt in Deutschland eine vielfach aufgesplittete Bewegung, die man »grün« nennen könnte, die früher »alternativ« genannt wurde, und die gemeinhin als links gilt. Denn sie legt einen Habitus an den Tag, der in oberflächlicher Betrachtung – gegen deutsche Ästhetik und Werte, für eine globale Welt – einen nonkonformistischen Aufschrei gegen die bürgerliche Gesellschaft bedeutet. In dieser Bewegung gibt es allerdings viele Elemente, die nicht genuin links sind, sondern eher konservativ. Was eigentlich selbstverständlich ist, will sie doch auch etwas bewahren, Regenwälder und Eichen und Indigene vor zu viel Cola. Es gibt in dieser Bewegung Elemente, die rechts sind.

Die Traditionslinie, die sich im zweiten Kapitel über Gusto Gräser aufmacht – die Lebensreform mit ihrer Impfgegnerschaft, dem Vegetarismus, dem Umweltschutz und so weiter, die wiederum zu einer zweiten Lebensreform führt, den Neuen Sozialen Bewegungen, den Hippies und *weißen* Neo-Sannyasins, den Landkommunen und Bohème-Projekten der Siebziger- und Achtzigerjahre, deren Erb:innen sich heute auf den Coronademos versammeln, wo man sich wundert, sie neben Nazis stehen zu sehen – ist eben nur eine

Traditionslinie. Und zwar eine, die künstlich von einer parallelen getrennt wird: Das ist die Linie, die bei der Lebensreform nach rechts abbiegt, die Reinheit des Körpers und des Geistes in der Reinheit des Volks gespiegelt sehen will. Sie mündet in die völkische Bewegung und später in den Nationalsozialismus, wo starke Echos der Lebensreform und des Naturschutzes als Schutzes der deutschen Heimat zu finden sind, und schafft später in der BRD vor allem die institutionellen Grundlagen für eine grüne Politik.

Und dann biegen einige dieser völkischen Grün-Alternativen schon ab, scheren aus dem Projekt eines Dritten Reichs aus und bilden eine dritte Linie, die aber nicht weniger eine rechte Linie ist. Im Nationalbolschewismus und in der *Schwarzen Front* sammeln sich auch jene, die in den Revolutionszeiten als eher linke Apostel eines neuen Lebens aktiv waren, wichtige Vertreter:innen dieser ersten Generation von Vorläufer:innen der *Querdenken*-Bewegung sehen im »linken« Flügel des Nationalsozialismus auf spiritueller wie auf politischer Ebene eine prekäre Heimat, wie die, die das Projekt überleben, später in Anti-Atom-Bewegung, Kuba oder Rudi Dutschke prekäre Heimat finden: Immer da, wo Bewegung ist. Und auch die Bewegungen selbst schauen, wo Bewegung ist: Der Dutschke-Vertraute Bernd Rabehl etwa entdeckt früh Ernst Niekisch für sich, jenen Nationalbolschewisten, auf den sich heute zum Beispiel Björn Höcke bezieht. Ein Organ der Neuen Rechten wie *Wir selbst* kann 1990 Menschen wie Gusto Gräser oder Friedrich Muck-Lamberty recht klippenlos für sich vereinnahmen. Dass Gräser wie Lamberty keine Nazis waren, im ersten Falle vermutlich sogar tatsächlich in ihrer Skepsis gegen Bewegungen so etwas wie intuitiver Antifaschismus vermutet werden kann, trübt das Bild kaum. Schließlich verstehen sich auch die Neuen Rechten mit ihren Organen von *Wir selbst* bis *Sezession* eben nicht als Traditionsträger des Hitler-Totalitarismus, sondern der Konservativen Revolution. Über den *Demokratischen Widerstand* von Anselm Lenz oder *Compact* werden diese Thesen heute mit den Coronaprotesten kurzgeschlossen.

Was bei so vielen Linien nicht gezogen werden kann, ist scheinbar eine rote. Das liegt an zwei Aspekten. Zum einen an der Prominenz der Hufeisentheorie, die umgekehrt, wenn rechts oder links im Grunde dasselbe sind, ja aussagt, dass die gesellschaftliche Mitte zu sein, apolitische Neutralität bedeutet. Der rechte Extremismus der Mitte, der in Deutschland – sei es in Form von Antiziganismus oder Rassismus – immer wieder neu nachgewiesen wurde, wird normalisiert und als Rationalität verbrämt, die eigene menschenfeindliche Einstellung externalisiert: Nazis sind immer die anderen. Von einigen Ausnahmen bei der Rechten, die das Spiel nicht verstehen – neben Neonazis auf thüringischen Dörfern sind das Leute wie der Bundestagsabgeordnete Matthias Helferich von der AfD, der sich zum Unmut seiner Partei als »freundliches Gesicht des NS« bezeichnet hat – ist die deutsche Rechte im Selbstverständnis heute etwa so nazifrei wie zuletzt 1922.

Zum anderen ist es aber mithin Teil einer Vereinfachung der bundesdeutschen Linken von der gemäßigten Mitte bis zur Antifa, die es sich mit dem Wort »Nazis« zuletzt sehr einfach gemacht hat, und so erst eine Möglichkeit schuf, sich auch als extrem rechter Mensch zu distanzieren. Es ist natürlich im Zweifelsfall egal, ob die Person, die ein Haus anzündet, in dem geflüchtete Menschen leben, nun Nazi, Rassist:in, Faschist:in, Nationalbolschewist:in oder völkische Nationalist:in ist. Aber Fakt ist auch: Die Querfront-Ikone Ernst Niekisch war nie Mitglied der NSDAP, wohl aber der SPD und der SED, er verbrachte die Nazizeit weitgehend in Haft und wurde später als Geschädigter der Nazis anerkannt. Otto Strasser trat lange vor dem Machtantritt aus der Partei aus und ging schon 1933 ins Exil. Der Gründer der *Sozialrevolutionären Nationalisten* und Chefredakteur der für die Generation der Inflationsheiligen wichtigen bündischen Zeitschrift *Die Kommenden* Karl Paetel im Jahr 1935. Strassers politisch machtbewusster agierender Bruder Georg wurde auf Befehl der Führungsriege der Partei 1934 ermordet. Keiner dieser Helden der Neuen Rechten war während der Pogrome 1938 im Reich, keiner von ihnen war Teil der Wannseekonferenz. Man kann sie mit einigem Recht sogar als Widerstandskämpfer bezeichnen.

Das macht sie nicht weniger zu gefährlichen Denkern, ihr Comeback in der extremen Rechten kann nichts Gutes bedeuten. Eine Konzentration auf Mitgliedschaft in NSDAP, SA oder SS und auf die Teilnahme am Krieg der Wehrmacht, so fortschrittlich sie gegenüber den Anfängen der Aufarbeitung auch sein mag, hat dafür gesorgt, dass kein Raum war für das verachtende Würdigen von Menschenfeindlichkeit, die keinen institutionellen Platz im Deutschland der NSDAP fand. Man muss heute kein Nazi sein oder einer vor 1945 gewesen sein, um eine Gesellschaft zu wollen, die dem Bild einer vielfältigen Gruppe gleichberechtigt ihre Konflikte demokratisch aushandelnder Menschen entschieden widerspricht.

Man muss der Partei der *Grünen* tatsächlich ein Kompliment dafür machen, dass sie eine solche rote Linie gleich zu

Beginn gezogen hat. In ihrer DNA eigentlich eine Querfront-Partei, die Traditionen rechts wie links hat, hat sie in einem bemerkenswerten Selbstreinigungsprozess bereits in ihren ersten Monaten den Unmut des rechten Flügels auf sich genommen. Für die prominenten Vertreter:innen der ökologischen, völkischen Rechten war früh der Weg in die Führungsriege der Partei versperrt. Nahezu alle Figuren des rechten Flügels verließen frustriert über den Zustrom von Menschen aus den linken Alternativ-Bewegungen die Partei, noch ehe sie sich richtig konstituierte. Das bedeutet nicht, dass nicht doch regressive bis rechte Elemente Platz im Zentrum des Denkens der Partei finden, wie zuletzt die Debatte um Homöopathie zeigte. Aber immerhin. Neue Parteiexperimente der ökologisch-spirituellen Querfront im Umfeld der Coronaproteste wie *dieBasis* gehen scheinbar eher den umgekehrten Weg, nicht links, nicht rechts, sondern rückwärts.

Aber vielleicht ist diese rote Linie nur eine, die in der Theorie zu ziehen ist. Dort aber umso heftiger. Nicht Parteien oder Bewegungen sind per se rechts, links oder querfrontig, sondern die Denkweisen von Menschen. Max Schulze-Sölde war taktischer Verbündeter der *Schwarzen Front*, aber er war eben auch ein heimlicher Vorläufer der Landkommunenbewegung. Friedrich Muck-Lamberty leitete eine antibürgerliche, nonkonformistische Jugendbewegung, die aber auch völkisch war und Elemente der Nazi-Ideologie vorwegnahm. Das jeweils beides stimmt, das macht es nur komplizierter, die Elemente auseinanderzuklamüsern, will man nicht von vornherein Max Schulze-Sölde aus einer Geschichte streichen, deren Teil vermutlich auch ich bin, große Teile der Leser:innen dieses Buchs sind.

Der Protest gegen Coronamaßnahmen jedenfalls könnte ebenso von links geführt werden. Auch das stimmt: Kritik am Staat im autoritären Modus des Ausnahmezustands ist nicht per se die DNA der Rechten, überhaupt nicht. Die Art der Kritik aber ist entscheidend und setzt die Coronaleugner:innen in eine verschlungene Tradition, die auf keinem Weg ohne braune Flecken zu haben ist.

Vielleicht sind die Coronaleugner:innen Teil der ersten großen Sammlungsbewegung seit Weimar, die diese scheinbar durch die Zeitläufte aufgeriebenen und getrennten Traditionslinien verbindet. Die Spiritualität, die Reinheit, das Vertrauen auf das Eigene der ersten Lebensreform, das in der zweiten um 1980, vom notorischen Antisemitismus abgesehen, recht ungebrochen war. So erfolgreich *Wir selbst* in seiner Autor:innenakquise war, so gering ihr tatsächlicher Einfluss auf die grüne Bewegung. Das ist in der dritten Welle anders. Sie ist deutlich um die Konservative Revolution als gedanklicher Horizont ergänzt, Zeitschriften und Protagonist:innen der Neuen Rechten prägen das Bild. Verschwörungstheorien, die in den 1980ern allenfalls theoretisch verbrämt hinter akademischem Vokabular der Postmoderne auftauchten, sind nun als zugängliche Erzählungen konstitutiv: Bill Gates, QAnon, die BRD GmbH. Das macht die Bewegung, die im Kern nach ersten Studien eher autoritätskritisch ist, auch für konformistische, autoritäre Menschen immer anziehender.

Als ein großes Kinderspiel mit dem sicheren Bewusstsein einer reichen Familie im Hintergrund erscheint im Rückblick das politische Leben Max Schulze-Söldes. Es zeigt exemplarisch, wie nahe in der intensiven Zeit der 1920er Jahre die Extreme beieinanderlagen, wie sehr das Denken als Akt eines mächtigen Selbsts erschien, das die Widersprüche zwischen Theorien spielerisch beiseite wischt, solange Tempo und Stoßrichtung stimmen. Mal eben Christentum und Sozialismus zusammengedacht. Mal eben gezeigt, dass Christentum und Hakenkreuz zusammengehören. Für die »Linksrechtsdeutschen« von 1920 wie die von 2020 kann keine Dimension groß genug sein, die gefühlte eigene Bedeutung zu artikulieren. Bei Schulze-Sölde bleibt nach der Analyse ein Kopfschütteln, eine Verwirrung ob seiner Manie, seiner Energie und des grotesken Scheiterns, das all seinen Projekten innewohnt. Vielleicht spricht es für ihn, dass er rechtzeitig die Zeichen der Zeit erkannte und sich weitgehend aus der religiös-politischen Szene zurückzog. Strünckmann, der längst am neoheidnischen Projekt einer neuen Deutschen Religion arbeitete, warnte ihn schon 1933 davor, mit seinem Beharren auf ein christliches Element bald im Arbeitslager zu landen. Max Schulze-Sölde besann sich nach dem Regierungsantritt der NSDAP seiner Privilegien, kehrte zurück nach Hamm, ließ sich ein Atelier errichten und arrangierte sich mit dem Nationalsozialismus als Maler, der Landschaften in grotesker impressionistischer Idylle malte, statt sie agrarkommunistisch zu kolonialisieren. Er starb wohl als glücklicher Mann, 1957, der Anti-Atom-Bewegung nahe stehend.

1936 brannte Grünhorst ab. Wo die Siedlung um das wirtschaftliche Überleben der Kolonialist:innen und das Spirituelle ihrer Denkweisen kämpfte, wächst heute wieder der Wald der Märkischen Schweiz. Gusto Gräser harrt zu dieser Zeit auf seinem Hausboot dem Ende des Nationalsozialismus. Kavernido Filareto ist seit drei Jahren tot, Louis Haeus-

ser seit fast einem Jahrzehnt. Die Bewegung der Inflationsheiligen fand im Nationalsozialismus ihren Meister, einen
desinteressierten Partner und unbesiegbaren Gegner. Hof-
fentlich enden die Parallelen zu ihren Enkel:innen in der spirituellen Corona-Querfront irgendwo unterwegs. Hans-
Georg Maaßen, immerhin, sitzt nicht im Bundestag.

LITERATURVERZEICHNIS

KAPITEL 1

Anni und Martin [Martin Lejeune]: »25.04.2020 Wie finanziert Anselm Lenz Zeitung #Querdenken #Hygienedemo«, 2020, online: https://www.youtube.com/watch?v=CfbIe6ta_TI).

Anni und Martin [Martin Lejeune]: »25.04.2020 Christen Büßersäcke Bibel Missionieren Rosa-Luxemburg-Platz Ostern Nicht ohne Uns Berlin«, 2020, online: https://www.youtube.com/watch?v=MejFmTK66NM&t=244 s.

Christiane Barz (Hrsg.): *Einfach. Natürlich. Leben. Lebensreform in Brandenburg 1890–1939*, Berlin 2015.

Jens Bisky: *Berlin. Biographie einer großen Stadt*, Berlin 2019.

Die Mark Brandenburg – Verlag für Regional- und Zeitgeschichte (Hrsg.): *Lebensreform in der Mark*, Berlin 2015.

Hans-Ulrich Dillmann: »Anarchie unter Palmen. Wie Heinrich Goldberg aus Berlin in der Dominikanischen Republik Revolution machen wollte«, in: *Jüdische Allgemeine*, 14.05.2012, online: https://www.juedische-allgemeine.de/juedische-welt/anarchie-unter-palmen/.

Timo Feldhaus: »Castorfs APO«, in: *der Freitag* 19/2020, online: https://www.freitag.de/autoren/timofeldhaus/castorfs-apo.

Anne Feuchter-Schawelka: »Siedlungs- und Landkommunenbewegung«, in: Diethart Kerbs und Jürgen Reulecke (Hrsg.): *Handbuch der deutschen Reformbewegungen 1880–1933*, Wuppertal 1998, S. 227–244.

Tobias Gloger: »Filareto Kavernido: Vita«, 2019, online: https://filareto.info/vita/.

Tobias Gloger: »Nachruf und weitere Dokumente zu Kavernidos Tod«, 2019, online: https://filareto.info/texte/presse-progreso-1933/.

Gerhard Hanloser: »›Nicht rechts, nicht links‹? Ideologien und Aktionsformen der ›Corona-Rebellen‹«, in: *Sozial.Geschichte Online* 29, 04.05.2021, S. 175–218, online: https://duepublico₂.uni-due.de/receive/duepublico_mods_00074357.

Rainer Haubrich: *Das Scheunenviertel. Kleine Architekturgeschichte der letzten Altstadt von Berlin*, Berlin 2019.

Filareto Kavernido: »Qua esas Filareto Kavernido?«, in: *La Socio*, Dezember 1918, S. 96–98, online: https://filareto.info/texte/presse-lasocio-dez1918/.

Filareto Kavernido: »Kultur und Zivilisation«, *Heft 2 der Mitteilungsblätter aus Zarathustras Höhle*, 1920, online: https://filareto.info/texte/pub-fk-kultur-zivilisation/.

Filareto Kavernido: »Kulturkampf statt Klassenkampf«, *Heft 3 der Mitteilungsblätter aus Zarathustras Höhle*, 1921, online: https://filareto.info/texte/pub-fk-kulturkampf/.

Dieter Klein: »Neuguinea als deutsches Utopia. August Engelhardt und sein Sonnenorden«, in: Hermann Joseph Hiery (Hrsg.): *Die Deutsche Südsee 1884–1914. Ein Handbuch*, Paderborn 2001, S. 450–458.

Esther Kogelboom: »Mulackstraße: Muskel-Adolf sein Milljöh«, in: *Der Tagesspiegel*, 05.11.2010, online: https://www.tagesspiegel.de/berlin/stadtleben/berliner-lebensadern-19-mulackstrasse-muskel-adolf-sein-milljoeh/1963444.html.

Christian Kracht: *Imperium*. Köln 2012.

Peter Laudenbach: »Aluhüte am Rosa-Luxemburg-Platz«, in: *taz, die tageszeitung*, 07.05.2020, online: https://taz.de/Selbstvermarkter-Anselm-Lenz/!5681197/.

Peter Laudenbach: »Das perfekte Alibi«, in: *taz, die tageszeitung*, 03.04.2021, online: https://taz.de/Verschwoerungsideologe-Anselm-Lenz/!5760168/.

Ulrich Linse: *Barfüßige Propheten. Erlöser der zwanziger Jahre*, Berlin 1983.

Hermann Müller: »1931: Die Gründer von Grünhorst«, 2018, online: https://www.gusto-graeser.de/doc/pdf/gusto-graeser.de_20180606_1931-gruender-von-gruenhorst.pdf.

Hermann Müller: »Grüne Vorhut. Siedlung Grünhorst und Biologische Bewegung«, 2017, online: https://www.gusto-graeser.de/doc/pdf/gusto-graeser.de_20170515_1931-siedlung-gruenhorst.pdf.

Friedrich Nietzsche: *Also sprach Zarathustra*, Leipzig 1895.

o. A.: »Mariendorfer Weltverbesserer zu zwei Jahren Gefängnis verurteilt«, *Tempelhofer Mariendorfer Zeitung*, 25.10.1921, online: https://filareto.info/texte/presse-tmz-1921-10-25/.

o. A.: »La caverne de Zarathoustra«, in: *L'en dehors*, Dezember 1922, online: https://filareto.info/texte/presse-ld-1922-4/.

o. A.: »Schuld an Corona? ›Die Juden. Wer denn sonst?‹«, in: *Panorama*, 23.04.2020, online: https://daserste.ndr.de/panorama/archiv/2020/Schuld-an-Corona-Die-Juden-Wer-denn-sonst,panorama9402.html.

o. A.: »Warum gibt es diese Zeitung«, in: *Demokratischer Widerstand* 16, 22.08.2020, S. 2.

Isolde Ruhdorfer: »Jana aus Kassel hat uns den Moment beschert, den wir uns seit Monaten wünschen«, in: *Krautreporter*, 26.11.2020, online: https://krautreporter.de/3573-jana-aus-kassel-hat-uns-den-moment-beschert-den-wir-uns-seit-monaten-wunschen.

Nicolas Sacco: Tweet »Auf dem #Querdenken Camp der #Coronarebellen […]«, Twitter, 14.08.2020, online: https://twitter.com/SchwarzePalmen/status/1294211163744538624.

Otfried Schröck: »Die Höhle des Zaratustra und Grünhorst, der ›grüne Mittelpunkt Deutschlands‹ im Roten Luch (1921 bis 1936)«, 2015, online: http://www.waldsieversdorf-online.de/Text_Vortrag_11.12.2015_in_Potsdam-pdf.pdf.

Santiago Tovar: »Das Rote Luch und die Kaverno di Zaratustra. Eine Analyse«, 2004a, online: https://filareto.info/texte/er-roteluch/.

Santiago Tovar: »Filareto Kavernido, Esperanto und die Reformsprache IDO«, 2004b, online: https://filareto.info/texte/er-esperanto-ido/.

Volksbühne am Rosa-Luxemburg-Platz (Hrsg.): *Nach längerer Zeit erstaunlicher Lärm. Das Haus am Bülow-, Horst-Wessel-, Liebknecht-, Luxemburg-, Rosa-Luxemburg-Platz. 100 Jahre Volksbühne*, Berlin 2014.

Bernd Wedemeyer-Kolwe: *Aufbruch. Die Lebensreform in Deutschland*, Darmstadt 2017.

Harry Wilde: *Theodor Plievier. Nullpunkt der Freiheit*, München 1965.

Henning Zimpel: *Artur Streiter und seine kulturhistorische Bedeutung in der Zeit der Weimarer Republik*, 2007, online: http://www.waldsieversdorf-online.de/Artur_Streiter_von_Henning_Zimpel.pdf.

[Die intensive aktivistische Videodokumentation der Querdenken- und Hygienedemo-Bewegung von Martin Lejeune, die für die Recherche des Buchs als Innenperspektive außerordentlich wertvoll war, ist vermutlich im Zuge des Bruchs zwischen ihm und der Bewegung nach deren offener Bezugnahme auf die Reichsbürgerbewegung im Herbst 2021 aus den Playlists des Profils »Anni und Martin« und von den Suchlisten bei Youtube genommen worden.]

KAPITEL 2

Anni und Martin [Martin Lejeune]: »#Querdenken Demonstrantin über ihre Demo Erfahrungen«, 18.10.2020, online: https://www.youtube. com/watch?app=desktop&v=93nMpJQJQO8.

Bayerische Akademie für Naturschutz und Landschaftspflege: »Alwin Seifert (1890–1972). ›Ein Leben für die Landschaft‹« (= Blätter zur Bayerischen Naturschutzgeschichte), o. J., o. O.

Eva Bärlösius: Naturgemäße Lebensführung. Zur Geschichte der Lebensreform um die Jahrhundertwende, Frankfurt/Main 1997.

Stefan Bollmann: Monte Verità. 1900. Der Traum vom alternativen Leben beginnt, München 2017.

Karl Braun, Felix Linzner und John Khairi-Taraki (Hrsg.): Avantgarden der Biopolitik. Jugendbewegung, Lebensreform und Strategien biologischer Aufrüstung, Göttingen 2017.

Roman Deininger: »Gesicht des Widerstands«, in: Süddeutsche Zeitung, 30.09.2011, S. 6.

Silvio Duwe, Chris Humbs und Pune Jalilevand: »Der Netzwerker«, in: Tagesschau, 15.04.2021, online: https://www.tagesschau.de/investigativ/ kontraste/querdenken-internet-101.html.

Bernhard Gajek: »Der Prophet und der Dichter: Gusto Gräser, Hermann Hesse und der Monte Verità«, in: Schweizer Monatshefte 59/1979, S. 639–643.

Julius Geiler und Sebastian Leber: »Verschwörungsideologe Reiner Fuellmich: Der Anwalt, der die Sammelklage gegen Christian Drosten versprach«, in: Der Tagesspiegel, 30.03.2021, online: https://plus.tagesspiegel.de/gesellschaft/fuellmich-g-123614.html.

Gusto Gräser: »Die Ursache weshalb ich weggehen muss!«, Brief an Diefenbach, 1899, online: http://www.gusto-graeser.info/Leben/ Lebenslauf/HimmelhofAnkunftAbschied.htm.

Gusto Gräser: »Heimatkämpfer«, Flugblatt, 1912a, online: http://www. gusto-graeser.info/Werk/Heimatkaempfer.pdf.

Gusto Gräser: »Gegengift«, Flugblatt, 1912b, online: http://www.gusto-graeser.info/Werk/Gegengift.pdf.

Gusto Gräser: »Freunderuf«, Flugblatt 1915, online: https://www.gusto-graeser.de/doc/pdf/gusto-graeser.de_20170522_1915-freunderuf.pdf.

Gusto Gräser: TAO. Das heilende Geheimnis, 1918, online: http://www. gusto-graeser.info/Werk/body_tao.html.

Gusto Gräser: »Brieflein Wunderbar«, 1956, online: http://www.gusto-graeser.info/Werk/BriefleinWunderbar/brieflein_index.html.

Hermann Hesse: »Doktor Knölges Ende«, in: Der Weltverbesserer. Zwei Erzählungen, Frankfurt/Main 1985, S. 73–87.

Felix Huesmann: »Gefährliche Verschwörungstheorien vom Ende der Demokratie«, in: Redaktionsnetzwerk Deutschland, 9.5.2020, online: https://www.rnd.de/politik/gefahrliche-verschworungstheorien-vom-ende-der-demokratie-T6PRXNEVV5HL3B6D64HKCHH2NM. html.

Diethart Kerbs und Jürgen Reulecke (Hrsg.): Handbuch der Deutschen Reformbewegungen 1880–1933, Wuppertal 1998.

Diethart Kerbs: »Lebensreform in politischer Perspektive«, in: Uta Grund (Hrsg.): Unweit von Eden. Tagung zur Konzeption des Museums der deutschen Lebensreform, Potsdam 2000, S. 97–103.

Pamela Kort / Max Hollein (Hrsg.): Künstler und Propheten. Eine geheime Geschichte der Moderne 1872–1972, Frankfurt/Main 2015.

Pamela Kort und Max Hollein (Hrsg.): Künstler und Propheten. Eine geheime Geschichte der Moderne 1872–1972, Frankfurt/Main 2015.

Nadine Langer: »Die Kehre, oder: Die Romantisierung vormoderner Gesellschaften«, in: Fachstelle Radikalisierungsprävention und Engagement im Umweltschutz, o.J., online: https://www.nf-farn.de/kehre-romantisierung-vormoderner-gesellschaften.

Stefan Lauer: »Gute Geschäfte. Wie Querdenken mit Verschwörungen Geld verdient«, in: Belltower News, 22.12.2020, online: https://www. belltower.news/gute-geschaefte-wie-querdenken-mit-verschwoerungen-geld-verdient-109233/.

Ulrich Linse: Barfüßige Propheten. Erlöser der zwanziger Jahre. Berlin 1983.

Eva Maria Manz: »Alte Hippies. Gusto Gräsers Vermächtnis«, in: Stuttgarter Zeitung, 01.10.2014, online: https://www.stuttgarter-zeitung.

de/inhalt.gusto-graesers-vermaechtnis-alte-hippies.b6b8e002-73ba-4cb0-a322-54a553f15f25.html.

Peter Michalzik: *1900. Vegetarier, Künstler und Visionäre suchen nach dem neuen Paradies*, Köln 2018.

Erich Mühsam: »Gesang der Vegetarier«, in: *Das seid ihr Hunde wert! Ein Lesebuch*, Berlin 2014, S. 60–61.

Hermann Müller: »Gusto Gräser – grüner Prophet aus Siebenbürgen«, in: Pit Stibane (Hrsg.): *Kiefern im Wind. Zum Naturverhältnis der Jugendbewegung*, Berlin 2010, S. 27–36, online: http://www.gusto-graeser. info/Ideenwelt/KiefernImWind_GustoGruenerProphet.html.

Hermann Müller: »›Vorläufer eines geistigen Umbruchs‹. Gusto Gräser und Alwin Seifert«, 23.10.2018, online: https://www.gusto-graeser. de/doc/pdf/gusto-graeser.de_20181023_1942-bei-alwin-seifert.pdf.

Hermann Müller: »Die Kolonne der Barfußpropheten«, 14.07.2021, online: http://www.gusto-graeser.info/Ideenwelt/KolonneDer-Barfusspropheten.html.

Michael Müller, Jörg Sommer, Hans-Gerd Marian: »Die braunen Seiten im Umweltschutz«, in: *Neue Gesellschaft. Frankfurter Hefte* 1/2/2020, S. 31–36.

Oliver Nachtwey, Robert Schäfer und Nadine Frey: »Politische Soziologie der Corona-Proteste. Grundauswertung«, Universität Basel, 17.12.2020, online: https://osf.io/preprints/socarxiv/zyp3f/.

Hanneliese Palm und Christoph Steker (Hrsg.): *Künstler, Kunden, Vagabunden. Texte, Bilder und Dokumente einer Alternativkultur der zwanziger Jahre*, Düsseldorf 2021.

Martin Radermacher: »Hermann Hesse – Monte Verità: Wahrheitssuche abseits des Mainstreams zu Beginn des 20. Jahrhunderts«, in: *Zeitschrift für junge Religionswissenschaft VI*, April 2011, online: https://d-nb. info/1011074869/34.

Andrea Röpke und Andreas Speit: *Völkische Landnahme. Alte Sippen, junge Siedler, rechte Ökos*, Berlin 2019.

Rüdiger Safranski: *Romantik. Eine deutsche Affäre*, München 2007.

Sebastian von Schellschmidt und Jan-Philipp Hein, »Die Empörungsmaschine«, in: *Focus* 49/2020, online: https://www.focus.de/politik/ deutschland/politik-die empoerungsmaschine_id_12710495.html.

Andreas Schwab: *Monte Verità. Sanatorium der Sehnsucht*, Zürich 2003.

Detlef Siegfried und David Templin (Hrsg.): *Lebensreform um 1900 und Alternativmilieu um 1980*, Göttingen 2019.

Andreas Speit: *Verqueres Denken. Gefährliche Weltbilder in alternativen Milieus*, Berlin 2021.

Toralf Staud: »Grüne Braune«, in: *Bundeszentrale für politische Bildung, Dossier Rechtsextremismus*, 10.09.2015, online: https://www.bpb.de/politik/extremismus/rechtsextremismus/211922/gruene-braune.

Harald Szeemann: *Monte Verità. Berg der Wahrheit. Lokale Anthropologie als Beitrag zur Wiederentdeckung einer neuzeitlichen sakralen Topographie*, München 1980.

Ulrike Voswinckel: *Freie Liebe und Anarchie. Schwabing – Monte Verità. Entwürfe gegen das etablierte Leben*, München 2009.

Bernd Wedemeyer-Kolwe: *Aufbruch. Die Lebensreform in Deutschland*, Darmstadt 2017.

Franz Walter: *Gelb oder grün. Kleine Parteiengeschichte der besserverdienenden Mitte in Deutschland*, Bielefeld 2010.

Harry Wilde: *Theodor Plievier. Nullpunkt der Freiheit*, München 1965.

Heinrich August Winkler: *Wie wir wurden, was wir sind. Eine kurze Geschichte der Deutschen*, München 2020.

Joachim Wolschke-Bulmahn: »Landschaftsarchitektur, Freiräume und ihre Gestaltung in der Zeit des Nationalsozialismus – Eine Einführung«, in: Jochen Marz / Joachim Wolschke-Bulmahn (Hrsg.): *Zwischen Jägerzaun und Größenwahn. Freiraumgestaltung in Deutschland 1933–1945. Symposium. Abstracts und Kurzviten*, Nürnberg 2012, S. 8–21.

KAPITEL 3

Andreas Bergholz: »Skandal-Email-Leak: Ist Querdenken-Chef Ballweg seit Monaten Reichsbürger?« in: *Der Volksverpetzer*, 28.07.2021, online: https://www.volksverpetzer.de/bericht/ballweg-reichsbuerger-leak/.

Bernadette Bigalke: *Lebensreform und Esoterik um 1900. Die Leipziger alternativ-religiöse Szene am Beispiel der Internationalen Theosophischen Verbrüderung*, Würzburg 2016.

Julia Ebner: *Radikalisierungsmaschinen. Wie Extremisten die neuen Technologien nutzen und uns manipulieren*, Berlin 2019.

Walter Benjamin: »Das Kunstwerk im Zeitalter seiner technischen Reproduzierbarkeit«, in: Michael Opitz (Hrsg.): *Walter Benjamin. Ein Lesebuch*, Frankfurt/Main 1996.

Paul Gäbler: »Neue Partei ›Widerstand 2020‹ demontiert sich selbst«, in: *Der Tagesspiegel*, 05.06.2020, online: https://www.tagesspiegel.de/

politik/streit-um-mitgliederbeteiligung-neue-partei-widerstand-2020-demontiert-sich-selbst/25890996.html.

Peter Gay: *Die Republik der Außenseiter. Geist und Kultur der Weimarer Zeit in 1918–1933.* Frankfurt/Main 1987.

Anton Grabner-Haider und Peter Strasser: *Hitlers mythische Religion. Theologische Denklinien und NS-Ideologie,* Wien u.a. 2007.

Eduard Gugenberger: *Boten der Apokalypse. Visionäre und Vollstrecker des Dritten Reichs,* Wien 2002.

Raoul Hausmann: »Letzte Nachrichten aus Deutschland«, in: *Dada* 4/5, Mai 1919, online: https://dada.lib.uiowa.edu/files/show/1521.

Mark Jones: *Am Anfang war Gewalt. Die deutsche Revolution 1918/19 und der Beginn der Weimarer Republik,* Berlin 2017.

Eberhard Kolb: *Die Weimarer Republik,* München 2002.

Pamela Kort und Max Hollein (Hrsg.): *Künstler und Propheten. Eine geheime Geschichte der Moderne 1872–1972,* Frankfurt/Main 2015.

Adrienne LaFrance: »Die Prophezeiungen von Q«, in: *Republik. Das digitale Magazin für Politik, Wirtschaft, Gesellschaft und Kultur,* 10.10. 2020, online: https://www.republik.ch/2020/10/10/die-prophe-zeiungen-von-q.

Dirk Lau: *Wahlkämpfe der Weimarer Republik. Propaganda und Programme der politischen Parteien bei den Wahlen zum ersten Reichstag von 1924 bis 1930,* Marburg 2008.

Daniel Laufer: »Eine schrecklich nette Partei«, in: *netzpolitik.org,* 05.06. 2021, online: https://netzpolitik.org/2021/die-basis-eine-schreck-lich-nette-partei/.

Karl Liebknecht: »Trotz alledem!«, in: *Stimmen der proletarischen Revolution. Bibliothek der revolutionären Bewegungen unserer Zeit* (1919), online: http://www.mlwerke.de/kl/kl_004.htm.

Ulrich Linse: *Barfüßige Propheten. Erlöser der zwanziger Jahre,* Berlin 1983.

Konrad Litschko: »Zu viele Einzelfälle«, in: *taz, die tageszeitung,* 03.03. 2020, online: https://taz.de/Rechtsextreme-in-Sicherheitsbehoer-den/!5666416/.

Hans Maier (Hrsg.): *Totalitarismus und Politische Religionen. Konzepte des Diktaturvergleichs. Band III: Deutungsgeschichte und Theorie,* Paderborn u.a. 2003.

Walter Mehring: »Der Coitus im Dreimäderlhaus«, in: *Jedermann sein eigner Fußball,* Februar 1919, online: https://archive.org/details/JedermannSeinEignerFussball1919/page/n3/mode/2up.

Hanneliese Palm und Christoph Steker (Hrsg.): *Künstler, Kunden, Vagabunden. Texte, Bilder und Dokumente einer Alternativkultur der Zwanziger Jahre*, Düsseldorf 2021.

Matthias Quent und Jan Rathje: *Ein populistisches Strohfeuer. Zum Aufstieg und Fall der Internetbewegung Widerstand2020 – Eine Kurzanalyse*, Berlin 2020.

Felix Schilk: »Die Welle«, in: *Jungle World* 34/2020, online: https://jungle.world/artikel/2020/34/die-welle.

Jürgen Schreiber: *Politische Religionen. Geschichtswissenschaftliche Perspektiven und Kritik eines interdisziplinären Konzepts zur Erforschung des Nationalsozialismus*, Marburg 2009.

Klaus Schreiner: »Messianismus. Bedeutungs- und Funktionswandel eines heilsgeschichtlichen Denk- und Handlungsmusters«, in: Klaus Hildebrand (Hrsg.): *Zwischen Politik und Religion. Studien zur Entstehung, Existenz und Wirkung des Totalitarismus*, München 2003, S. 1–44.

Aila Slisco: »One-Quarter of White Evangelicals Believe QAnon ›Storm‹ Is Coming to ›Restore Rightful Leaders‹«, in: *Newsweek*, 28.05.2021, online: https://www.newsweek.com/one-quarter-white-evangelicals-believe-qanon-storm-coming-restore-rightful-leaders-1596086.

Andreas Speit (Hrsg.): *Reichsbürger. Eine unterschätzte Gefahr*, Berlin 2017.

Jan Sternberg: »Widerstand 2020. Was ist das eigentlich?«, in: *Redaktionsnetzwerk Deutschland*, 28.05.2020, online: https://www.rnd.de/politik/widerstand-2020-was-ist-das-und-was-steckt-hinter-der-protestpartei-R2CPFI4ITJHU5DSZZXRPZXQFRM.html.

Evelyn Völkel: *Der totalitäre Staat – das Produkt einer säkularen Religion?*, Baden-Baden 2009.

Eric Voegelin: *Die politischen Religionen*, München 1996.

Harry Wilde: *Theodor Plievier. Am Nullpunkt der Freiheit*, München u. a. 1965.

Stefan Willeke: »Die Kugel, die mich treffen soll, ist schon gegossen«, in: *Die Zeit* 29/2021, S. 13–15.

Andreas Wirsching, Berthold Kohler und Ulrich Wilhelm (Hrsg.): *Weimarer Verhältnisse? Historische Lektionen für unsere Demokratie*, Ditzingen 2018.

Elke Wittlich: »Von 4chan in den Vorwahlkampf«, in: *Jungle World* 32/2020, online: https://jungle.world/artikel/2020/32/von-4chan-den-vorwahlkampf.

Alex Woodward: »Trump and QAnon: One fifth of president's supporters believe conspiracy theory, poll reveals«, in: *Independent*, 27.10. 2020, online: https://www.independent.co.uk/news/world/ americas/us-election-2020/trump-qanon-us-election-conspiracy-theory-voters-supporters-b1373704.html.

Patricia Zhubi und Alexander Reid Ross: »Knotenpunkte des Irrsinns«, in: *Die Zeit* 03/2020, online: https://www.zeit.de/kultur/2020-03/ rechtsradikale-onlinenetzwerke-hanau-afd-ukip.

KAPITEL 4

Wolfgang Abendroth: »Das Problem der Widerständigkeit der ›Schwarzen Front‹«, in: *Vierteljahreshefte für Zeitgeschichte* 2/1960, S. 181–187.

Sabine am Orde: »Eine eindeutige Erzählung«, in: taz. Die Tageszeitung, 30.05.2021, online: https://taz.de/Hans-Georg-Maassens-Weltsicht/ !5771469/.

Kira Ayyadi: »Der Neonazi Tommy Frenck will nun Ku-Klux-Klan-Masken verkaufen«, in: *Belltower News. Netz für digitale Zivilgesellschaft*, 17.04.2020, online: https://www.belltower.news/rechter-versandhandel-der-neonazi-tommy-frenck-will-nun-ku-klux-klan-masken-verkaufen-98407/.

Peter Bahn: »Die ›Kommenden‹. Vor 60 Jahren: die ›Religiöse Woche‹ in Hildburghausen/Thüringen«, in: *Wir selbst* 02/1990, S. 43–46.

Detlef Behlau: »Friedrich Muck-Lamberty und die unvergessene Neue Schar«, 2. Teil, in: *Naumburg an der Saale 1918–1945. Notizen zur Stadtgeschichte*, online: https://www.naumburg-geschichte.de/ geschichte/mucklambertyfortsetzung.htm.

Viola Dengler: »Zufall?: Höchste Inzidenz Deutschlands: Corona-Zahlen explodieren in Neonazi-Hochburg«, in: *Hamburger Morgenpost*, 25.11. 2020, online: https://www.mopo.de/news/zufall-hoechste-inzidenz-deutschlands-corona-zahlen-explodieren-in-neonazi-hochburg-37754228/.

Rainer Devantie, Christoph Gawel und Hans Uske: »Nationalismus als grün-alternative Utopie«, in: *Sprachreport* Nr. 4 (1989), S. 6–10.

Felix Hackenbruch und Georg Ismar: »Wie in Sachsen und Thüringen die Corona-Lage eskaliert«, in: *Der Tagesspiegel*, 12.01.2021, online: https://www.tagesspiegel.de/politik/inzidenzen-ueber-500-krematorien-am-limit-wie-in-sachsen-und-thueringen-die-corona-lage-eskaliert/26788130.html.

Anne Höhn und Tessa Clara Walther: »Hildburghausen: Morddrohungen im Corona-Hotspot«, in: *Deutsche Welle*, 30.11.2020, online: https://www.dw.com/de/hildburghausen-morddrohungen-im-corona-hotspot/a-55767891.

Janosch u. a.: »›Meine Familie kommt aus …‹. Prominente Vertriebene und die Vertreibung«, in: *Wir selbst* 1/1999, S. 58–63.

Pamela Kort und Max Hollein (Hrsg.): *Künstler und Propheten. Eine geheime Geschichte der Moderne 1872–1972*, Frankfurt/Main 2015.

Ulrich Linse: *Barfüßige Propheten. Erlöser der zwanziger Jahre*, Berlin 1983.

o. A.: »Zu dieser Ausgabe«, in: *Wir selbst* 1/1999, S. 5.

o. A.: »Pluralis majestatis sine Magno, in: *Jungle World* 06/1999, online: https://jungle.world/artikel/1999/06/pluralis-majestatis-sine-magno.

o. A.: »Corona-Frust, Pfefferspray, scharfe Worte und Inzidenz von 630«, in: *insüdthüringen.de*, 25.11.2020, online: https://www.insuedthueringen.de/inhalt.hildburghausen-corona-frust-pfefferspray-scharfe-worte-und-inzidenz-von-603.a36671d1-887a-401f-9252-4dfef98077ba.html.

o. A.: »Inzidenz über 500 – ›Oh, wie ist das schön‹, singen die Demonstranten«, in: *Die Welt*, 25.11.2020, online: https://www.welt.de/politik/deutschland/article221075024/Hildburghausen-Risikostufe-rosa-Oh-wie-ist-das-schoen-singen-Demonstranten.html.

o. A.: »Als der ›Führer‹ beinahe Thüringer geworden wäre«, in: *MDR*, 25.02.2021, online: https://www.mdr.de/zeitreise/ns-zeit/hitler-deutscher-staatsbuerger-fuehrer-thueringer-100.html.

o. A.: »Wie ein Neonazi die Corona-Proteste anheizt«, in: *MDR*, 03.12.2021, online: https://www.mdr.de/nachrichten/deutschland/politik/corona-protest-telegram-hildburghausen-100.html.

Uwe Puschner und Clemens Vollnhals (Hrsg.): *Die völkisch-religiöse Bewegung im Nationalsozialismus. Eine Beziehungs- und Konfliktgeschichte*, Göttingen 2012.

Gustav Seibt: »Das Mantra von der Mitte«, in: *Süddeutsche Zeitung*, 12.02.2020, online: https://www.sueddeutsche.de/kultur/thueringen-mitte-buergerlichkeit-sprache-1.4793370.

Wolfgang Templin: »Ernst Niekisch. Der National-Bolschewist«, in: Ralf Fücks und Christoph Becker (Hrsg.): *Das alte Denken der Neuen Rechten*, Frankfurt 2020, S. 108–125.

Klaus Theweleit: *Männerphantasien, Band 1: Frauen, Fluten, Körper, Geschichte.* Reinbek 1980.

Katja Thorwarth: »›Freundliches Gesicht des NS‹: AfD-Politiker Helferich verzichtet wohl auf Fraktionszugehörigkeit«, in: *Frankfurter Rundschau,* 30.09.2021, online: https://www.fr.de/politik/bundestagswahl-afd-fraktion-fraktionssitzung-ns-aussage-politiker-helferich-verzicht-fraktionszugehoerigkeit-91022808.html.

www.tropen.de

Mads Pankow,
Jennifer Beck,
Steffen Greiner,
Fabian Ebeling
**Liebe, Körper, Wut &
Nazis**
Wie wir beschlossen,
uns alles zu sagen

208 Seiten, gebunden
ISBN 978-3-608-50465-1
€ 20,– (D) / € 20,60 (A)

»Ein ehrlicher Blick darauf, wie wir Freunden
begegnen, was wir von uns selbst Preis
geben und was wir nutzen, um uns selbst
zu schützen.«
Nina Winter, live breathe words

Ein Selbstversuch. Vier Menschen einer Generation
fragen sich aus über vier Themen, die unsere Zeit
prägen: Liebe, Körper, Wut und Nazis. Welche Fragen
wollten wir unseren Freunden schon immer stellen,
durften es aber nicht, weil sie so persönlich waren, so
gefährlich, dass nicht einmal die engste Freundschaft
sie zugelassen hätte? Kann man sich zu nahekommen?

IM BERLINER SCHEUNENVIERTEL,

wo mit den »Hygienedemos« im April 2020 die Bewegung der Corona-Leugner:innen begann, gründete 1918 Filareto Kavernido seine Kommune. In Stuttgart, wo *Querdenken* den größten Zulauf findet, vereinigte Gusto Gräser vor hundert Jahren gegenkulturelles Hippietum und Impf-Feindschaft. Und in der rechten Hochburg Hildburghausen ließ der Maler und völkische »Christrevolutionär« Max Schulze-Sölde seinerzeit die Grenzen von Links und Rechts verwischen. Sie alle sind der Ursprung einer spirituellen Querfront, die heute auf den Straßen und in der gesellschaftlichen Debatte präsent ist.

Wie schnell kann Harmlosigkeit in Totalitarismus kippen? Was bleibt von den alten Utopien, nachdem sie von rechts vereinnahmt wurden? Mit großer Sensibilität gelingt Steffen Greiner die Dokumentation einer deutschen Unterströmung, deren Einfluss auf das Freiheitsverständnis vieler Menschen zu lange unterschätzt wurde.